TECNOLOGIAS DIGITAIS

QUE INTERFEREM NO PENSAR E VIVER

Eric Chown
Fernando Nascimento

TECNOLOGIAS DIGITAIS

QUE INTERFEREM NO PENSAR E VIVER

EDITORA
IDEIAS&
LETRAS

Título original: *Meaningful Technologies: How Digital Metaphors Change the Way We Think and Live*

ISBN 978-1-64315-045-1
Publicado nos Estados Unidos da América pela Lever Press, em parceria com a Michigan Publishing

1ª impressão

Editora Ideias & Letras
Rua Oliveira Alves, 164
Ipiranga – São Paulo/SP
Cep: 04210-060
Televendas: 0800 777 6004
Editorial: (11) 3862-4831
vendas@ideiaseletras.com.br
www.ideiaseletras.com.br

Dados Internacionais de Catalogação na Publicação (CIP) de acordo com o ISBD

C552t Chown, Eric

Tecnologias digitais que interferem no pensar e viver / Eric Chown, Fernando Nascimento ; traduzido por Lana Lim. – São Paulo : Ideias & Letras, 2024.

392 p. ; 16cm x 23cm. – (Coleção Filosofia e História da Ciência)

Inclui bibliografia e apêndice.

Tradução de: Meaningful Technologies: How Digital Metaphors Change the Way We Think and Live

ISBN: 978-65-87295-68-8

1. Tecnologia. 2. Significado. 3. Metáfora. I. Nascimento, Fernando. II. Lim, Lana. III. Título. IV. Série.

2024-820 CDD 600
CDU 6

Elaborado por Vagner Rodolfo da Silva - CRB-8/9410

ndice para catálogo sistemático:

1. Tecnologia 600
2. Tecnologia 6

AGRADECIMENTOS ÀS INSTITUIÇÕES PARTICIPANTES

A Lever Press é uma iniciativa coletiva. Esta obra se tornou possível com o generoso apoio de bibliotecas membros da Lever Press, das seguintes instituições:

Amherst College
Berea College
Bowdoin College
Carleton College
Central Washington University
Claremont Graduate University
Claremont McKenna College
Clark Atlanta University
College of Saint Benedict & Saint John's University
The College of Wooster
Davidson College
Denison University
DePauw University
Grinnell College
Hamilton College
Harvey Mudd College
Hollins University
Iowa State University
Keck Graduate Institute
Knox College
Lafayette College

Macalester College
Middlebury College
Morehouse College
Norwich University
Penn State University
Pitzer College
Pomona College
Randolph-Macon College
Rollins College
Santa Clara University
Scripps College
Skidmore College
Smith College
Spelman College
Susquehanna University
Swarthmore College
Trinity University
UCLA Library
Union College University
University of Idaho
University of Northern Colorado
University of Puget Sound
University of San Francisco
University of Vermont
Ursinus College
Vassar College
Washington and Lee
Whitman College
Whittier College
Whitworth University

Willamette University
Williams College

AGRADECIMENTOS

Para minha mulher Rachel, que me inspira todos os dias, e para meus filhos Kira e Zander, a melhor família que eu poderia desejar. Para Crystal Hall e Pamela Fletcher, pela ajuda na concretização da DCS (Digital and Computational Studies). E para o Fernando, que de alguma forma conseguiu tornar prazeroso o ato de escrever um livro.

Eric Chown

Para Vanessa, Mateus, Filipe e Beatriz, as fontes de sentido para minha vida. Para Crystal Hall e George Taylor, pelo apoio, cuidado e amizade. Para Eric, que foi um mentor extraordinário e companheiro fantástico na jornada deste livro.

Fernando Nascimento

SUMÁRIO

INTRODUÇÃO

Quando se trata de tecnologia, nós, como sociedade, somos obcecados por aquela que é nova, pelo que ela consegue fazer e por quem a criou. A imprensa abunda em histórias sobre os mais novos dispositivos e as figuras míticas da indústria da tecnologia, como Steve Jobs, Bill Gates e Elon Musk. Quem procura um pouco além encontra preocupações com o impacto da tecnologia sobre os indivíduos – como o vício digital, a depressão digital, a exclusão digital etc. – ou sobre a sociedade, especialmente no tocante à inteligência artificial. São todas questões importantes, e estão todas conectadas a elementos do tema deste livro. Só que isoladas, elas deixam de abordar as mudanças mais sutis, ainda que profundas, que a tecnologia está trazendo. Este livro não trata das coisas revolucionárias que a tecnologia vem possibilitando, nem das figuras singulares que lideram a indústria. Ele, na verdade, trata de como a tecnologia está moldando a forma como entendemos e vivenciamos o mundo, reconfigurando conceitos básicos como a amizade, o diálogo e a memória. Para entender isso, é importante olhar para qualquer tecnologia não somente pelo seu ponto inicial ou final, mas sim por seu ciclo como um todo. A tecnologia móvel, mais do que qualquer outra tecnologia anterior, existe em um ciclo rápido e constante de aperfeiçoamentos e feedback de usuários, o que acelera em muito não somente o desenvolvimento de produtos, mas também a forma como esses produtos nos afetam. Ademais, é da natureza da tecnologia digital acelerar ainda mais esses processos, na medida em que o celular está constantemente se intrometendo em muitos aspectos de nossas vidas, com notificações e lembretes que nos pressionam a interagir. Este livro examina as tecnologias digitais de uma perspectiva muito diferente das valiosas contribuições críticas que as descrevem e explicam principalmente através de seus efeitos econômicos, sociais e políticos. Focamos, na verdade, nos significados e nas estruturas cognitivas que, como será mostrado, são profundamente alterados pelas tecnologias digitais. As tecnologias digitais não somente produzem novas ferramentas e estruturas sociais, como produzem novos significados; elas mudam a forma como vemos as coisas. Assim como as metáforas criativas que nos fazem ver uma coisa através da lente de outra, nós argumentamos que os artefatos digitais criam e reconfiguram os significados e as estruturas cognitivas por meio de processos metafóricos.

No centro das mudanças produzidas pelas tecnologias digitais, inevitavelmente existe uma metáfora. Como veremos, as metáforas na tecnologia permitem que os desenvolvedores peguem conceitos obscuros e os tornem significativos para as pessoas. Uma vez que fazem essa conexão na cabeça delas, como a ideia de que seguir alguém nas mídias sociais é uma forma de amizade ou que enviar mensagens de texto a alguém é um tipo de conversa, certamente o processo da tecnologia que muda a maneira como os usuários pensam já começou. Assim como as mensagens de texto evoluíram ao longo dos anos desde seu início um tanto canhestro, paralelamente nossa ideia do que significa ter uma conversa com alguém também mudou. Para muitos dos adolescentes de hoje, por exemplo, é mais provável que uma "conversa" aconteça por meio de mensagens de texto do que pessoalmente. E para esses adolescentes, toda vez que o celular vibra com a notificação de nova mensagem de algum amigo, essa mudança cognitiva é reforçada. Ao mesmo tempo, há em curso uma história paralela, de pessoas sem acesso a tais tecnologias, cuja compreensão de mundo fica cada vez mais diferente daquelas que têm.

Sendo que nosso principal objetivo com esta obra é examinar de que maneira a tecnologia está mudando a forma como pensamos, vamos examinar o próprio conceito de significado, além dos mecanismos cognitivos envolvidos em sua fabricação. O papel que a metáfora exerce na forma como aprendemos novas ideias e nos comunicamos é crucial em tudo isso. O livro nasceu de uma colaboração interdisciplinar entre um filósofo e um cientista cognitivo, ambos profundamente imersos em tecnologia. Dessa forma, traremos elementos de ambas as áreas para fundamentar as ideias tratadas neste texto. Contudo, nosso objetivo é que qualquer pessoa instruída com algum interesse pela maneira como a tecnologia vem mudando nosso modo de pensar seja capaz de entender os argumentos neste livro. Já que as tecnologias pelas quais nosso livro se interessa vêm predominantemente da indústria do smartphone, muitos de nossos exemplos são tirados dessa indústria, inclusive o do próprio telefone. O telefone e nossa relação com ele continuam em evolução, mais de cem anos após sua invenção.

Existe uma ideia romantizada muito disseminada que ajuda a explicar a fixação que o público tem pelo modo como as novas tecnologias e as invenções são criadas. A imagem, que provavelmente remonta pelo menos à época de Thomas Edison, conhecido como "o feiticeiro de Menlo Park", é a de um gênio solitário de jaleco branco, trabalhando em seu laboratório, quando é repentinamente tomado pela inspiração. Nosso herói talvez até marque o momento com um grito de "Eureca!". Nessa visão romantizada – e sexista – da inovação, novas tecnologias seriam produto de inspiração, que muitas vezes brota totalmente formada na consciência de uma pessoa. O símbolo de um evento como este é uma lâmpada. Além disso, a grandeza dessa inovação é tão evidente para o público, que é uma sensação imediata. A realidade, claro, raramente corresponde a essa cena imaginária. Mesmo a lâmpada, símbolo icônico da inspiração, tem uma longa linhagem que antecede o trabalho de Edison. O próprio Edison, e aliás uma equipe de pesquisadores, testaram mais de três mil modelos antes de requererem uma patente.[1] Essa imagem é em si um tipo de metáfora e fonte de uma boa dose de poder em termos de seu papel na criação de expectativas. Por exemplo, em 1957, pesquisas mostraram que as pessoas acreditavam no estereótipo do cientista como "um homem que usa um jaleco branco e trabalha num laboratório".[2] Tais metáforas continuam firmes até hoje, constantemente reforçadas pela mídia, e se aplicam a muitas das áreas abordadas neste livro.[3] Como veremos, tais metáforas são fortes porque podem mudar inconscientemente a maneira como

---

1 PALERMO, Elizabeth. "Who Invented the Lightbulb?". *Live Science*, 23 de novembro de 2021, disponível em: https://www.livescience.com/43424-who-invented-the-light-bulb.html.

2 MEAD, Margaret; METRAUX, Rhoda. "Image of the Scientist among High-School Students". *Science* 126, no. 3270 (1957): 384-390.

3 HARMON, Sarah; MCDONOUGH, Katie. "The Draw-A-Computational-Creativity-Researcher Test (DACCRT): Exploring Stereotypic Images and Descriptions of Computational Creativity". *In*: *Proceedings of the 10th International Conference on Computational Creativity*. Ed. Kazjon Grace, Michael Cook, Dan Ventura e Mary Lou Maher. Charlotte, NC: Association for Computational Creativity, 2019, p. 243-49.

as pessoas se comportam; as meninas, por exemplo, são menos propensas a seguir carreiras em ciências por não se encaixarem nessa imagem metafórica.

Figura 1. Uma metáfora icônica, levemente diferente, que sugere uma inspiração repentina. A metáfora da lâmpada é tão forte que inúmeras variações podem facilmente ser encontradas na internet. Em compensação, representar a ideia vinda de uma mulher não-branca se opõe à ideia metafórica do "gênio masculino". (Ilustração de Kira Chown)

Quando uma tecnologia é criada, seus desenvolvedores têm uma escolha no sentido da metáfora que será usada para descrevê-la. Assim como acontece com a imagem do cientista solitário de jaleco branco, tais metáforas moldam a forma como as pessoas verão a tecnologia e influenciam como elas reagirão a ela. As metáforas não têm a ver somente com a tecnologia; elas são a forma principal e mais importante como a entendemos. Uma boa metáfora pode ajudar a tornar uma tecnologia um sucesso, da mesma forma que uma ruim pode atrapalhar seu uso e desenvolvimento.

Para examinar a relação entre metáfora e tecnologia, devemos primeiro começar com uma definição básica do que queremos dizer com tecnologia. Como veremos mais adiante, no Capítulo Seis, definir categorias é um esforço tenso, e por isso, apesar de algumas reservas a respeito dessa definição em particular, empregaremos uma definição básica: a descrição que Eric Schatzberg faz da tecnologia como "um conjunto de práticas utilizadas pelos humanos para transformar o mundo material, práticas envolvidas na criação e no uso de coisas materiais".[4] Também achamos produtivo complementar a definição ampla de Schatzberg com a intuição prática de Luciano Floridi sobre artefatos tecnológicos, que se baseia na noção de "intermediariedade".[5] Uma janela entre você e o mundo externo é, portanto, uma tecnologia. Um serrote fica entre você e a madeira que você quer cortar, portanto, também é uma tecnologia. Também

4 SCHATZBERG, Eric. *Technology: Critical History of a Concept*. Chicago: University of Chicago Press, 2018, p. 2.

5 FLORIDI, Luciano. *The Fourth Revolution: How the Infosphere Is Reshaping Human Reality*. Oxford: Oxford University Press, 2014, p. 25-27. Como Schatzberg observa em sua história crítica do conceito, "a definição de tecnologia é uma bagunça". Como Paul Forman e outros filósofos da ciência e tecnologia descrevem, sua relação com conceitos similares como ciência, ciência aplicada e engenharia é complexa e motivada por forças sociais diversas. Jennifer Daryl Slack e J. Macgregor Wise também ressaltam que a maioria das pessoas hoje associa o conceito de tecnologia (ou tecnologias, no plural) a artefatos criados pelo processo tecnológico. Ver FORMAN, Paul. "The Primacy of Science in Modernity, of Technology in Postmodernity, and of Ideology in the History of Technology". *History and Technology* 23, no. 1-2 (Março de 2007): 1-152; SLACK, Jennifer Daryl e WISE, J. Macgregor. *Culture and Technology: A Primer*. 2. ed. Nova Iorque: Peter Lang, 2005, p. 95-99. Este livro propõe uma reflexão que deixa clara a complexidade do processo tecnológico oculto por trás e dentro das diversas tecnologias (artefatos tecnológicos).

existe uma hierarquia nisso: um martelo fica entre você e o prego que você quer fincar na madeira, portanto, uma tecnologia pode existir entre você e outra tecnologia. O que gostamos nessa ideia de tecnologia em particular é que ela captura o fato de que as tecnologias são mediadoras da experiência. Embora os exemplos de Floridi enfatizem o aspecto prático dos mediadores tecnológicos, analisaremos as dimensões cognitivas e interpretativas dessas mediações. É preciso observar que as ideias correntes sobre a tecnologia e, de fato, essa definição em particular focam em tecnologias que existem no mundo físico, mas muitos dos casos que descrevemos neste livro lidam com tecnologias de softwares que só se manifestam através de outras tecnologias, em geral telefones celulares.[6]

Como boa parte de nosso livro lida com tecnologia móvel, e especificamente tecnologias que são "possibilitadas" por smartphones, começaremos com o exemplo dos telefones, e vamos tecer metáforas relacionadas com telefones de todo tipo ao longo do livro. Esse conceito de "possibilitar" é crucial para nossa discussão sobre tecnologia e para entender como as tecnologias passam a existir. A ideia foi explicada de uma forma brilhante no programa de televisão da PBS e livro *Connections*.[7] Cada episódio do programa começava com um acontecimento histórico,

---

6 Aquilo a que Floridi se refere como tecnologias de segunda e terceira ordem; *Fourth Revolution*, p. 25-27. Não vamos considerar as implicações das tecnologias de terceira ordem, como dispositivos de internet das coisas, mas vamos supor que mesmo que os humanos não estejam diretamente conectados a essa tecnologia, eles são "removidos do loop", como sugere Floridi; eles ainda estão cientes de que seu refrigerador fez um pedido de leite automaticamente e um drone o entregou na porta de sua casa.

7 BURKE, James. *Connections: Alternative History of Technology*. Nova Iorque: Macmillan, 1980.

em geral ocorrido há centenas de anos, e depois traçava uma série de conexões associadas a algum produto do mundo moderno. Os elos nas cadeias de conexões podem ser vistos como tecnologias em si e/ou como elementos que possibilitam determinada invenção ou produto.

Então, existe um processo predominantemente técnico de desenvolvimento de artefatos e arquiteturas que permite que certos aspectos de novas tecnologias sejam implementados. Esses processos muitas vezes ocorrem em instituições de pesquisa privadas e públicas, e focam no desenvolvimento do que chamamos de "enablers" ou facilitadores. No caso do telefone original, a codificação de sinais de áudio como pulsos elétricos e a infraestrutura para a transmissão de tais sinais estão entre os *enablers* básicos da tecnologia.

Ainda que sejam fascinantes por si só, não vamos focar nesses *enablers* básicos da tecnologia neste livro. Nosso principal interesse será em tecnologias que atendam a um critério-chave: elas devem ser imediatamente reconhecidas por seus usuários como criadoras de novas possibilidades para perceber e/ou atuar no mundo. O ato de converter sons em pulsos elétricos, por exemplo, não é imediatamente percebido por um usuário que faça um telefonema de uma forma que ele entenderia. Então, as tecnologias não dependem somente de *enablers*, mas também de significado. Codificar sinais de áudio em pulsos elétricos é uma conquista técnica, crucial para os telefones, mas é basicamente oculta às pessoas que usam telefones. Já o telefone celular é tanto um *enabler*, no sentido de que permite o desenvolvimento de novas tecnologias que se baseiem nele, quanto uma tecnologia completa, no sentido que estamos discutindo aqui, na medida em que ele faz a mediação de inúmeras experiências humanas.

Quando os *enablers* não são considerados de uma forma que atribua novos significados para nossas vidas, eles permanecem sendo meros artefatos de progresso científico, sem um interesse prático para o grande público. A transição da pequisa científica básica para a tecnologia, ao menos no sentido que adotamos aqui, vem de um salto semântico onde um novo significado é criado através de seu uso no mundo.

Assim como as tecnologias não são criadas do nada, tampouco o são os novos significados criados por elas. No caso das tecnologias, a criação depende de *enablers*, inovações pré-existentes com uma história própria. Argumentamos que os novos significados trazidos pelas tecnologias também não são inventados, mas sim trazidos pelo que se poderia chamar de "*enablers* cognitivos". Esses são os outros significados que já existem no universo semântico de determinada sociedade. Mas qual processo cognitivo é associado a essa inovação semântica? Como ele funciona e como é estruturado? Nossa suposição é de que o processo de inovação semântica de novas tecnologias pode ser entendido a partir da forma como criamos as metáforas, que atuam como um paradigma para a inovação semântica na linguagem. Neste livro, vamos explorar de que maneira esse processo ilumina a forma como as inovações tecnológicas acontecem no mundo digital, e como muitas vezes ele é ignorado ou esquecido em comparação com a tecnologia de desenvolvimento de *enablers*.

No que diz respeito a tecnologias digitais e computacionais, já existe uma base substancial e rica de *enablers*, resultado de décadas de desenvolvimento originado da revolução digital. Isso significa que as discussões sobre o desenvolvimento de novas tecnologias nessa esfera podem focar diretamente nas inovações semânticas. *Enablers* como painéis de LCD de baixo custo podem ser dignos de discussão por si só, mas de forma alguma são importantes no que toca ao desenvolvimento das redes sociais, por exemplo.

Voltando ao exemplo do telefone, foi necessário um esforço de imaginação criativa para unir duas entidades conceituais distintas na criação de um novo conceito, e portanto de uma nova forma de entender o mundo. Existe uma grande lacuna semântica entre fios de cobre, choques elétricos e o conceito de conversa humana, uma lacuna que precisa ser superada para que os *enablers* penetrem no universo semântico dos usuários e possam ser entendidos e usados.

O telefone nasceu como uma metáfora para "conversa". Imagine um universo no qual ele não fosse isso, e na verdade os usuários em potencial recebessem um conjunto de explicações sobre a codificação do som em pulsos elétricos, e como esses pulsos poderiam ser transmitidos através de fios e depois voltassem a ser sons. Nenhuma dessas coisas faria algum sentido ou seria especialmente interessante para uma pessoa comum no século XIX, que provavelmente teria parado de prestar atenção. Mas esses detalhes foram abstraídos e o telefone foi apresentado como um meio de ter uma conversa com alguém que estivesse em outro lugar. Isso é simples e fácil de entender com base em conceitos que todos compartilhamos – o fato de que sabemos o que são conversas, e de que as conversas normalmente acontecem entre pessoas que estão próximas. Como Katzenbach e Larsson dizem, "imaginar o futuro é sempre mobilizar o passado".[8]

---

8 KATZENBACH, Christian; LARSSON, Stefan. "How Metaphors Shape the Digital Society". *Digital Society Blog*, Alexander von Humboldt Institute for Internet and Society, 2018, disponível em: https://www.hiig.de/en/dossier/how-metaphors-shape-the-digital-society/.

Em seu clássico livro *O design do dia a dia*, o psicólogo Don Norman observa que:

> Duas das características mais importantes do bom design são a capacidade de ser descoberto e de ser entendido. Capacidade de ser descoberto: é sequer possível descobrir quais ações são possíveis, onde e como executá-las? Capacidade de ser entendido: o que tudo isso significa? Como o produto deve ser usado? O que todos os diferentes controles e configurações significam?[9]

Em outras palavras, para que um produto seja bem-sucedido, é de suma importância que ele faça sentido para o público pretendido. Neste livro, nosso principal interesse é por tecnologias que sejam voltadas para o grande público, e por isso precisam ser facilmente entendidas pelas pessoas em geral. Isso cria uma série de restrições para os desenvolvedores, em geral com a exigência de que seus produtos sejam simples de entender. Isso significa que novos produtos inevitavelmente precisam ser moldados em referência a coisas que todos já entendam; como veremos, o principal veículo para transmitir informações sobre esses novos produtos é a metáfora.

O conjunto de conhecimentos culturais e fundamentais que uma pessoa ou grupo de pessoas tem antes de se deparar com uma nova tecnologia é o que chamaremos de seu "horizonte semântico", que seria grosso modo uma combinação da experiência com o conhecimento de cada um.[10] Esse universo semântico

---

9 NORMAN, Don. *The Design of Everyday Things* (edição revisada e ampliada). Nova Iorque: Basic Books, 2013, p. 3.

10 Nós propomos esse conceito nas mesmas linhas do famoso conceito hermenêutico de Gadamer, de "fusão de horizontes". GADAMER, Hans-Georg. *Truth and Method*. Nova Iorque: Crossroad, 1989.

pode ser usado de forma implícita e explícita por inovadores, principalmente através da metáfora, para ajudar a dar significado a novas tecnologias, com novos produtos sendo integrados na compreensão de mundo do usuário. Há uma chance muito maior de as novas tecnologias que fazem isso sucessivamente serem úteis, porque há uma chance muito maior de elas serem usadas.

Tanto em conversas quanto em textos, uma metáfora como "o tempo é um mendigo" é uma "predicação impertinente" que precisa ser resolvida para fazer sentido. Pode-se imaginar, por exemplo, quais aspectos o tempo teria em comum com mendigos ou vice-versa. A metáfora só faz sentido uma vez que conseguimos entender as conexões entre o teor da metáfora, neste caso o "tempo", e seu veículo, neste caso o "mendigo".[11] Como diz Norman, para serem eficazes as metáforas tecnológicas não podem ser tão impertinentes; elas precisam ser transparentes para quase todos. Por exemplo, quando dizemos a alguém "vou falar com minha mãe no telefone", e a pessoa sabe que minha mãe está a oito mil quilômetros de distância, a compreensão da pessoa se baseia na forma como o uso do telefone expande, modifica e amplia o conceito de "conversa".

Como mostra esse exemplo, as metáforas tecnológicas alteram de forma fundamental modelos cognitivos e significados. Um novo conjunto de associações é criado e incorporado em nossos modelos cognitivos quando uma determinada tecnologia se torna comum em qualquer grupo social. Por exemplo, quando o telefone foi inventado, a ideia de que conversas aconteciam cara a cara era profundamente associada ao conceito de

11 Para aqueles que quiserem saber mais, vamos discutir essa metáfora com mais detalhes, especialmente no Capítulo Seis.

"conversa". Uma vez que os telefones se tornaram comuns, não era mais obrigatório que as conversas ocorressem pessoalmente, então a associação entre "pessoalmente" e "conversa" necessariamente diminuiu. Um sinal linguístico dessa mudança é o fato de que, quando planejamos conversas futuras, precisamos especificar como elas ocorrerão, como em "vamos conversar pessoalmente" ou "vamos falar pelo telefone" e agora "vamos nos falar pelo Zoom". As mudanças que as metáforas promovem em nossos modelos mentais podem ter todo tipo de consequência, tanto boas quanto ruins. Entre elas está o fato de que as metáforas muitas vezes atribuem agência quando não há nenhuma. Por exemplo, estudos sobre o mercado de ações mostraram que as metáforas que costumam ser utilizadas nessa área, como "a NASDAQ escalou ainda mais" ou "a NASDAQ despencou", atribuem agência no primeiro caso e uma falta de agência no segundo, o que em outra situação poderia ser visto como flutuações aleatórias. Isso é importante porque a agência carrega consigo a expectativa de que a mudança vai continuar.[12] Assim, a escolha das metáforas nesse caso pode afetar como as pessoas se comportam depois de serem expostas a elas. Outras mudanças em nossos modelos mentais têm a ver com as associações trazidas pela metáfora. Por exemplo: voltando à icônica lâmpada, pesquisadores descobriram que sujeitos expostos a uma lâmpada acesa tinham um desempenho melhor na solução de problemas que exigissem inspiração do que aqueles

---

12 MORRIS, Michael W. *et al.* "Metaphors and the Market: Consequences and Preconditions of Agent and Object Metaphors in Stock Market Commentary". *Organizational Behavior and Human Decision Processes* 102, no. 2 (Março de 2007): 174-92.

expostos a lâmpadas cobertas.[13] Os estudos foram cuidadosamente construídos para mostrar que não era a presença de luz que fazia a diferença, mas sim uma lâmpada acesa de verdade. Isso é interpretado como evidência de que a metáfora prepara a parte do cérebro envolvida no lampejo, o que leva a um melhor desempenho na execução de tarefas – como associamos lâmpadas à criatividade, ver uma lâmpada temporariamente nos torna mais criativos!

As metáforas usadas para explicar tecnologias modificam nossa compreensão do mundo, e é importante lembrar que a tecnologia também cria novos grupos sociais. Pessoas que participam de redes sociais e pessoas que não participam; pessoas que têm acesso a smartphones, internet de alta velocidade e afins, e pessoas que não têm. Vamos argumentar neste livro que um dos aspectos das tecnologias possibilitado pelos smartphones é que seu impacto sobre a cognição é acelerado e acentuado. Como resultado, as diferenças entre grupos que usam ou não usam uma determinada tecnologia estão crescendo rapidamente, conforme seus modelos de mundo vão divergindo.

A adoção de novas tecnologias tem repercussões importantes, já que a capacidade dos possíveis usuários de entender o propósito de um novo artefato depende de como este se relaciona com o modelo individual de mundo de cada usuário. Essa situação pode ser classificada como uma em que os especialistas precisam ensinar os novatos sobre sua área de expertise. Como Stephen Kaplan observou em uma análise de situações do tipo, em muitos casos em que os especialistas tentam ensinar

---

13 SLEPIAN, Michael L. *et al.* "Shedding Light on Insight: Priming Bright Ideas". *Journal of Experimental Social Psychology* 46, no. 4 (Julho de 2010): 696-700.

os iniciantes, o resultado é uma frustração de ambos os lados, devido às diferentes formas como os dois grupos percebem o domínio em questão. Coisas que se tornaram extremamente óbvias para especialistas podem ser nebulosas para iniciantes. Como diz Kaplan, "se alguém vê o mundo de uma forma muito diferente da maneira como os outros o veem e espera que os outros o vejam como nós vemos, as consequências podem ser lamentáveis".[14] Isso é crucial para este livro de duas maneiras. Primeiro, um dos desafios de se criar uma nova tecnologia bem-sucedida é eliminar essa diferença através do uso da metáfora. Segundo, os grupos que usam tecnologias específicas e aqueles que não usam acabarão vendo o mundo de um jeito muito diferente, assim como na citação de Kaplan, e portanto consequências lamentáveis são quase inevitáveis.

Aliás, quando uma tecnologia não consegue fazer uma conexão com o público, ela provavelmente vai fracassar, não importa o quanto ela seja útil. Um exemplo disso são os QR codes, uma tecnologia que surge com frequência entre os resultados de busca quando se procura na internet por "maiores fracassos da tecnologia". O primeiro problema com os QR codes é que não existe uma metáfora fácil que explique sua utilidade. O melhor que conseguimos fazer é algo como "os QR codes são imagens que são links". É uma descrição relativamente precisa, mas não explica por que eles poderiam ser úteis. Os QR codes também não respeitam as regras de design de Norman. A imagem do QR code não dá nenhum indicativo sobre o que ele faz, tampouco ajuda a entender sua funcionalidade. Com a ênfase

---

14 KAPLAN, Stephen. "The Expertise Challenge". *In*: *Fostering Reasonableness: Supportive Environments for Bringing Out Our Best*. Ed. Rachel Kaplan e Avik Basu. Ann Arbor, MI: Maize Books, 2015, p. 50.

crescente na privacidade, essa obscuridade também pode deixar os usuários muito incomodados com o que pode acontecer se eles escanearem um código.[15] De fato, os QR codes são desenhados de propósito dessa forma para que eles possam ser integrados a aplicativos de câmera sem interferir na função de foto. Os QR codes continuam existindo e seu uso vem crescendo continuamente porque eles são, de fato, uma tecnologia útil que resolve um problema importante, especialmente para aqueles que entendem seu lado técnico, mas eles nunca conseguiram entrar no imaginário do público.[16]

Conforme as pessoas incorporam o uso de uma determinada tecnologia ao seu cotidiano, a tecnologia passa a afetar o horizonte semântico desse grupo. A tecnologia que nasce de uma metáfora se torna parte do léxico compartilhado e altera o significado do "veículo" metafórico. Assim, o telefone que nasce como uma metáfora para "fala" (porque se pode falar pelo telefone) muda as associações da "fala", de forma que o verbo "falar" também possa ser usado para significar uma comunicação remota.

Para usuários de uma nova tecnologia, como o telefone, o dispositivo instiga a criação de uma nova entidade ou categoria semântica. Essa nova entidade, por sua vez, usa a metáfora

---

15 WOO, Erin. "QR Codes Are Here to Stay. So Is the Tracking They Allow". *New York Times*, 26 de julho de 2021, disponível em: https://www.nytimes.com/2021/07/26/technology/qr-codes-tracking.html.

16 A pandemia da COVID-19 aumentou a visibilidade e o uso dos QR codes, mas estes exigem um imenso esforço de comunicação e explicação para o público geral interagir com eles. Ver TURK, Victoria. "In a Touch-Free World, the QR Code Is Having Its Moment". *Wired*, 18 de agosto de 2020, disponível em: https://www.wired.com/story/in-a-touch-free-world-the-qr-code-is-having-its-moment/.

visando potencializar outro conjunto de experiências anteriores para ajudar a entendê-la. Por exemplo, quando o telefone foi inventado, sua utilidade podia ser vendida para as pessoas com base na compreensão que elas tinham das conversas e das limitações sobre como as conversas funcionavam anteriormente. Contudo, quando elas passaram a ter um telefone, o dispositivo se tornou uma nova entidade semântica para elas, centrada na experiência do uso real de telefones de verdade. Essa experiência é crucial para nossa história, porque a experiência é uma força motriz para aprender e alterar nossos horizontes semânticos.

Curiosamente, uma vez que o novo campo semântico para uma nova tecnologia é estabelecido, o campo em si pode funcionar como base para novas metáforas. Assim, por exemplo, a metáfora do celular nasce a partir do telefone, removendo outras restrições sobre como as conversas acontecem. Uma nova tecnologia pode, portanto, entrar no campo semântico como uma metáfora para uma tecnologia diferente.

É interessante notar como a ideia de Albert Borgmann sobre a separação entre meios e fins da tecnologia é pertinente nesse exemplo.[17] Em nossos termos, "meios" são o que estamos chamando de *enablers*. A metáfora do celular é meramente a respeito dos fins de ambas as tecnologias envolvidas, tanto os telefones fixos quanto os celulares. Os meios não têm nenhum efeito óbvio sobre a compreensão metafórica. De fato, os *enablers* do celular são substancialmente diferentes dos *enablers* de um telefone fixo, então os "meios" são praticamente ignorados em relação ao campo semântico da nova metáfora. Mais uma vez,

---

17 BORGMANN, Albert. *Technology and the Character of Contemporary Life: A Philosophical Inquiry*. Chicago: University of Chicago Press, 1987.

para os usuários, tal informação é uma distração desnecessária, ainda que seja crucial para os desenvolvedores da tecnologia.

Os celulares também são indicativos de como a imaginação criativa pode ter um efeito prático sobre novas metáforas tecnológicas. Um precursor ficcional dos celulares, o "comunicador", foi popularizado por meio da série de TV *Star Trek*, ela mesma uma espécie de campo de testes ficcional que mostrava a utilidade de tal tecnologia e assim preparava possíveis usuários e desenvolvedores para o porquê de eles talvez quererem tal dispositivo. Os telespectadores poderiam experienciar indiretamente, através do programa de TV, como tais dispositivos poderiam ser úteis. Na prática, o comunicador do *Star Trek* acabou inspirando alguns modelos dos primeiros celulares comerciais. A possibilidade de que a metáfora de uma tecnologia possa ser criada antes mesmo que os *enablers* estejam de fato disponíveis é mais um indicativo da dissociação entre meios e fins, o que permite que a metáfora seja significativa e totalmente compreensível sem que o meio seja totalmente realizado ou levado em consideração para a resolução da metáfora. A ficção científica é repleta de tais exemplos, como o sabre de luz de *Star Wars* é facilmente compreendido como "espada de laser", ainda que a tecnologia necessária para criar um item como esse esteja atualmente bem além de nossa compreensão científica.

Donald A. Schön explora o exemplo de uma metáfora relacionada à tecnologia pela perspectiva de sua equipe de engenheiros. Ele desenvolve a metáfora de que "um pincel é uma bomba". Ele diz:

> Os pesquisadores, que haviam começado descrevendo a pintura de uma maneira familiar, consideraram a descrição de um processo diferente, já nomeado (bombeamento), como

> uma descrição alternativa de pintura, e que em sua nova descrição de pintura tanto sua percepção do fenômeno quanto a descrição anterior de bombeamento foram transformadas.[18]

Essa nova forma de ver um pincel como uma bomba levou os pesquisadores a novas questões; por exemplo, como a densidade e a estrutura das fibras do pincel deveriam ser organizadas para produzir melhor o efeito de bombeamento que acabou criando um conjunto de invenções tecnológicas.

Jahnke também examinou como a criação de significado se relaciona com o processo de inovação, no sentido de que ela exerce um papel dialético na resolução de problemas:

> A questão é que toda a resolução de problemas ocorria dentro de um processo de buscar um significado em evolução. O interessante é que essa experiência corresponde à pesquisa na ciência e nos estudos de tecnologia, o que indica que a ciência e o desenvolvimento tecnológico não são tão racionais quanto podem parecer. A imaginação, a metáfora, as experiências e outros pensamentos "irracionais" são necessários para encontrar novos conceitos científicos e inovações.[19]

Voltando à ficção científica, Orson Scott Card dá um exemplo do poder do significado e da resolução de problemas em seu romance *O Jogo do Exterminador*. No livro, um personagem descreve como um dispositivo de comunicação mais rápido que a luz, chamado de "ansible" (inspirado em outro dispositivo

---

18 SCHÖN, Donald A. "Generative Metaphor: A Perspective on Problem-Setting in Social Policy". *In*: *Metaphor and Thought*. 2. ed. Ed. Andrew Ortony. Cambridge: Cambridge University Press, 1979, p. 141.

19 JAHNKE, Marcus. "Revisiting Design as a Hermeneutic Practice: An Investigation of Paul Ricoeur's Critical Hermeneutics". *Design Issues* 28, no. 2 (2012): 39.

de ficção científica descrito pela primeira vez por Ursula K. Le Guin), foi desenvolvido depois de encontrada uma espécie alienígena que conseguia se comunicar daquela forma. "Soubemos então que era possível comunicar-se mais rápido que a luz. Isso foi setenta anos atrás, e uma vez que soubemos que aquilo podia ser feito, nós fizemos."[20]

A metáfora da conversa não parou de evoluir com a criação do celular. Mas, curiosamente, os passos seguintes do desenvolvimento metafórico estavam no software, não no hardware. No início dos anos 1990, quando o SMS (*Short Message Service* ou "serviço de mensagens curtas") foi disponibilizado aos clientes, que hoje o conhecem pelo seu nome coloquial "mensagem de texto", a metáfora da "conversa" passou de áudio para texto. Vamos examinar essa evolução de forma muito mais detalhada em outro capítulo, mas a marcamos aqui para observar que os computadores ajudaram a mudar o próprio significado de "tecnologia". Embora seja verdade que softwares como o SMS requerem atualmente *enablers* físicos, não existe um dispositivo de SMS em um celular, somente a implementação de software de um. Neste livro trataremos principalmente de tais tecnologias digitais e metáforas. Então, pode-se dizer que as redes sociais são metáforas para relacionamentos e que redes específicas como Facebook ou Tinder são tecnologias em si, o que levanta questões significativas a respeito do possível impacto que isso teria sobre as metáforas e a criação de campos semânticos baseados nessas metáforas e tecnologias, considerando que tecnologias anteriores tinham uma concretude física. Trataremos dessas questões no decorrer do livro.

20 CARD, Orson Scott. *Ender's Game*. Nova Iorque: Tor Books, 2014, p. 249.

As tecnologias digitais são essencialmente relacionadas com metáforas, mas as metáforas digitais são diferentes das linguísticas de maneiras importantes. Metáforas linguísticas são passivas, no sentido de que o público precisa escolher interagir ativamente com o mundo proposto pela metáfora. Voltando à metáfora shakespeariana "o tempo é um mendigo", o público provavelmente não entenderia a metáfora sem um esforço cognitivo e sem um maior envolvimento com a prosa de Shakespeare. Por outro lado, as metáforas tecnológicas são ativas (e muitas vezes impositivas) no sentido de que são realizadas em artefatos digitais que estão fazendo coisas ativamente, mudando à força o horizonte de significado de um usuário. Os criadores de tecnologias, em geral, não podem exigir que seu público em potencial tente imaginar como funciona a metáfora; normalmente, o atrativo da tecnologia é que sua utilidade seja óbvia logo à primeira vista. Por outro lado, Shakespeare é amado em parte porque o significado de suas obras não é de uma obviedade superficial e exige alguma reflexão por parte do público.

Da mesma forma que há distâncias entre veículo e teor em metáforas linguísticas, também existe uma distância entre artefato (teor) e o veículo nas metáforas tecnológicas. Vimos anteriormente no comunicador do *Star Trek* que uma metáfora poderia penetrar no discurso popular muito antes que seus *enablers* tecnológicos estivessem prontos. Contudo, parece que em alguns casos isso não é verdade. Isso acontece basicamente quando os *enablers* não estão suficientemente desenvolvidos para que a metáfora tenha uma correspondência satisfatória para os usuários. Entre exemplos atuais disso estão a tecnologia 3D e seus subprodutos como "realidade virtual", que frequentemente são promovidos como "a bola da vez", mas ainda não justificaram o *hype*. Os *enablers* nunca foram bons o suficiente para que o artefato fosse de fato reconhecido a partir de sua similaridade com o veículo (nesse caso, a realidade como a vivenciamos no cotidiano). A realidade virtual pode ser virtual, mas ainda é muito deficiente no quesito realidade.

Neste livro, examinamos as metáforas digitais, seu desenvolvimento, sua aceitação na cultura popular e seu impacto sobre o horizonte de significado de uma cultura. Para isso, devemos primeiro pesquisar mais a fundo o que são as metáforas e como elas são usadas por nosso sistema cognitivo, e consequentemente seu impacto. Essa análise refletirá nosso próprio histórico. Um dos autores do livro é um filósofo que também passou vinte anos na indústria da tecnologia, trabalhando para empresas como Motorola e Google. O outro é um cientista cognitivo cuja formação em tecnologia inclui o comando de uma equipe campeã mundial de robôs autônomos que jogam futebol. Então, nossa análise da tecnologia se baseará em filosofia e ciência cognitiva, que serão abordadas na Parte II.

A Parte I do livro consiste em quatro capítulos, onde construímos uma estrutura baseada em pesquisas filosóficas e cognitivas. Nosso argumento é de que o poder do que estamos fazendo vem da mistura desses dois pontos de vista. Não é nossa intenção fazer algo inédito em qualquer uma das disciplinas, mas sim encontrar um espaço em comum que possa ser usado para construir uma estrutura de compreensão da tecnologia, especialmente sua relação com a metáfora.

Essa parte começa com o tópico da metáfora, já que ela é central a tudo no livro. Longe de ser um mero artefato da linguagem, a metáfora exerce um papel crucial em como explicamos novidades, como conceitualizamos o mundo e como agimos no mundo. Nosso objetivo nesse capítulo será mostrar o quanto do sentido vem envolto em metáforas. Feito isso, traremos um exemplo que deve iluminar os principais pontos de nosso livro. Esse exemplo, tirado da vida dos próprios autores, mostra como a tecnologia é intrínseca à vida moderna, como ela impacta nossa forma de nos comunicar, como nos relacionamos uns com os outros e como nos lembramos dos acontecimentos.

Os dois capítulos seguintes apresentam o ponto crucial de nossa abordagem. No primeiro, tratamos do tópico das metáforas digitais e de como elas diferem das metáforas comuns. Isso se deve principalmente ao fato de que elas são concretizadas ao serem implementadas nos smartphones, mas também por causa do ritmo das atualizações que o mundo digital possibilitou. Mostramos que as metáforas são centrais para a criação e o desenvolvimento de novas tecnologias. As metáforas digitais são cruciais para explicar a utilidade das tecnologias a usuários que talvez não consigam entender os detalhes técnicos. Essas metáforas são então implementadas e materializadas. Essa materialidade, em conjunto com o uso disseminado e constante dos smartphones, tem o efeito de sobrecarregar o impacto da metáfora sobre o significado.

Depois mostramos que no mundo dos dispositivos móveis, os *enablers* tecnológicos criaram uma situação na qual há loops de feedback muito rápidos entre usuários e desenvolvedores. Isso permite que as tecnologias e suas metáforas implícitas mudem muito rapidamente. Esse processo tem o efeito de redefinir os modelos de mundo dos usuários. Por exemplo, o modelo do que significa uma conversa será uma coisa para pessoas que participam regularmente de trocas de mensagens de texto, e inevitavelmente outro modelo para as pessoas no mundo pré-celular, e outro ainda para pessoas que simplesmente não têm acesso a um celular. E, é claro, essas mudanças em nosso modelo de mundo têm consequências para aquilo em que acreditamos e como nos comportamos. Como veremos, elas têm consequências legais também.

Na Parte II, aproximamos mais nossa estrutura de seus alicerces filosóficos e cognitivos. Em certos momentos, essa parte pode ser quase técnica demais para alguns leitores e tais trechos podem ser pulados, mas é essencial para desenvolver alguns dos conceitos teóricos nos quais nos baseamos.

No primeiro capítulo da Parte II, abordamos o conceito de significado usando estruturas desenvolvidas por filósofos. Uma das principais dificuldades em se lidar com o significado é que uma frase pode significar diferentes coisas para diferentes pessoas, dependendo da experiência de cada um. Essas diferenças de experiências entre as pessoas podem significar que seus modelos de mundo são diferentes. Uma oração simples como "o Rio de Janeiro é uma cidade de contrastes" terá significados muito diferentes para alguém que só tenha visitado o Rio brevemente, alguém que tenha vivido no Rio a vida inteira e alguém que só tenha visto notícias sobre o Rio. Isso será importante em relação à tecnologia porque nem todos têm o mesmo acesso a ela. Ao tentarem fazer essa distinção, os filósofos criaram sistemas para analisar frases com o intuito de chegar a seu significado subjacente. Por exemplo, entre as ideias importantes nesta obra estão as discussões sobre o que os filósofos chamam de referentes e predicações. Podemos pensar em um referente mais ou menos como a coisa no mundo à qual uma palavra se refere, e predicações como aspectos ou ações específicas que uma frase descreve ou enfatiza. Em nossa oração simples, o referente seria o Rio, e a predicação seria a descrição de que ele é cheio de contrastes. Isso pode parecer com diagramar orações na escola, mas afinal é um tópico complexo e repleto de nuances graças ao contexto, seja esse contexto algo cultural, parte de uma conversa mais longa ou modelo mental interno das pessoas no discurso.

Os significados não são somente estruturas da linguagem sem efeitos práticos; eles são lentes através das quais visualizamos e fazemos nossas escolhas diárias, desde as mais triviais, como o que comer no café da manhã, até a carreira que pretendemos seguir. Essa discussão de significados formará o contexto conceitual em nossa análise de metáforas como os mecanismos fundamentais que mudam os sentidos ao longo do tempo. As metáforas não são meros adornos linguísticos que deixam as frases mais bonitas. Como mostraram Lakoff e Johnson, e muitos outros que vieram na esteira do trabalho seminal da dupla, metáforas são mecanismos básicos para a criação de significados.[21] Quando a metáfora é analisada como um fenômeno semântico e cognitivo que transforma e cria novos significados, sua profunda importância para o entendimento de processos culturais e sociais, tais como tecnologias digitais, se torna manifesta.

No segundo capítulo da Parte II, olhamos para como o conhecimento é estruturado e adquirido da perspectiva da ciência cognitiva, com uma atenção especial para como essa perspectiva se cruza com as ideias apresentadas no primeiro capítulo. De forma geral, os referentes nos primeiros capítulos são objetos cognitivos, ou as categorias que formam a base de uma parte significativa das pesquisas cognitivas. A complexidade das categorias

---

21 LAKOFF, George; JOHNSON, Mark. *Metaphors We Live By*. Chicago: University of Chicago Press, 1980.

se reflete em debates que duram anos na internet, sobre assuntos tão diversos quanto o que definiria o que é um sanduíche. Como observamos no caso do Rio de Janeiro, as categorias de qualquer pessoa refletirão sua própria experiência do mundo. O mecanismo para traduzir essa experiência em estrutura cognitiva é a regra de Hebb, que descreve como as conexões neurais são fortalecidas no cérebro. O principal resultado dessa regra é que as pessoas associam as coisas umas às outras quando elas as experienciam em uma proximidade de tempo. Essas associações não somente formam a base das categorias, como também ligam as categorias em uma espécie de rede, que por sua vez é a base das predicações discutidas no primeiro capítulo da Parte II. Normalmente, esse processo é relativamente lento e estatístico, mas pode ser acelerado de pelo menos duas formas importantes. Uma é através de experiências emocionais intensas. A segunda, nossa principal área de interesse, é através da metáfora.

A Parte III do livro consiste em diversos capítulos que olham para tecnologias específicas da perspectiva de nossa estrutura e como essas tecnologias estão mediando partes essenciais de nossas vidas. Primeiro, temos um capítulo sobre o que talvez seja a mais bem-sucedida inovação tecnológica do século XXI: a interface de toque do usuário. Quando a Apple anunciou o primeiro iPhone em 2007, boa parte da conversa não se centrou em suas funções, mas sim em algo que ele não tinha: um teclado. O sucesso do iPhone pode ser atribuído ao que muitos, se não a maioria, dos observadores de tecnologia viam como sua maior fragilidade, e esse sucesso se baseou em uma metáfora de impacto, de que "tocar é selecionar". A metáfora queria dizer que não era necessária uma curva de aprendizado para usar aquele novo dispositivo; até mesmo crianças pequenas estão acostumadas a "selecionar" coisas tocando nelas. No decorrer da década seguinte, a metáfora foi tão potente que se tornou onipresente, mudando para sempre a forma como interagimos com a tecnologia.

Em seguida vem um capítulo sobre uma tecnologia que mudou drasticamente o que significa ter uma conversa com alguém. O SMS é um exemplo do ciclo hermenêutico em ação. A metáfora original, baseada em uma combinação de cartas e telegramas, era ruim, e as primeiras implementações foram limitadas pela tecnologia disponível na época. Mas com o tempo, com a rápida melhora da tecnologia e uma base crescente de usuários que levou o software para novas direções, o SMS se tornou o aplicativo mais usado do mundo e a metáfora deixou de ser correio e passou a ser conversa. O SMS e seus sucessores mudaram a natureza do que significa ter uma conversa, abandonando as amarras do tempo e as restrições de espaço. A capacidade de ter conversas que não precisam que se esteja no mesmo lugar na mesma hora tem vantagens óbvias, e essas vantagens impulsionaram o sucesso da tecnologia, mas também trouxeram desvantagens que precisam ser consideradas com seriedade.

O terceiro capítulo da Parte III olha para como a tecnologia mudou nossa perspectiva sobre a amizade através das redes sociais. As redes sociais também mudaram a forma como interagimos com outras pessoas, e no processo estão mudando o que significa ser um amigo e como amigos se atualizam a respeito da vida do outro. Como os dispositivos móveis têm a capacidade de remover as restrições tradicionais sobre o tempo e o espaço, eles proporcionam novas formas de fazer coisas antigas. Em vez de colocar o papo em dia com um amigo jantando com ele, podemos entrar em seu perfil nas redes sociais e ler suas postagens, muitas vezes curtindo-as e comentando.

A amizade, portanto, se tornou um conceito muito mais leve. Enquanto isso, empresas como o Facebook conseguem manipular diretamente o que significa ser um amigo ao escolherem sua iconografia, opções de resposta etc. Ao mesmo tempo, essas empresas estão competindo pela atenção do usuário, fazendo o possível para manter usuários online e conectados.

O quarto capítulo da Parte III examina como as fotos digitais e seus aplicativos associados mudaram nossa relação com as lembranças. As fotos sempre foram uma espécie de substituto da memória, mas agora que todos têm uma câmera no bolso o tempo todo, a relação se fortaleceu e mudou, algo exacerbado pelos aplicativos. Alguns deles nos permitem modificar nossas fotos. Estaríamos também modificando nossas lembranças desses eventos? Outros aplicativos usam inteligência artificial para tentar fabricar memórias para nós. Tanto os aplicativos de fotos do Google quanto da Apple chegam a chamar essas coleções de "Recordações". Nesse capítulo, examinamos essa evolução contínua e olhamos para evidências crescentes de seu impacto sobre o modo como vemos o passado.

No capítulo final da Parte III, olhamos mais de perto para o dispositivo que organiza tudo isso, o celular, e perguntamos se sequer temos o modelo mental correto do que é tal dispositivo. O celular mudou o mundo. Removeu as restrições tradicionais de tempo e espaço sobre uma miríade de atividades humanas e possibilitou infinitas novas tecnologias que antes não eram tão acessíveis ou sequer possíveis. Ademais, um aspecto dos celulares que é crítico para este livro é o fato de que eles permitem atualizações simples e frequentes de software, o que significa que o ciclo de desenvolvimento de tecnologias móveis é absurdamente mais rápido que o de tecnologias tradicionais.

O telefone celular faz tantas coisas, que chamá-lo de "telefone" parece quase ridículo. Por isso, há quem prefira se referir a eles como "computadores de bolso", mas essa comparação também é incompleta. Desde o lançamento do iPhone, que lançou a era do smartphone, os celulares tiveram seu próprio ciclo marcado por uma inovação incremental incansável por parte do desenvolvedor, e uma base de usuários que está sempre encontrando novas formas de usar a tecnologia que os desenvolvedores não imaginaram. Não somente isso mudou nosso modelo do que é um telefone, como também tem consequências legais. Neste momento em que escrevemos este texto, a Apple se encontra envolvida em batalhas jurídicas em torno da definição do que é esse dispositivo, e portanto que tipos de controle a Apple pode exercer sobre ele.

Por fim, na Parte IV, dedicamos quatro capítulos ao impacto das metáforas digitais sobre o mundo ao nosso redor. Às vezes as metáforas digitais fracassam, talvez devido à incapacidade da imaginação de acompanhar o rápido ritmo das mudanças tecnológicas; e elas também podem ser fracassos éticos. Vamos examinar esses fracassos no primeiro capítulo da Parte IV. Ao mesmo tempo, dado o impacto das metáforas digitais sobre o mundo, é crucial prestar atenção em quem as está criando. Esse é o tópico do segundo capítulo da Parte IV. Os fracassos não são o único problema possível das metáforas digitais, uma vez que elas podem ser até mais problemáticas quando bem-sucedidas. No terceiro capítulo da Parte IV, olhamos para as consequências desse sucesso. Por fim, no quarto capítulo da Parte IV, olhamos para o futuro, reunindo o que aprendemos para sugerir uma nova abordagem ao se examinar as metáforas digitais de uma forma geral.

PARTE I
Metáforas, Tecnologia e Significado

Estariam as mídias sociais transformando a própria natureza da amizade? E as mensagens de texto, e a forma como nos comunicamos? Estariam nossas imensas coleções de fotos e vídeos mudando nosso jeito de lembrar da vida? Sendo nosso objetivo responder a essas perguntas, devemos começar examinando como as metáforas precipitam tais mudanças. Para usuários de uma nova tecnologia, a história inevitavelmente começa com uma metáfora. Novos produtos ou aplicativos devem se descrever de maneiras que sejam facilmente entendidos, e a metáfora é como isso acontece em praticamente todos os casos. Então, começamos com as metáforas e sua importância para como nos comunicamos e como pensamos. Uma vez feito isso, paramos para um breve interlúdio, onde usaremos um exemplo para demonstrar algumas das premissas importantes para o livro, com o argumento de que as metáforas dos apps digitais cotidianos estão alterando fundamentalmente as atividades humanas básicas. Depois passaremos para as metáforas digitais e suas características especiais, dado que elas são implementadas na tecnologia. Por fim, vamos olhar para como essa combinação de uma metáfora digital e um dispositivo em rede tem um poder transformador como o mundo nunca viu antes.

1. METÁFORAS

Um mundo metafórico

"Sua voz encolheu." "Deixe esse episódio para trás." "Ela mergulhou nos estudos." "Ela despejou seus problemas em mim." "Desenterramos alguns fatos interessantes." "Você pode usar o mouse para colocar no carrinho." "Quantas curtidas você recebeu?" Tudo bem se você não entendeu imediatamente que todas essas simples expressões são metafóricas;[1] todas elas nos pedem para ver uma coisa como outra coisa. De acordo com essas metáforas, o som de uma voz é algo que pode ser visto dependendo de seu volume; fatos do passado são objetos físicos localizados atrás de você; estudos são um mar em que se mergulha; um dispositivo digital que aponta é um roedor;* apertar um botão é sinal de apreço, e assim por diante. As metáforas são tão comuns nas linguagens naturais, que há quem chegue a afirmar que elas são nossos mecanismos mais fundamentais para expressar significado sobre o mundo e nossas experiências.[2] Como veremos, as metáforas têm um ciclo de vida. Quando encontramos

---

1 MACMILLAN DICTIONARY, "Common Metaphors". *MacMillan Dictionary* (blog), 11 de maio de 2011, disponível em: https://www.macmillandictionaryblog.com/common-metaphors.

*N.T.: *Mouse* em inglês significa "rato", mas no Brasil tal termo não foi traduzido.

2 Para uma abordagem extensa deste e muitos outros aspectos da importância das metáforas, ver GEARY, James. *I Is an Other: The Secret Life of Metaphor and How It Shapes the Way We See the World*. Nova Iorque: Harper Collins, 2011.

uma metáfora pela primeira vez, pode ser necessário pensar por um momento para determinar o que ela significa. Mas, à medida que uma metáfora se torna convencional através de um uso social constante, ela se torna transparente da mesma forma que usar óculos modifica o que vemos, ainda que não estejamos de fato cientes deles no ato da percepção. Eles mudam a forma como vemos o mundo e, conforme vamos nos acostumando, eles se tornam uma parte natural de nossa visão de mundo.[3]

É a capacidade das metáforas de "ver como" que as torna tão vitais para a tecnologia complexa. Se tivéssemos que entender de fato cada elemento da tecnologia antes que pudéssemos usá-la, a maioria de nós seria muito limitada no que poderíamos realizar. Felizmente, não precisamos entender os detalhes de como transistores ou telas de cristal líquido funcionam para usar um smartphone. Podemos vê-lo como um meio de conversar com os amigos quando eles não estão por perto ou de capturar lembranças. Então, as metáforas são importantes para nossa história de pelo menos duas formas. Primeiro, elas fornecem uma maneira para os desenvolvedores de uma nova tecnologia contarem uma história para o público sobre o que a tecnologia faz e o porquê de ela ser útil. A segunda maneira é mais sutil, mas no mínimo tão importante quanto a primeira. Essas metáforas moldam nossa relação com a tecnologia e alteram a forma como vemos o mundo, quando usamos essa tecnologia. A metáfora da

3 "A metáfora de uma forma ou de outra é absolutamente fundamental para o modo como os sistemas de linguagem se desenvolvem com o tempo e são estruturados, e também ao modo como os seres humanos consolidam e estendem suas ideias a respeito de si mesmos, suas relações e seu conhecimento do mundo". LOW *et al.* (eds.). *Researching and Applying Metaphor in the Real World*. Amsterdã: John Benjamins, 2010, p. xii.

amizade nas mídias sociais pode se tornar transparente para nós, mas continua impactando nossa concepção do que seria a amizade e de como os amigos interagem uns com os outros. Quando uma IA [Inteligência Artificial] do Google pega algumas de nossas fotos e as transforma em uma de suas Recordações, pode parecer bonitinho, mas interagir com essas Recordações impacta a forma como nos lembramos dos acontecimentos capturados nas fotos. As tecnologias, por sua vez, normalmente funcionam como amplificadores. Um martelo amplifica nossa capacidade de bater em coisas, um microfone amplifica nossa capacidade de falar alto etc. Como veremos, isso também funciona com o aprendizado, uma vez que um dos impactos das tecnologias digitais é o fato de elas acelerarem o processo de aprendizado e, portanto, o impacto das metáforas envolvidas.

Mark Coeckelbergh salienta a importância da linguagem para o estudo de tecnologias. Ele sugere que, embora outras abordagens deem passos essenciais ao analisar como as tecnologias medeiam nossas experiências no mundo, elas dão continuidade ao que Carl Mitcham classifica como uma abordagem de "engenharia" para as tecnologias, em comparação com o que seria uma abordagem de "humanidades".[4] Coeckelbergh argumenta ainda que uma insuficiência importante e muito comum de diversos estudos em tecnologias seria não prestar atenção suficiente para o papel da linguagem. Ao explorar as diferentes maneiras como nos relacionamos com o mundo através da linguagem e das tecnologias, Coeckelbergh conclui que

---

4 Por exemplo, IHDE, Don. *Technology and the Lifeworld: From Garden to Earth*. Bloomington: University of Indiana Press, 1990. Ver MITCHAM, Carl. *Thinking Through Technology: The Path Between Engineering and Philosophy*. Chicago: University of Chicago Press, 1994.

"a linguagem é inseparável da tecnologia" e que "tecnologias e linguagens moldam a forma como pensamos e falamos sobre o mundo e moldam o que nosso 'mundo' 'é'".[5]

Essa conclusão é um excelente ponto de partida para nossa discussão, uma vez que enfatiza as maneiras como o entrelaçamento da linguagem com a tecnologia afeta a forma como entendemos o mundo, avaliamos nossas experiências e priorizamos nossas ações. Neste livro, salientamos o papel das metáforas nessa complexa relação entre nós-linguagem-tecnologias-mundo, sendo as maneiras preferenciais de a linguagem e a tecnologias se misturarem. Elas podem ser usadas para criar novos significados e, portanto, são um mecanismo essencial quando os desenvolvedores querem introduzir uma nova tecnologia através da linguagem.

Vendo metáforas

Nós falamos através de metáforas

O fato de as metáforas serem há tanto tempo foco de atenção para filósofos e estudiosos da linguagem, desde os gregos antigos, diz algo sobre sua importância. Aristóteles, por exemplo, reconhecia a peculiaridade da forma de pensamento expressa por metáforas: "Metaforizar bem implica uma percepção intuitiva da similaridade entre os diferentes".[6] Ele explorava duas características fundamentais das metáforas que são intrinsecamente associadas à essência da linguagem humana: a

5 COECKELBERGH, Mark. "Language and Technology: Maps, Bridges, and Pathways". *AI & Society* 32, no. 2 (Maio de 2017): 186.

6 ARISTÓTELES. *Poetics*. Trad. Stephen Halliwell. Loeb Classical Library 23. Cambridge, MA: Harvard University Press, 1995, p. 115.

persuasão e a criatividade.[7] Em seu tratado sobre a *Retórica*, o filósofo grego enfatizava o uso das metáforas para a explicação e a persuasão, em especial seus efeitos emocionais; no caso, resolver o quebra-cabeça conceitual apresentado por uma metáfora traria uma satisfação intelectual quando aprendemos algo novo sobre o mundo.[8]

Já na *Poética*, Aristóteles discutiu como as metáforas são maneiras de explorar e apresentar novos significados. Para demonstrar isso, ele analisou o processo criativo das tragédias, que eram consideradas o ápice da criação artística na pólis grega da época. Metaforizar bem é "ver-como", é "perceber a similaridade entre os diferentes", observava Aristóteles.[9] A análise de Aristóteles do uso poético das metáforas nos convida a pensar em seu uso como um processo criativo que constrói aproximações entre duas

---

7 "Assim, a poesia e a oratória delimitam dois universos distintos de discurso. Contudo, a metáfora tem um pé em cada domínio. Em relação à estrutura, ela pode de fato consistir em uma única operação, a transferência do significado de palavras; mas em relação à função, ela segue os destinos divergentes da oratória e da tragédia. A metáfora, portanto, terá uma estrutura única, mas duas funções: uma função retórica e uma função poética". RICOEUR, Paul. *The Rule of Metaphor: Multi-Disciplinary Studies of the Creation of Meaning in Language*. Toronto: University of Toronto Press, 1978, p. 12.

8 "Todos nós naturalmente achamos agradável entender novas ideias com facilidade: palavras expressam ideias, e portanto as palavras mais agradáveis são as que nos permitem entender novas ideias. Já as palavras estranhas simplesmente nos deixam perplexos; palavras comuns só expressam o que já sabemos; é a partir da metáfora que conseguimos entender melhor algo novo. Quando o poeta chama a velhice de 'caule murcho', ele nos transmite uma ideia nova, um fato novo, através da noção geral (*genous*) de 'florescência perdida.'" ARISTÓTELES, *Art of Rhetoric*. Trad. J. H. Freese. Loeb Classical Library 193. Cambridge, MA: Harvard University Press, 1926, p. 397.

9 ARISTÓTELES, *Poetics*, p. 115.

coisas que não são parecidas, e ao fazer isso desvela, propõe e comunica novos significados através da linguagem.[10]

Superficialmente, descrever metáforas como um "ver-como" parece ser em si metafórico. Contudo, a situação é um tanto mais complicada, uma vez que parece que algumas metáforas, em especial metáforas espaciais, são processadas em parte pelo sistema visual.[11] No mínimo, as metáforas em geral parecem aproveitar, ou ao menos imitar, a capacidade que o cérebro tem de categorizar visualmente, que muitas vezes envolve literalmente ver um objeto como o mesmo que outro. Por exemplo, quando vemos um gato que nunca vimos antes, nós o vemos como o mesmo, nesse caso, como um membro da mesma categoria, como outros gatos que vimos antes.

Infelizmente, depois de Aristóteles o estudo de metáforas passou por um longo período de empobrecimento. Ele foi absorvido pelo campo da retórica, e assim por séculos as metáforas foram vistas como meras figuras de linguagem (tropos). Esse extenso período, que teve início no começo da Idade Média e chegou à modernidade, teve estudos de metáforas focados quase que exclusivamente em aspectos formais de como as metáforas são construídas linguisticamente. Infelizmente, isso ignorava as dimensões criativas da metáfora que têm consequências mais

---

10 John T. Kirby observa que Aristóteles reconhece que um uso importante das metáforas é nomear coisas que não tenham nomes próprios. Essa é certamente uma correspondência perfeita para dar nome a coisas que são desenhadas e criadas através de técnicas digitais. KIRBY, John. "Aristotle on Metaphor". *American Journal of Philology* 118, no. 4 (1997): 517-54.

11 Para uma teoria de como isso poderia funcionar, ver CHOWN, Eric. "Spatial Prototypes". *In*: *Spatial Behavior and Linguistic Representation*. Ed. Thora Thenbrink, Jan Wiener e Christophe Claramunt. Oxford: Oxford University Press, 2013, p. 97-114.

relevantes, empolgantes e profundas. Durante esse período de tempo consideravelmente extenso, as metáforas foram consideradas meras substituições de palavras que poderiam ser usadas para uma função estética, mas que não acrescentavam nem revelavam novos significados. Alguns aspectos dessa visão reducionista persistem até hoje, que vemos quando as metáforas são listadas como somente mais um item dentre outras figuras de linguagem em um slide de PowerPoint. Essa visão simplista da metáfora se baseava em variações de duas premissas inter-relacionadas: (1) metáforas eram associadas a palavras isoladas, e (2) a ideia de que sempre seria possível substituir qualquer metáfora por outras palavras, ao mesmo tempo que se mantinha o mesmo significado que a expressão metafórica.

Foi somente em meados do século XX que houve um renascimento nos estudos da metáfora, principalmente através de trabalhos situados na intersecção entre os estudos de linguística e filosofia. Exemplos importantes incluem os escritos de I. A. Richards, Max Black, Monroe Beardsley e Paul Ricoeur.[12] Esses pensadores transformaram o estudo das metáforas ao romper com

---

12 RICHARDS, Ivor Armstrong. *The Philosophy of Rhetoric*. Oxford: Oxford University Press, 1936; RICHARDS, Ivor Armstrong. *Principles of Literary Criticism*. Londres: Routledge, 2017; BLACK, Max. "More About Metaphor". *Dialectica* 31, no. 34 (1977): 431-57; BLACK, Max. *Models and Metaphors: Studies in Language and Philosophy*. Ithaca, NY: Cornell University Press, 1962; BEARDSLEY, Monroe C. "The Metaphorical Twist". *Philosophy and Phenomenological Research* 22, no. 3 (1962): 293-307; BEARDSLEY, Monroe C. "Metaphorical Senses". *Noûs* 12, no. 1 (1978): 3-16; RICOEUR, Paul. "The Metaphorical Process as Cognition, Imagination, and Feeling". *Critical Inquiry* 5, no. 1 (Outubro de 1978): 143-59; RICOEUR, Paul. "Metaphor and the Central Problem of Hermeneutics". *Graduate Faculty Philosophy Journal* 3, no. 1 (Abril de 1973): 42-58; RICOEUR, *Rule of Metaphor: Multi-Disciplinary Studies*.

as duas premissas mencionadas acima. Primeiro, eles apontaram que as metáforas não eram exclusivamente associadas a palavras isoladas, mas que inter-relacionavam pensamentos complexos e contextos.[13] Quando alguém diz "dados são petróleo", a metáfora remete não somente às duas palavras específicas, mas também ao conjunto de pensamentos e implicações relacionados com dados e petróleo, tais como formas de produção, valor econômico e impactos ambientais. Com isso, esses pensadores trocaram o foco de como as metáforas afetam o estilo do que é expresso (retórica) para como elas afetam os significados (semântica). Mais importante ainda é o fato de que eles também desafiaram a segunda premissa: outras palavras com significados lexicais consolidados poderiam facilmente substituir metáforas sem uma perda semântica. Assim, existe algo único que se ganha em termos de significado ao se usar "petróleo" e não só dizer que os dados são valiosos. Tanto a fonte (petróleo) quanto o alvo (dados) da metáfora operam em conjunto para gerar significado. Da interação entre o aglomerado de significações evocadas pelos dados e pelo petróleo, novos significados emergem para entender a realidade e as experiências.[14]

Essa perspectiva semântica é o que mais nos interessa neste livro, porque ela possibilita uma análise da metáfora como um rico processo cognitivo que pode ser central na criação de novos significados. Paul Ricoeur sugere que essa capacidade da metáfora de ser usada para uma inovação semântica nasce do exercício de uma intensa atividade cognitiva que ele chama, emprestando da epistemologia kantiana, de "imaginação criativa".[15] Uma

---

13 RICHARDS, *Philosophy of Rhetoric*.

14 BLACK, *Models and Metaphors*.

15 RICOEUR, Paul. *The Rule of Metaphor: The Creation of Meaning in Language*. Londres: Psychology Press, 2003.

metáfora pode redefinir nossa experiência no mundo ao abrir uma fissura nas estruturas pré-determinadas de léxicos linguísticos estabelecidos. Quem se deparasse com a metáfora shakespeariana pela qual Ricoeur tinha um especial interesse, de que "o tempo é um mendigo", poderia inicialmente ficar confuso e pensar que ela não fazia sentido. Como o tempo poderia ser um mendigo? Nem gente ele é! Mas na verdade, é. Shakespeare está (literalmente) fabricando sentido; por meio do texto (ou do diálogo, neste caso), ele constrói um novo conjunto de predicações para nós e redefine nossa compreensão do tempo. Na imaginação de Shakespeare, devemos ver o tempo de uma outra forma, como uma pessoa que toma coisas de valor de nós, guarda-as e segue em frente, às vezes sem olhar para trás. Após a surpresa envolvida em ver as coisas dessa nova forma, pode vir uma percepção: eu nunca havia pensado no tempo dessa maneira! Vamos revisitar essa metáfora, incluindo o texto original, no Capítulo Seis.

Em comentário sobre a paixão de Robert Frost pelas metáforas e seu papel crítico em nosso pensamento, Judith Oster disse que "grandes metáforas ampliam nosso pensamento e nossa imaginação quando 'brincamos' com suas possibilidades, mas também testam seus limites".[16] Quando pensamos nas potencialidades abertas pela metáfora "o tempo é um mendigo", brincamos com novas possibilidades para entender nossa experiência do tempo que passa e, como um precioso subproduto desse processo interpretativo, refletimos sobre nossa própria relação com o tempo, ao mudar a forma como vemos o mundo e pensamos nossa relação com ele. Através desse jogo metafórico,

---

16 OSTER, Judith. "Frost's Poetry of Metaphor". *In*: *The Cambridge Companion to Robert Frost*. Ed. Robert Fagen. Cambridge: Cambridge University Press, 2001, p. 155.

conseguimos pensar de uma outra forma, explorar novas facetas da realidade, imaginar alternativas a significados insuficientes e encontrar sentido em novas criações humanas.

Neste livro, vamos explorar esse potencial inovador das metáforas, que nos permitem falar algo novo a respeito de uma experiência que era, até então, inefável. Então nosso foco não é nos detalhes da classificação linguística que fazem diferenciações sutis entre figuras de linguagem distintas, mas queremos explorar as metáforas como um paradigma de inovação semântica. As metáforas fazem sua mágica através de um truque fundamental, uma forma de ilusão cognitiva e linguística. Elas nos pedem para ver uma coisa como se fosse outra. Esse jogo de "ver-como" é fundamental para entendermos como as metáforas dizem algo novo sobre o mundo.

Esse aspecto de novidade causado pelas metáforas deve ser entendido de duas formas: uma relativa e outra absoluta. Uma metáfora pode expressar algo novo para um determinado ouvinte ou leitor. Estamos dizendo algo novo para alguém que pode nunca ter considerado um certo aspecto da realidade ou que não soubesse nada a esse respeito. Nesse caso, usamos metáforas de maneira pedagógica. Dizemos algo novo para essa pessoa, mas que já foi pensado e é bem conhecido por muitas outras, e é para essa pessoa em especial que a metáfora tem um novo significado. Por exemplo, se uma criança que tem um gato como bicho de estimação vê um guaxinim pela primeira vez, essa experiência é nova para ela. Para dar significado ao que ela vê, podemos usar uma metáfora: "Esse é um gato de máscara". Estamos pedindo para que a criança veja esse animal como um gato, que ela já conhece bem, mas "de máscara". O "ver-como" é usado para ensinar algo novo na experiência dessa criança, mas que já é bem conhecido por outros. Já existe uma palavra no dicionário para o gato mascarado, e aos poucos a criança substituirá a metáfora pela forma lexical "guaxinim". Ainda dentro de uma perspectiva relativa, as metáforas podem pretender persuadir através de comparações que despertem novas perspectivas e novos conteúdos emocionais. Por exemplo, discursos políticos muitas vezes são entremeados por metáforas. Sem entrar numa crítica de conteúdos específicos, pode-se dizer que as metáforas, nesse contexto, mantêm seu caráter pedagógico.

No entanto, há outro uso da metáfora que também queremos considerar: as metáforas que remetem a significados completamente novos que ainda não constam em nenhum dicionário, algo novo no mundo que ainda é órfão na linguagem. Nesse sentido, metáforas podem trazer uma nova experiência para a linguagem. É isso que estamos chamando de inovação semântica; as metáforas podem criar um novo significado para algo que não poderia ser facilmente expressado de outra forma. Uma breve inspeção de um dicionário revela o grande número de termos que começaram como metáforas inovadoras e, com o tempo, se tornaram simplesmente outras palavras no dicionário. Textos como este livro têm corpo, cabeçalho e rodapé, por exemplo, termos que começaram metaforicamente, mas que ganharam seu espaço próprio como palavras.

Portanto, as metáforas são fundamentais para a capacidade e a flexibilidade das linguagens naturais de explicar novos fenômenos naturais, sociais e tecnológicos. Nós certamente falamos em metáforas. Mas a importância delas não se limita à linguagem, embora isso fosse suficiente para ressaltar sua incrível relevância para as tecnologias digitais. A partir dos anos 1980, com a expansão das ciências cognitivas, as metáforas também se tornaram intrinsecamente relacionadas ao nosso modo de organizar o pensamento.

Nós pensamos por meio de metáforas

A renovação do interesse pela metáfora dentro de perspectivas semânticas e interpretativas mais abrangentes trouxe muitos benefícios. Aqui, temos um interesse particular pelos estudos da metáfora realizados dentro da ciência cognitiva.

George Lakoff e Mark Johnson, entre outros, vêm explorando o papel crucial que as metáforas exercem na maneira como estruturamos nosso sistema conceitual. Em seu influentíssimo livro *Metaphors We Live By*, eles sugerem que, "fundamentalmente com base em evidências linguísticas, descobrimos que a maior parte de nosso sistema conceitual ordinário é de natureza metafórica".[17] Desde a publicação desse trabalho, as metáforas vêm sendo bastante estudadas em muitos recônditos da ciência cognitiva, mas nossos interesses estão mais atrelados à associação que Lakoff e Johnson fazem entre o sistema conceitual humano e a metáfora. Como Tendahl e Gibbs colocam, a visão tradicional vinha sendo de "que o significado metafórico é criado de novo", mas "nos últimos vinte e cinco anos, diversos linguistas, filósofos e psicólogos abraçaram a possibilidade alternativa de que a metáfora é fundamental para a linguagem, o pensamento e a experiência".[18]

A base do sistema cognitivo humano é a categorização. As categorias nos permitem fazer modelos preditivos de nosso mundo. Quando nos deparamos com um animal novo, por exemplo,

---

17 LAKOFF e JOHNSON, *Metaphors We Live By*.

18 TENDAHL, Markus; GIBBS JR., Raymond W. "Complementary Perspectives on Metaphor: Cognitive Linguistics and Relevance Theory". *Journal of Pragmatics* 40, no. 11 (Novembro de 2008): 1823-64.

reconhecer que ele é um gato nos permite fazer um conjunto de previsões que provavelmente serão razoavelmente precisas, ainda que nunca tenhamos visto esse gato específico antes. Já observamos que as metáforas nos permitem ver uma coisa como outra. É exatamente o mesmo que fazemos na percepção, quando vemos o gato novo simplesmente como outros gatos que vimos antes. Uma diferença entre os dois casos é que, com metáforas, o "ver" pode em si ser metafórico, como discutimos anteriormente. Também devemos notar que com a categorização, especialmente para crianças, às vezes o animal novo realmente é novo. Uma criança pode ouvir, por exemplo, que o que ela está vendo não é um gato, mas sim um guaxinim. Esse é outro desafio para alguns tipos de metáfora; ouvimos que duas coisas são a mesma quando nosso sistema cognitivo naturalmente as separaria, mas como mostra o exemplo dos gatos e guaxinins, isso é algo que as pessoas experienciam como parte de categorias de aprendizagem.

Embora não exista nenhum consenso absoluto quanto a um modelo de categorização no sistema cognitivo, há aspectos gerais que são relativamente bem entendidos. Quando vemos um objeto, nós o dividimos em uma coleção de aspectos. Dependendo de quais aspectos vemos e da relação espacial entre eles, nós determinamos o que é esse objeto. Um modelo descritivo popular disso, que deve ao trabalho de Eleanor Rosch, se chama teoria dos protótipos.[19] O que torna as metáforas complexas de uma perspectiva cognitiva é que os aspectos estão implícitos. Quando ouvimos que "o homem é um lobo", não vemos um homem ou um lobo para fazermos uma comparação visual. Na verdade,

---

19 Por exemplo, ROSCH, Eleanor. "Principles of Categorization". *In*: *Concepts: Core Readings*. Ed. Eric Margolis e Stephen Laurence. Cambridge, MA: MIT Press, 1999, p. 251-70.

temos de usar outros meios para determinar quais são os aspectos relevantes. De muitas maneiras, essa abertura é de onde vem o poder da metáfora. Quando vemos um animal novo, nossos olhos restringem a forma como podemos classificá-lo, reduzindo as possibilidades para aquilo que percebemos diretamente. Com uma metáfora, cabe a nós determinar os aspectos relevantes. A questão de como resolvemos esse processo é o foco de boa parte das pesquisas sobre a metáfora na ciência cognitiva.[20] Para uma análise sobre o tema, ver Holyoak e Stamenkovic, que dão um destaque especial ao modelo de Walter Kintsch.[21]

Nesse modelo, o significado é representado por um vetor em um espaço espectral de alta dimensão. Para Kintsch, a resolução de uma metáfora envolve a fusão da fonte com o alvo da metáfora, o que tem diversos aspectos importantes. Primeiro, para qualquer indivíduo os vetores de significado se basearão na experiência pessoal, e portanto os resultados do processo vão variar de uma pessoa para outra, e ainda mais de uma cultura para outra. Segundo, ele ressalta o fato de que a metáfora é muito mais do que uma simples redescrição. De fato, ela pode ser criativa ao construir novas estruturas cognitivas. Por fim, a metáfora pode criar uma unidade cognitiva inteiramente nova. No modelo de Kintsch, a fusão dos dois vetores cria um novo. Vamos nos aprofundar mais nas nuances disso no Capítulo

---

20 Ver, por exemplo, GIBBS JR., Raymond W. *The Cambridge Handbook of Metaphor and Thought*. Cambridge: Cambridge University Press, 2008.

21 HOLYOAK, Keith J.; STAMENKOVIC, Dušan. "Metaphor Comprehension: A Critical Review of Theories and Evidence". *Psychological Bulletin* 144, no. 6 (Junho de 2018): 641-71; KINTSCH, Walter. "Metaphor Comprehension: A Computational Theory". *Psychonomic Bulletin & Review* 7, no. 2 (Junho de 2000), p. 257-66.

Seis, mas a ideia de que as metáforas podem criar novas unidades cognitivas, que por sua vez podem servir como fontes para outras metáforas, será importante para nossa história.

Assim como no exemplo do gato novo, uma metáfora fornece uma espécie de molde que pode ser útil para fazer previsões gerais. Quando Romeu exclama que "Julieta é o Sol!", ele está dizendo coisas a respeito dela que podem guiar nossas expectativas caso a encontremos. Podemos esperar, por exemplo, que ela seja calorosa e reluzente, e que qualquer encontro com ela será agradável. Essas expectativas nos dão uma base a partir da qual trabalhar quando a encontrarmos pela primeira vez. Mas assim como quando se vê um gato novo, essa estrutura não tem como ser uma correspondência perfeita do objeto real; isso é ainda mais verdadeiro no caso das metáforas, porque as categorias de fonte e alvo muitas vezes são bem diferentes.

Apesar dessa falta de fidelidade, as metáforas são críticas do ponto de vista cognitivo porque elas nos permitem fornecer uma descrição compacta para outra pessoa em termos que essa pessoa já entenda. Portanto, metáforas de tecnologia, como a amizade nas mídias sociais, nos dão um conjunto de aspectos e expectativas para algo novo, mesmo que não entendamos inicialmente as tecnicalidades envolvidas. A importância disso foi demonstrada durante a pandemia do coronavírus que começou em 2020. Uma das coisas completamente novas a acontecer foi a mobilização de vacinas de mRNA em larga escala, que apresentou um problema de comunicação por alguns motivos. Primeiro, do ponto de vista do público, era uma tecnologia completamente nova. Segundo, ela não funcionava como tecnologias anteriores e, para complicar, mesmo a tecnologia anterior não era bem compreendida por boa parte do público. Terceiro, e mais importante de tudo, havia uma boa dose de medo por parte do público a respeito das vacinas, especialmente pela rapidez com a qual foram desenvolvidas, indo além do sentimento anti-vacina que sempre existiu. Tudo isso levou os cientistas e a imprensa a quebrarem a cabeça para descobrir como comunicar ao público o funcionamento desse novo tipo de vacina e o porquê de ela ser segura. Um site de notícias de saúde reuniu o que considerou as cinco melhores explicações de fontes diversas, todas vindas de especialistas em epidemiologia.[22] Todas as explicações usavam metáforas.

A primeira propunha que as vacinas eram como mensagens do Snapchat que expiram. Entre as coisas notáveis dessa metáfora está o fato de que ela presume que o leitor sabe como o Snapchat funciona. A segunda propunha que a vacina era como um e-mail enviado para seu sistema imunológico, que mostra como o vírus funciona e depois expira como uma mensagem do Snapchat. Além de complicar a primeira metáfora, a segunda acrescenta a ideia metafórica de mostrar o vírus para o sistema imunológico, ou pelo menos o torna mais explícito. A terceira metáfora propunha que a vacina é como uma receita que contém instruções sobre o que fazer. A quarta comparava a vacina a uma partitura musical, mas que continha instruções somente para tocar uma parte da música. A última metáfora propunha que a vacina é como um sistema que toca somente a parte mais contagiante de uma música, o suficiente para que a pessoa reconheça a música quando a ouvir inteira. Essas três últimas metáforas enfatizam a ideia de que as vacinas mRNA, diferente das vacinas tradicionais, não contêm de

---

22 DE VARONA, Paola. "5 Experts Explain mRNA Vaccines for Non-Science People". *Verywell Health*, 21 de dezembro de 2020, disponível em: https://www.verywellhealth.com/explaining-mrna-vaccines-experts-social media-5092888.

fato o vírus, mas sim um código para uma parte específica dele, nesse caso a chamada "proteína spike". A partir dessas metáforas, podemos captar que as vacinas mRNA não contêm o vírus, mas um tipo de representação dele, e que mesmo essa cópia está no sistema imunológico só temporariamente.

Essas metáforas foram criadas para dar ao público uma estrutura que permitisse entender a nova tecnologia. A ideia é pegar coisas que o público conheça e usá-las para explicar as coisas que ele não conhece. Por sua vez, o raciocínio sobre as novas vacinas será muito impactado pela metáfora à qual uma pessoa é exposta. Se você ouve que as vacinas são como mensagens do Snapchat, então aplicará o que sabe sobre o Snapchat, se souber, à nova tecnologia. Como Lakoff coloca, quando recebemos uma metáfora, usamos o domínio-fonte (por exemplo, Snapchat) para raciocinar sobre o domínio-alvo (mRNA).[23] Todas as metáforas do mRNA foram escolhidas para enfatizar alguns poucos aspectos salientes das vacinas, no caso, que elas não contêm de fato o vírus e que elas não são retidas no corpo por um longo período de tempo.

Outro aspecto notável de várias dessas metáforas é que elas mesmas se baseiam em metáforas da tecnologia. O e-mail começou como uma metáfora em que nos era pedido que víssemos uma série de atividades em nosso computador como o ato de enviar e receber cartas por meio do serviço de correios. Nos anos 1980, quando a tecnologia era nova, a metáfora do e-mail teria ajudado a estabelecer expectativas para como ele funcionava. Saber o que eram cartas daria a informação de que o e-mail

---

23 LAKOFF, George. "The Neural Theory of Metaphor". *In*: *The Cambridge Handbook of Metaphor and Thought*. Raymond W. Gibbs Jr. (org.). Nova Iorque: Cambridge University Press, 2008, p. 17-38.

provavelmente envolvia se comunicar com pessoas à distância. Décadas mais tarde, agora que a metáfora "morreu" e muitas pessoas têm mais experiência com o e-mail do que com cartas, o e-mail pode ser usado como fonte de novas metáforas, como a da vacina.

Quando especialistas como os imunologistas precisam se comunicar com leigos, os desafios são consideráveis. Especialistas ficam imersos em seu domínio e sua terminologia, e estão acostumados a pensar sobre estes de uma forma profunda. Os leigos, por outro lado, talvez não tenham nem a noção mais básica da terminologia, muito menos qualquer tipo de compreensão sobre como funcionam as coisas no domínio. Isso significa que, para se comunicar eficazmente com um leigo, um especialista precisa se abster de falar sobre as próprias coisas que o tornam especialista, e falar de coisas que o leigo entenda. Isso não é fácil, como mostra o fato de que nenhuma das metáforas para o mRNA é perfeita. Como observa Lynne Cameron, tornar a linguagem técnica dos especialistas acessível a não-especialistas é um dos principais papéis da metáfora.[24] Também notamos que as falhas nas metáforas da vacina, e a incapacidade do público de entender como elas funcionam, tiveram consequências significativas no mundo real.

Como Blavin e Cohen sugeriram, as metáforas também se aplicam ao pensamento jurídico: "Juízes e comentadores empregam metáforas como heurística para gerar hipóteses a respeito da aplicação da lei em domínios inéditos e inexplorados".[25] As metáforas são usadas não somente como um meio de

---

24 CAMERON, Lynne. "Metaphor and Talk". *In*: *The Cambridge Handbook of Metaphor and Thought*. Raymond W. Gibbs Jr. (org.). Nova Iorque: Cambridge University Press, 2008, p. 197-211.

25 BLAVIN, Jonathan H.; COHEN, I. Glenn. "Gore, Gibson, and Gold-

comunicar decisões legais ou argumentar em disputas de tribunal, mas mais profundamente, elas moldam o processo de pensamento de domínios inexplorados. Como Blavin e Cohen também observaram, as tecnologias costumam exigir maneiras inovadoras de explicar a legislação existente, ao aplicar metáforas no processo do raciocínio analógico; "quando os tribunais encontram novas tecnologias ainda não previstas pela lei, sua dependência do raciocínio analógico exerce um papel profundamente importante na aplicação de regras legais próprias".[26] Mais uma vez, a escolha e a qualidade das metáforas têm um impacto real sobre o mundo.

No entanto, o significado é mais do que uma simples lista de aspectos e processos cognitivos. Existe também afeto e emoção.

Nós sentimos através de metáforas

As contribuições trazidas pelas metáforas são não somente conceitos e ideias de um ponto de vista cognitivo e linguístico, mas também expressões de afetos, sentimentos e juízos de valor.[27] Elas comunicam e moldam conteúdos emocionais. Lakoff, por exemplo, explora a metáfora "meu emprego é uma prisão" e a frustração e outras emoções negativas evocadas por tais escolhas metafóricas.[28] Escolher outra metáfora, como "meu emprego é uma joia", expressaria um conteúdo emocional completamente diferente,

---

smith: The Evolution of Internet Metaphors in Law and Commentary". *Harvard Journal of Law and Technology* 16, no. 1 (2002): 266.

26 BLAVIN; COHEN, "Gore, Gibson, and Goldsmith", p. 267.

27 "O mais importante é que também há pesquisas significativas que indicam a proeminência da metáfora em muitas áreas do pensamento abstrato e nas experiências emocionais e estéticas das pessoas". GIBBS JR., *Cambridge Handbook of Metaphor and Thought*, p. 3.

28 LAKOFF, "Neural Theory of Metaphor".

envolvendo o público não só cognitivamente, mas também afetivamente de maneiras diferentes do conteúdo original.[29]

Lynne Cameron, uma especialista em linguística aplicada que estuda empatia no diálogo e nas interações, ressalta os aspectos emocionais comunicados pelas metáforas. Uma das descobertas mais decisivas de Cameron foi o fato de que as metáforas são usadas para modular o conteúdo emocional da fala. Desse modo, um CEO pode usar metáforas esportivas para motivar seus funcionários, professores podem escolher metáforas com conotações positivas que enfatizem o potencial para melhora quando dão um feedback positivo a seus alunos, e pessoas com pontos de vista ideológicos opostos podem escolher metáforas positivas ou mais combativas se estiverem procurando formas de conciliação ou querendo fomentar ainda mais discórdia. Cameron sugere, por exemplo, que uma metáfora sistemática comumente usada em conversas de conciliação é que "conciliação é conexão". A partir dela, um punhado de outras metáforas associadas é produzido, como "Vamos construir novas pontes entre nossas perspectivas" e "Nossas comunidades passam muito tempo isoladas em si mesmas".[30]

As metáforas também são muito usadas para modular emoções e afetos que cercam novas tecnologias digitais. Por exemplo, no fim de uma rota, o Google Maps oferece uma opção de cinco *emojis* com carinhas que expressam diferentes níveis de satisfação, cada uma representando a qualidade percebida do

---

29 "As metáforas carregam não somente conteúdo ideacional, mas também algo das atitudes e valores dos falantes em relação a esse conteúdo. A escolha do veículo oferece um potencial afetivo". CAMERON, "Metaphor and Talk", p. 203.

30 CAMERON, "Metaphor and Talk".

algoritmo de roteamento. Os ícones com expressões faciais são os veículos, e a experiência do usuário com as sugestões de rota do Google é o teor da metáfora. Nesse caso, a metáfora em si envolve expressões de emoções, mas a relação entre metáforas e emoções nas tecnologias digitais é ainda mais sutil e onipresente.

Pensem nas diferentes metáforas propostas pelas redes sociais para capturar diferentes aspectos da comunicação, como mensagens, postagens, conversas, chats, *reels* e assim por diante. Cada uma delas carrega não somente associações linguísticas e cognitivas, mas também conteúdo afetivo e emocional. Por exemplo, quase todas as redes sociais que imitam alguma característica de sucesso do Snapchat criaram uma maneira de compartilhar *stories* que contenham alguma combinação de texto, imagem e vídeos curtos. A metáfora "*story*" ["história", em português] foi escolhida intencionalmente para transmitir um tom informal e divertido. O Snapchat também destacava a transitoriedade desse tipo de mensagem, com o compartilhamento limitado a um breve período de tempo, sugerindo que os usuários não precisam se preocupar com implicações de longo prazo.

Os sistemas de recomendação no cerne de quase todo aplicativo de rede social ou streaming fornecem outros exemplos dominantes de manipulação emocional. O *feed* de mídia deve ser visto como seu sistema de recomendação pessoal, algo como quando você está buscando um filme para assistir e pergunta a colegas sobre filmes que eles tenham assistido recentemente e gostado. Isso se estende até a itens de mídia individuais. Em *Irresistible*, Adam Alter descreve diversas técnicas usadas para aumentar o tempo de tela dos usuários.[31] Uma delas explora o

---

31 ALTER, Adam. *Irresistible: The Rise of Addictive Technology and the Business of Keeping Us Hooked*. Nova Iorque: Penguin, 2018.

fenômeno do *cliffhanger*, ou "gancho". No final de um episódio, o enredo escala para uma expectativa sobre o que vai acontecer no episódio seguinte, o que desencadeia um processo de ansiedade que desperta um desejo pelo próximo episódio, para que ele possa ser resolvido. Como relata Alter, em 2012 a Netflix implementou a funcionalidade "pós-play", que automaticamente toca o episódio seguinte de uma série assim que termina o episódio atual.[32] Embora possa parecer sutil, essa mudança é decisiva, porque pesquisas nessa área mostram uma tendência psicológica para a inércia, e com a implementação do pós-play o usuário deixa de precisar escolher ativamente assistir ao episódio seguinte e passa a precisar decidir pará-lo.

Nós agimos por meio de metáforas

A metáfora "osteoporose do mar" nos pede para ver os efeitos da acidificação do oceano sobre os corais da mesma forma que a osteoporose enfraquece os ossos nos humanos.[33] Ela redescreve

---

32 "Em agosto de 2012, a Netflix introduziu uma nova função sutil chamada pós-play. Com o pós-play, uma temporada de 13 episódios de *Breaking Bad* se tornou um único filme de 13 horas. Quando um episódio terminava, o *player* da Netflix automaticamente carregava o próximo, que começava a tocar em cinco segundos se o episódio anterior tivesse deixado um gancho; tudo que você precisava fazer era esperar o episódio seguinte começar, e o gancho se resolvia sozinho. Antes de agosto de 2012, você precisava decidir assistir ao episódio seguinte; agora, você precisa decidir não assistir ao próximo episódio". ALTER, *Irresistible*, p. 208.

33 "O Instituto FrameWorks testou uma série de metáforas e descobriu que as metáforas 'CO2 desenfreado versus CO2 natural', 'osteoporose do mar' e 'coração do clima' foram muito bem-sucedidas em construir uma compreensão da mudança climática". ARMSTRONG, Anne K. "Using Metaphor and Analogy in Climate Change Communication". *In*: *Communicating Climate Change: A Guide for Editors*. Ed. Anne K. Armstrong,

um complexo e relevante fenômeno para mudar a forma como as pessoas pensam (e com sorte, agem) no mundo, ao despertar predicações de fragilidade, cuidado e apoio que associamos à osteoporose humana. Assim, a metáfora nos convida a ver os corais da mesma forma que talvez víssemos pessoas queridas com problemas nos ossos: eles precisam de proteção de causas ocultas, nesse caso, os níveis elevados de gás carbônico.

Wessel Reijers e Mark Coeckelbergh propuseram o conceito de tecnologias narrativas, que aponta para o fato de que as tecnologias digitais criam estruturas narrativas que moldam nossas experiências.[34] Então, por exemplo, o processo de ignição de um carro é um enquadramento narrativo que guia parte das ações do motorista toda vez que ele decide usar tais tecnologias. A partir do momento em que o motorista entra na narrativa proposta pela tecnologia, suas ações são temporalmente coordenadas. "O motorista entra no carro, coloca o banco na posição correta, ajusta os espelhos, liga o motor, recebe feedback visual sobre a quantidade de combustível no tanque, sai da vaga onde está estacionado".[35] O carro e o motorista se tornam personagens na organização temporal proposta pela tecnologia.

As metáforas exercem um papel crucial na compreensão de como as tecnologias narrativas moldam nossas ações. As metáforas das redes sociais, por exemplo, mudam a forma como

---

Marianne E. Krasny e Jonathan P. Schuldt. Ithaca, NY: Cornell University Press, 2019, p. 70.

34 COECKELBERGH, Mark; REIJERS, Wessel. "Narrative Technologies: A Philosophical Investigation of the Narrative Capacities of Technologies by Using Ricoeur's Narrative Theory". *Human Studies* 39, no. 3 (Setembro de 2016): 325-346.

35 COECKELBERGH e REIJERS, "Narrative Technologies", p. 336-37.

interagimos com outras pessoas. Para desejar um feliz aniversário a alguém, escrevemos um comentário na *timeline* de um amigo. No final de uma apresentação pelo Zoom, expressamos apreciação selecionando o ícone de palmas. As estrelas se tornaram uma metáfora comum para a qualidade do serviço contratado através de aplicativos de carona, e ao selecionar um número de estrelas, agimos através das metáforas implementadas na tecnologia digital. Aliás, essa ação pode ter implicações substanciais para os motoristas que dependem de boas avaliações para receber novos clientes e manter seus empregos.[36] Nas tecnologias digitais, a nova materialidade das metáforas as faz afetar não somente o que dizemos e como pensamos, mas também a forma como agimos e nos relacionamos com os outros e o mundo.

Outra forma essencial de intersecção entre metáforas e ação diz respeito a regulações e políticas públicas. As implicações das tecnologias digitais para o plano geral social e político estão cada vez mais aparentes. A disseminação de informação nas redes sociais vem testando democracias; movimentos sociais são criados através de redes de contatos e transbordam para uma presença física, como as manifestações da Primavera Árabe; recursos sociais críticos como capacidades de educação remota são completamente atados a infraestruturas tecnológicas. A percepção da implicação social das tecnologias digitais levou a um aumento nos debates públicos e legislativos, que

---

36 Ver, por exemplo, o artigo de Yossi Sheffi que descreve as preocupações dos motoristas de Uber a respeito das possíveis consequências de uma avaliação negativa. "A Failure to Treat Workers with Respect Could Be Uber's Achilles' Heel", *MIT Technology Review*, 22 de setembro de 2014, disponível em: https://www.technologyreview.com/2014/09/22/12491/a-failure-to-treat-workers-with-respect-could-be-ubers-achilles-heel/.

muitas vezes são organizados através de temas metafóricos. Por exemplo, no debate sobre o direito dos provedores de internet de usarem o tipo e a fonte de conteúdo digital para controlar seus serviços – tipicamente chamado de "neutralidade da rede" –, duas metáforas conflitantes costumam ser usadas: "a internet é um serviço" e "a internet é uma estrada". Escolher uma metáfora ou outra tem consequências profundas para enquadrar o problema e, portanto, para ações regulatórias e legais que emergiram no debate público.[37]

A seguir: metáforas da tecnologia

Em um artigo publicado em 2000, antes da inserção maciça dos smartphones, Marakas, Johnson e Palmer ressaltaram um aspecto intrigante da relação entre as tecnologias digitais e as metáforas.[38] Eles analisaram o uso da antropomorfização das metáforas para descrever a interação entre humanos e computadores, como "ele lê", "ele escreve", "ele é amigável" e "pega e transmite vírus". Os autores apontavam para o uso de metáforas nas quais os humanos são os veículos e as tecnologias são os teores, criando assim condições para simplificar a compreensão da relação com computadores, mas, por outro lado, potencialmente fomentando atribuições falsas ou inapropriadas às tecnologias computacionais. Por meio de metáforas, os computadores e elementos digitais foram integrados em nossas vidas

---

37 Sobre o papel das metáforas para formular políticas públicas, ver SCHÖN, "Generative Metaphor".

38 MARAKAS, George M.; JOHNSON, Richard D.; PALMER, Jonathan W. "A Theoretical Model of Diferential Social Attributions toward Computing Technology: When the Metaphor Becomes the Model". *International Journal of Human-Computer Studies* 52, no. 4 (Abril de 2000): 719-50.

diárias como ajudantes, secretários, *coaches*, analistas, contadores e críticos. Mas o uso de metáforas na mediação de nossas relações com tecnologias digitais vai muito além. As metáforas não são somente *a respeito de* tecnologias digitais, elas estão *dentro* delas e são essenciais para que essas tecnologias sejam integradas em nossas vidas. A seguir, apresentaremos um exemplo que expõe os argumentos básicos deste livro.

Falando em metáforas[39]

As metáforas são um meio fundamental de comunicação. Para entender uma metáfora, é preciso ver uma coisa como outra coisa.

As metáforas aproveitam nossa capacidade de ver coisas diferentes como pertencentes à mesma categoria. Para isso, precisamos conseguir determinar os aspectos críticos que a metáfora está destacando. Às vezes, isso resulta em uma nova instância de uma categoria ou em uma categoria totalmente nova.

As metáforas moldam nossas expectativas para lidar com o alvo da metáfora, e assim elas podem ser usadas para moldar comportamentos.

As metáforas são uma ferramenta primária com a qual especialistas conseguem se comunicar com leigos.

---

39 Neste livro, encerramos cada capítulo com uma pequena seção que serve para colocar ideias-chave e citações em um lugar, em uma espécie de resumo. A inspiração veio dos livros recentes do vencedor do Prêmio Nobel Daniel Kahneman, como: *Thinking, Fast and Slow*. Nova Iorque: Farrar, Strauss and Giroux, 2011, p. 35; e KAHNEMAN, Daniel; SIBONY, Olivier; e SUNSTEIN, Cass R. *Noise: A Flaw in Human Judgment*. Nova Iorque: Little, Brown, 2021.

2. TECNOLOGIAS E SIGNIFICADO

Neste capítulo, vamos usar um exemplo para delinear o principal objetivo deste livro, que é examinar o impacto das tecnologias digitais sobre os significados. Nesse exemplo, que tiramos de nossa própria vida pessoal, vemos como o smartphone mudou a forma como nos comunicamos, como nos relacionamos e até mesmo como nos lembramos das coisas. Em suma, ele está mudando quem nós somos.

Uma carona para casa com os jovens

Um dos autores do livro teve recentemente a oportunidade de dar carona para um grupo de seis ou sete adolescentes, que voltavam de uma tarde gostosa jogando paintball. Pensando em seu próprio passado, ele imaginou que precisaria de tampões de ouvido durante a viagem – uma viagem que levaria cerca de quarenta minutos, sem contar as paradas para deixar cada um em casa e os cumprimentos cordiais dos pais que esperavam a chegada de seus atletas ao final de uma aventura que foi planejada por semanas. Ele esperava que seus passageiros fossem ficar animados para se vangloriar de seus feitos na partida, e que os episódios engraçados e façanhas deixariam o carro tão barulhento quanto uma feira livre numa manhã de sábado. Contudo, ele estava completamente enganado. Por um lado, ficou aliviado com a tranquilidade dentro do carro. Não fosse por algumas olhadas pelo espelho retrovisor para garantir que estavam todos respirando, ele teria se esquecido dos passageiros, dado o silêncio sepulcral que dominou toda a viagem. Esse alívio inicial deu lugar a um misto de preocupação e curiosidade. Teria algo sinistro acontecido na partida que deixou intolerável o clima entre os membros da equipe? Será que a presença dele é que estaria impedindo uma conversa espontânea? Estariam os combatentes tão cansados, que nem conseguiam encontrar energia para falar com os amigos?

Todas essas preocupações foram resolvidas de um jeito inesperado. Ele perguntou a um de seus filhos o motivo do silêncio: "Por que vocês não falaram sobre o jogo no caminho de volta?". A resposta do jovem atleta veio acompanhada pelo tipo de olhar que só um filho pode lançar a um pai. "Como assim, não falamos?", respondeu seu filho, sem entender o que ele claramente achou uma pergunta ridícula. "Eu nem senti a viagem passar; falamos o tempo todo. Quer ver como estava animada nossa conversa pelo Instagram?"

As mudanças do significado de "conversa"

Falar, conversar, papear... para os meninos, tudo isso significa uma coisa, e para o pai, algo completamente diferente. Para os meninos, conversar pode significar mandar textos digitados para outro endereço digital. Embora não fosse verdade nesse caso, o "papear" nem precisa ser síncrono. Os jovens passageiros do autor não estavam fazendo barulho, como seria esperado por alguém cuja ideia de conversa se baseava em experiências diferentes de vida. Para o autor, ondas de som são um aspecto central do que ele considera "conversar". Mas os meninos estavam digitando intensamente, compartilhando suas histórias, contando vantagem, brincando – em outras palavras, o conteúdo era o mesmo, mas o formato era novo. As redes sociais, em conjunto com sistemas de mensagem de texto e celulares, criaram uma metáfora que logo assumiu o principal significado de "conversa" para os meninos, que fazem parte de uma geração que cresceu sempre tendo tais ferramentas disponíveis. Um efeito colateral dessa mudança, especialmente por ter sido tão rápida, é que diferentes grupos, como os meninos e o pai, podem ter diferentes modelos do que seria uma conversa, dependendo de seu nível de envolvimento com a tecnologia (Figura 2). Portanto, uma frase simples como "Eu estava conversando com meus amigos" se tornou ambígua em seu sentido, embora dependendo da experiência de vida de uma pessoa, possa não parecer nada ambíguo.

Pode parecer que uma mudança no significado de uma palavra não tem importância, afinal a linguagem muda constantemente. No entanto, não estamos falando de um simples caso de desvio de linguagem ou sutileza em como uma palavra é usada. Nesse caso, estamos falando de como a linguagem reflete o significado e tem um impacto sobre ele. Não é só o fato de termos novas nuances do que significa ter uma conversa; é que estamos literalmente mudando a forma como conversamos e que essas mudanças são importantes por diferentes razões. Como vamos ver, uma conversa por mensagem de texto é muito diferente de uma conversa cara a cara. De algumas formas, pode ser melhor, mas de outras pode ser pior. Visto que a conversa é uma atividade humana tão fundamental, vale a pena examinar essas diferenças e pensar sobre seu impacto e seu alcance final.

Uma consequência negativa dessa divergência nos significados é que ela só pode acentuar diferenças entre grupos com acesso a tal tecnologia e aqueles que não têm. Voltemos à nossa discussão sobre a carona do autor, para ver como isso acontece.

Imaginem, por exemplo, mais um passageiro no banco de trás, que não tivesse um celular. Dependendo do resto do grupo, esse passageiro poderia ter ficado totalmente de fora da conversa, ou alguns passageiros poderiam ter se ressentido de como a conversa se desenrolou. Uma conversa em que o pai consiga ouvir provavelmente será muito diferente de uma em que ele não consiga. É claro, nesse caso alguém foi excluído – o autor!

Figura 2. As diferentes experiências dos jovens mudaram a ideia do que significa ter uma conversa, em comparação com adultos mais velhos. Então, uma simples frase como "estávamos conversando sobre a escola" terá significados muito diferentes para os dois grupos. Por exemplo, um adulto pode inferir equivocadamente que a conversa aconteceu pessoalmente e de forma síncrona. (Ilustração de Kira Chown)

Com o avanço das tecnologias digitais, essas cenas se repetem muitas vezes, em diferentes contextos com diferentes grupos.

Diversos psicólogos e sociólogos que estudam o impacto da tecnologia identificaram e examinaram as consequências pessoais e coletivas do tipo de fenômeno semântico que descrevemos neste livro. São várias as questões e interpretações do impacto desse novo universo semântico sobre uma experiência intrinsecamente humana como a conversa. Alguns pesquisadores[1] alertam que as mensagens de texto criam barreiras para o desenvolvimento integral da empatia; outros sugerem que esse fenômeno meramente cria uma nova forma de mediação e traz o benefício de se expandir o contato com interlocutores de outras culturas.[2] Outros pesquisadores ainda, como Margaret Morris, olham para as formas como esse novo modo de "conversar" pode se tornar um incentivo para outras experiências pessoais e interpessoais autênticas.[3] Independentemente de uma perspectiva analítica, o consenso é de que a predicação impertinente "conversar é mandar mensagem de texto" remoldou com sucesso os horizontes de significado dos usuários através dos aplicativos de mensagens e redes sociais.

O exemplo mostra o poder das tecnologias digitais, um poder que vai bem além de meras ferramentas usadas para melhorar a produtividade ou automatizar um processo existente. As tecnologias digitais estão mudando a forma como vemos o mundo, valorizamos as experiências, estabelecemos relações interpessoais e vivemos em sociedade. Nosso argumento é de que a abordagem hermenêutico-cognitiva apresentada nos próximos capítulos é adequada unicamente para examinar as

---

1 TURKLE, Sherry. *Alone Together: Why We Expect More from Technology and Less from Each Other*. Londres: Hachette, UK, 2017.

2 LING, Richard. *Taken for Grantedness: The Embedding of Mobile Communication into Society*. Cambridge, MA: MIT Press, 2012.

3 MORRIS, Margaret E. *Left to Our Own Devices: Outsmarting Smart Technology to Reclaim Our Relationships, Health, and Focus*. Cambridge, MA: MIT Press, 2018.

formas como as tecnologias digitais transformam nossos horizontes de significados através da experiência e, como efeito colateral, criam novos grupos culturais – aqueles que incorporaram essas mudanças e aqueles que ficaram para trás. As diferenças semânticas entre esses grupos, por sua vez, tornarão a comunicação entre eles cada vez mais difícil. No epicentro da transformação societal trazida pelas novas tecnologias estão as metáforas digitais.

As mudanças no significado de amizade

A forma como as pessoas se comunicam hoje mudou não somente no sentido de que nossas relações estão mudando. Para alguns dos adolescentes no carro, um passo seguinte normal ao voltar para casa seria postar detalhes do dia nas mídias sociais. Assim, em vez de esperar o dia seguinte na escola para contar aos amigos sobre o que aconteceu, eles podem contar imediatamente a seus amigos, pela internet. Desde os primórdios das redes sociais, como o Myspace e o Friendster, aplicativos de mídias sociais usavam a metáfora de que as conexões dentro dos aplicativos eram amizades. É comum, por exemplo, ouvir as pessoas se referirem a alguém como "amigo de Facebook". Essa metáfora é reforçada pelo fato de que nossos amigos "de verdade" provavelmente estarão entre os primeiros a se conectarem conosco nessas plataformas. Em nosso exemplo, esses amigos e seguidores online provavelmente serão um grupo muito maior do que seria se preenchido pessoalmente.

Para os jovens que postam *stories* e fotos de suas aventuras, existe uma espécie de pressão para apresentá-las da melhor maneira, destacando as partes mais interessantes e deixando de lado os detalhes mais mundanos. É natural para qualquer um querer mostrar seu melhor lado, e os aplicativos de mídias sociais tornam isso mais fácil do que seria em uma conversa cara a cara. Além de querer compartilhar com uma rede de amigos, também existe o desejo de ganhar "curtidas" e um consequente capital social. Então, a amizade, em termos de redes sociais, pode ser performativa, e a qualidade da performance pode ser medida diretamente de diferentes formas. Ao mesmo tempo, um tipo de pressão contrária acontece quando seus amigos veem essas postagens. A forma de uma pessoa apoiar amigos nas mídias sociais é clicando no botão de "curtir" e possivelmente postando um comentário positivo. Na era das mídias sociais, as chances de as interações cara a cara serem sobre o que está acontecendo nesse mundo online são tão grandes quanto as de serem sobre qualquer outra coisa.

Assim como no caso das conversas, vemos que cada vez mais as atividades básicas de um relacionamento são mediadas pela tecnologia. As amizades são gerenciadas no Facebook e no Instagram, os romances no Tinder, as relações profissionais no LinkedIn etc. Vamos examinar o impacto das mídias sociais sobre as relações com mais detalhes no Capítulo Nove.

As mudanças no formato da memória

Um efeito de um dia empolgante como o que os meninos tiveram é que lembranças são fabricadas, e a natureza delas também está mudando e evoluindo devido aos efeitos da tecnologia. E com as lembranças, mais uma vez, podemos ver o poder da metáfora em conjunto com a tecnologia. Nossas lembranças são histórias sobre nossas vidas. Em 2013, o Snapchat captou essa ideia e começou a usar o *Stories* [ou "histórias", em português] como uma metáfora para uma nova função que reunia grupos de fotos. Ao postar uma coleção de fotos como um *story*, você implicitamente diz que as fotos contam a história de uma atividade da qual você participou. O Instagram, por sua vez, copiou a metáfora em seu próprio app. Mais tarde, a Apple e o Google repaginaram a ideia com uma metáfora mais direta chamada "Recordações" em seu aplicativo de fotos. Nesse caso, a Apple e o Google automaticamente selecionam e agrupam fotos para os usuários, com a ideia de que isso os ajudará a interagirem com suas fotos mais frequentemente. Nas mídias sociais, a metáfora é de que a forma como você conta sua história é através de uma série de fotos, ao passo que para a Apple e o Google é de que essas coleções são suas memórias. Ambas contam com o fato de que todos nós carregamos uma câmera digital conosco para todos os lados, uma vez que o celular nos permite documentar nossas vidas com uma facilidade nunca vista antes. E podemos selecionar, editar, deletar, cortar, filtrar e fazer todo tipo de intervenção nas fotos para melhorar essas memórias.

Uma metáfora comum e equivocada para nossas memórias é a ideia de que elas funcionam como assistir a um filme de sua vida. Na verdade, a memória é muito mais construtiva. Nós nos lembramos de alguns detalhes e preenchemos com outros para formar um todo aparentemente coerente. Além disso, o mero ato de lembrar, e especialmente de compartilhar as memórias com outros, pode afetar muito nossas lembranças.[4] Veremos no Capítulo Seis por que isso acontece. Não surpreenderia ninguém descobrir que olhar para fotos e vídeos ajuda a reforçar nossa lembrança das coisas que capturamos, mas também é importante

4 REESE, Elaine; FIVUSH, Robyn. "The Development of Collective Remembering". *Memory* 16, no. 3 (Abril de 2008): 201-12.

reconhecer que tais fotos e vídeos também estão alterando nossas lembranças para se encaixar melhor na documentação digital. E já que essa documentação pode ser alterada e editada, nós estamos essencialmente alterando de modo deliberado nossas próprias lembranças, mediando-as com tecnologia digital.

A seguir: fundações

Este livro consiste em várias partes. A primeira parte do livro é sobre metáforas, e especialmente sobre como elas são usadas na tecnologia e as propriedades especiais que as metáforas da tecnologia ganham através de sua exemplificação na tecnologia. Essa parte do livro desenvolverá nossos principais temas.

Falando em tecnologias e significado

A tecnologia está mudando a forma como nos comunicamos, nos relacionamos e nos lembramos de nossa vida, entre outras coisas, em um ritmo acelerado. É da natureza da tecnologia que essas mudanças alcancem alguns grupos muito antes de outros. Entender como essas mudanças estão acontecendo e suas consequências é essencial para este livro.

3. METÁFORAS DIGITAIS

Se você está lendo este livro, você quase certamente tem um smartphone, e provavelmente o mantém por perto quase o tempo todo. As capacidades do smartphone crescem em poder e sofisticação constantemente. Essa combinação significa que o usamos para fazer mais coisas, e consequentemente dependemos dele em cada vez mais aspectos de nossas vidas. Apesar disso, a maioria de nós mal compreende como ele de fato funciona. Seria o hardware ou os aplicativos o que torna o smartphone tão útil? Por um lado, o hardware evolui continuamente, ganhando complexidade mesmo quando ele diminui de tamanho. Por outro, o software também se tornou mais complexo à medida que foi recebendo mais funções.

Mas, paradoxalmente, a maioria de nós sente que entende nossos dispositivos razoavelmente bem. Você pode não saber como transformar uma onda sonora em um sinal eletrônico, ou como a informação se desloca por uma placa de circuito impresso, mas pode se sentir confortável com o sentimento de que tais detalhes não são importantes para você pessoalmente, e mesmo que você não se sinta, muitas outras pessoas sentem. Afinal, entendemos nossos aparelhos pelo que eles fazem por nós. Dessa perspectiva, um smartphone é um dispositivo que nos permite realizar conversas à distância, atualizar nossos amigos – onde quer que eles estejam – sobre o que está acontecendo em nossas vidas, e capturar lembranças com sua câmera. Nossa compreensão dessas atividades, tal como ela é, depende não de nosso conhecimento técnico, mas de metáforas. Chamadas, mensagens de texto e e-mail são todas formas de ter conversas. As mídias sociais nos permitem conectar e colocar a conversa em dia com nossos amigos. As câmeras capturam memórias digitais. Tudo isso se baseia em coisas que nos são familiares e são simplesmente atualizadas, e possivelmente melhoradas, em suas versões digitais. Conversas digitais, por exemplo, não são restritas pelo tempo ou pelo espaço, nem a capacidade de colocar o papo em dia com amigos. Aliás, as memórias digitais são muito mais duráveis do que as reais.

Como vimos no capítulo anterior, as metáforas nos pedem para ver uma coisa como outra. Quando Romeu diz "Julieta é o Sol!", essa é uma forma elegante de dizer como ele se sente, mas também entendemos que não é num sentido literal. Então seria fácil dizer que, quando alguém chama de conversa uma troca de mensagens de texto, também não é num sentido literal, mas sim que é somente um jeito fácil de destacar alguns aspectos do texto que há em comum com conversas. Como já vimos, com as metáforas de uma forma geral, e em especial com as metáforas digitais, a questão é muito mais complexa. As metáforas têm o poder de moldar a forma como pensamos e aprendemos. Elas também têm o poder de mudar nossa compreensão das coisas com as quais já temos familiaridade. Como a tecnologia digital se tornou tão onipresente em nossas vidas, tornou-se necessário examinar como as metáforas digitais estão nos impactando.

O papel das metáforas digitais

Como mostrou nosso exemplo da viagem de carro com os meninos, as tecnologias digitais podem mudar a forma como pensamos, criando novas categorias e alterando o significado de categorias existentes. Mas antes que elas possam fazer isso, as pessoas devem escolher usá-las com base em algum tipo de descrição do que elas são. Como esses mesmos usuários existem em um mundo onde há muitas escolhas, novas tecnologias precisam fornecer a eles respostas para algumas perguntas básicas. Duas das perguntas são relacionadas: o que ela é, e por que eu deveria querê-la? Existe uma terceira pergunta que também é importante quando se trata de entender algo, mas que em geral parece negligenciada com a tecnologia digital: como ela funciona? As respostas para essa pergunta precisam ser simples, do contrário os possíveis usuários podem simplesmente optar por usar outra coisa. Afinal, para quê perder tempo ficando confuso quando existem tantas outras opções?

Ao mesmo tempo, explicar uma nova tecnologia é difícil, já que envolve muitas vezes questões complexas do ponto de vista técnico. O principal objetivo de um desenvolvedor é fazer com que os usuários se interessem, então explicar o "como" é muito menos importante do que o "o quê" ou o "porquê". Isso é bom para os desenvolvedores, já que o "como" provavelmente é a pergunta mais difícil de responder de uma maneira que pessoas comuns consigam entender com facilidade. Assim, a maioria dos desenvolvedores faz uma escolha, abstraindo seu produto em uma metáfora que idealmente conta a um usuário ao mesmo tempo o que é o produto e o porquê de ele ser útil. Desse modo, um celular é um telefone que pode ser usado para fazer chamadas de qualquer lugar, uma postagem em uma rede social é um jeito fácil de contar a seus amigos o que você está fazendo etc. Assim como com qualquer abstração, muitas coisas sobre o produto são deixadas de lado nessas metáforas. Para os usuários, geralmente não é um problema, já que a maioria deles não tem interesse ou não tem a formação necessária para entender os aspectos técnicos necessários para se compreender as questões do "como". Por ora, vamos simplesmente observar que há consequências para essa abstração, ou seja, entender como um aplicativo que transmite informações pode ter consequências para a segurança de seus dados. Vamos voltar para essas consequências mais adiante no livro, mas por enquanto vamos focar no que é abstraído através da metáfora.

Em alguns casos, a diferença que boas metáforas podem fazer ao ajudar o usuário a entender um produto novo é enorme. Quando os computadores pessoais se tornaram populares no final dos anos 1970 e início dos 1980, o acesso à funcionalidade dos computadores era mediado por um sistema operacional conhecido como MS-DOS (Microsoft Disk Operating System). O MS-DOS não tinha uma metáfora clara que pudesse ajudar as pessoas não familiarizadas com os detalhes do sistema a entendê-lo com facilidade. Os problemas que isso gerou se refletiram na interface do usuário e nos detalhes dos comandos que, mesmo hoje, podem ser complicados para qualquer um que não seja um usuário mais versado. A complexidade no uso desses computadores foi uma barreira real à aceitação do público, então não surpreende que os primeiros computadores domésticos tenham sido recebidos com extremo ceticismo. Por exemplo, em 1982 o autor vencedor de um Prêmio Pulitzer William F. Buckley escreveu:

> Certas geringonças nós sabemos instintivamente como usar, como o rádio... mas um computador de mil dólares? O Prêmio Pulitzer pertence ao homem que revela sua utilidade... a utilidade que o leitor comum do jornal quer...[5]

---

5 BUCKLEY JR., William F. "Do We Really Need Home Computers?". *On the Right* (coluna independente), 19 de junho de 1982.

O salto semântico que disseminou o uso veio quando a metáfora de uma área de trabalho na escrivaninha de um escritório foi criada em cima do "sistema operacional de disco". Os usuários podiam interagir com programas que continham metáforas visuais claras na forma de ícones que revelavam sua finalidade. Eles podiam então "olhar para" esses programas através de janelas, que ofereciam uma visão de seu conteúdo. O sistema de arquivos, antes um labirinto de nomes ininteligíveis, se tornou um conjunto de pastas que correspondiam aos gabinetes de arquivos já existentes nos escritórios. A operação de mover um arquivo de uma pasta para outra com um gesto de arrasta-e-solta era facilmente entendida por seu análogo no mundo físico. Havia até mesmo uma lata de lixo para descartar itens. Juntas, essas metáforas ajudavam a transformar o que costumava ser assustador e desconhecido em algo familiar e mais amigável.

Alienação Digital

Quando o usuário se depara com um novo artefato digital, ele tem um problema. Ele precisa entender o artefato da perspectiva de seu próprio horizonte semântico; segundo os termos de Norman, ele precisa de compreensão.[6] Paul Ricoeur chama essa tarefa de "apropriação", no sentido de que vence uma distância histórica e cultural, ao tornar seu o que era inicialmente diferente (estranho) e inacessível.[7] Essa é uma questão surpreendentemente

---

6 NORMAN, *Design of Everyday Things*.

7 É importante notar que neste texto nós usamos o termo "apropriação" no sentido técnico da tradição hermenêutica alemã do termo original *Aneignung*. *Aneignen* significa tornar seu o que inicialmente era de outro, e é aplicado aqui ao processo no qual um artefato cultural (texto, monumento, artefato tecnológico) ganha significado para qualquer um que interaja com o artefato, e o significado proposto pelo artefato se torna parte

comum. Para tarefas tão diferentes quanto ler um manuscrito de milênios atrás e assistir a um vídeo de uma cultura com a qual temos pouco contato, devemos tornar "nosso" o que pode parecer estranho. A noção de apropriação de Ricoeur, que pode ser atingida através de um processo de interpretação, é o equivalente da alienação que é intrínseca a essa distância histórica e cultural. A apropriação, no sentido hermenêutico, exige que se entendam experiências culturais e históricas distintas das nossas. Isso só é possível quando se encontram formas de relacionar tais coisas com nosso conhecimento e experiência pessoais. Ricoeur resume esse movimento hermenêutico dizendo que "a interpretação une, equaliza, torna contemporâneo e similar. Esse objetivo é atingido na medida em que a interpretação atualiza o sentido do texto para o leitor atual".[8]

As tecnologias digitais criam uma nova forma de alienação que chamamos de alienação tecnológica. Um poema escrito no século XVI existe em um horizonte semântico diferente do nosso, assim como o mito de uma população autóctone de uma ilha do Pacífico. Da mesma forma, a grande maioria das pessoas que usam aplicativos de celular não vive num mundo em que as complexidades do desenvolvimento de softwares e hardwares sejam significativas. Os detalhes de como funciona a criptografia de dados para a comunicação sem fio, ou as minúcias dos sistemas operacionais de um smartphone, formam um horizonte de significados estranho à maioria das pessoas, mesmo

---

de como eles se relacionam com o mundo. Portanto, não existe nenhuma conotação com uma usurpação injusta ou ilegal de algo que pertencia a outro e é tirado à força.

8 RICOEUR, Paul. *Hermeneutics and the Human Sciences: Essays on Language, Action and Interpretation*. Cambridge: Cambridge University Press, 1981, p. 185.

aquelas que usam celular. Esse tipo de alienação pode parecer nova porque a tecnologia é nova, mas pode ser superada pelo mesmo processo que usamos para entender qualquer parte de nosso mundo que inicialmente pareça estranha.

Figura 3. O abismo da compreensão. A comunicação entre duas pessoas com horizontes de significado muito diferentes é praticamente impossível. (Ilustração por cortesia de Kira Chown)

Assim, a lista que Ricoeur propõe de exemplos de "alienações" históricas e culturais que requerem um esforço interpretativo deve ser expandida. No mundo de hoje, ela deve também incluir a alienação tecnológica: a distância entre o significado de algoritmos de software, componentes de hardware e estruturas de dados, e as experiências do mundo real e o conhecimento dos usuários de tecnologia. É claro, os desenvolvedores não querem que o usuário veja esse processo como um esforço, nem querem que o usuário foque no que ele não entende; eles querem que o usuário veja as coisas em termos que ele *já* entenda. Para superar a distância que poderia dominar as percepções do usuário que se depara com um novo software, os desenvolvedores precisam criar uma interpretação metafórica de sua tecnologia que pareça familiar para o usuário. Essa nova realidade deve unir o horizonte semântico técnico do desenvolvedor com o horizonte semântico não-técnico do usuário, abrindo caminho para que este supere suavemente sua alienação tecnológica.

Figura 4. As metáforas são a maneira normal de vencer o abismo da compreensão, ao permitir que especialistas se comuniquem de maneiras que um leigo consiga entender. (Ilustração por cortesia de Kira Chown)

Com a tecnologia, sempre haverá uma grande disparidade entre a expertise dos desenvolvedores e o conhecimento dos usuários. Mas como é possível superar essa disparidade? Como é possível criar uma ponte entre o complexo universo dos *enablers* digitais e o mundo que os usuários entendem? Esse é o trabalho do primeiro estágio de um processo mais longo, que chamamos de ciclo metafórico, e que continuaremos a elaborar no próximo capítulo. Através da criação de uma "predicação impertinente" típica das metáforas, os designers digitais podem descrever os *enablers* de uma maneira que o usuário consiga entender. Isso dá início a um processo hermenêutico muitas vezes desprezado ou minimizado que é crucial na criação de uma nova tecnologia. As descrições desse processo criativo normalmente enfatizam as realizações físicas, matemáticas e lógicas envolvidas. Ironicamente, o público precisa da metáfora, mas celebra as partes que não entende, talvez justamente porque não entende – se é mais difícil de entender, deve ser difícil de realizar. No entanto, esses *enablers* são literalmente sem sentido para a sociedade até que eles consigam superar o abismo da alienação digital de forma que o público consiga usá-los. Isso é feito inevitavelmente através de metáforas digitais.

Conectando os usuários à tecnologia

Até pouco tempo atrás, quase todo mundo vivia em um horizonte de significado pré-digital. Nossas experiências culturais e tradicionais em comum significavam que tínhamos ideias similares do que seriam supermercados, carrinhos de compra, gôndolas, vendedores, caixas e recibos. Nós habitávamos, e ainda habitamos, esses significados. Eles são "semi-transparentes" para nós, facilmente entendidos e empregados, assim como as inúmeras associações que fazemos com essas ideias. Isso é um prato cheio para comediantes que fazem piadas sobre as rodinhas de carrinhos de compra que não giram para frente ou sobre como é esperar numa fila. Tais piadas aproveitam nossa experiência cultural coletiva da mesma forma que as metáforas digitais se empenham para fazer.

Enquanto isso, os designers digitais habitam um universo paralelo de significado, criado através de *enablers* digitais. Nesse outro universo, coisas como caixas de texto, botões, barras de rolamento, algoritmos de ordenação, conexões de rede, linguagens de programação e páginas web fazem tanto sentido para os desenvolvedores quanto um carrinho de compras faz para nós. Esses *enablers* têm significados dentro desse espaço semântico, e esses desenvolvedores adquiriram esses significados através de muitas horas de treinamento e trabalho árduo. Poderíamos chamar esse horizonte semântico de digital. Os designers digitais precisam conectar essa nebulosa de significados, criando pontes semânticas que liguem os horizontes de significado pré-digitais e digitais. E mais, eles precisam fazê-lo de uma forma que não envolva para os possíveis usuários o mesmo comprometimento de tempo e trabalho que eles tiveram. Contudo, precisamos esclarecer aqui que não é objetivo dos desenvolvedores ajudar o usuário a entender como caixas de texto, botões e coisas do tipo funcionam. Os significados que eles querem que o usuário construa são diferentes dos seus. Os desenvolvedores precisam saber como botões funcionam, mas o usuário só precisa saber como usá-los.

Assim, o primeiro passo no ciclo metafórico digital acontece quando os designers digitais consideram os *enablers* tecnológicos e procuram formas metafóricas de incorporá-los no universo semântico do usuário. Aqui retornamos à ideia do "ver-como" inerente à metáfora. Os designers podem, por exemplo, criar camadas semânticas sobre o cerne de *enablers* tecnológicos. Essas novas camadas podem permitir que o usuário veja o que é de fato um algoritmo de recomendação de aprendizado de máquina como se fosse um excelente agente de atendimento para o cliente, que aponta para outros produtos na loja que o usuário provavelmente vai querer. Designers de lojas online criaram inúmeras metáforas para permitir que os usuários vejam ícones, listas, botões, algoritmos de recomendação e protocolos de comunicação como se fossem as prateleiras da loja favorita do cliente. Essa estrutura familiar facilita a transição do universo semântico das lojas físicas para o das compras digitais. Assim, uma lista de registros na memória do computador é exibida com imagens e texto, vistos por um cliente como um carrinho de compras. Truques similares permitem que se insiram números de cartão de crédito em um conjunto de caixas de texto e se aperte um botão, remetendo ao ato familiar de passar pelo caixa. Assim, uma estratégia comum para os designers é pegar aquilo com que os usuários estão acostumados no mundo físico e tentar emulá-lo diretamente nos softwares; eles compõem metáforas para tratar de novas regiões de significado usando tinta digital.

Uma vez que as metáforas digitais são implementadas na forma de artefatos de hardware e software, elas começam a interagir e afetar o universo do significado pré-digital. O usuário precisa descobrir o que está vendo e como isso se relaciona com noções familiares, por exemplo, colocar um item em um carrinho de compras. Ele é convidado (ou guiado) a ver o aperto do botão como a escolha física de um item de supermercado e seu deslocamento físico para dentro do carrinho de compras. A predicação impertinente "apertar esse botão é escolher o item e colocá-lo dentro de um carrinho de compras" vai exigir que um novo usuário se envolva em um processo interpretativo potencialmente difícil para entender essa nova metáfora. Uma solução para esse esforço buscada por alguns designers é chamada de "esqueumorfismo". O objetivo do design esqueumórfico é tornar a metáfora digital o mais próxima possível da experiência física. Por exemplo, os designs de livro esqueumórficos animam o ato de virar uma página com o detalhe do canto da página se enrolando. Uma versão inicial do aplicativo de calendário para o iPad parecia ter páginas rasgadas no topo, logo abaixo de seu couro falso, que, de acordo com engenheiros da Apple, se baseava no couro do jatinho de Steve Jobs.[9] Mesmo os ícones de livros em uma biblioteca digital podem ter costuras pensadas para parecer livros físicos, e esses ícones podem ser dispostos em uma prateleira falsa – alguns apps até simulam o desenho das fibras da madeira. Esses designs são criados para tornar a transição para a experiência digital a mais fácil possível, mas eles também foram criticados por reprimir a inovação e por uma poluição visual excessiva. Nos primórdios da tecnologia digital, essas discussões aconteciam principalmente na internet; só recentemente essas questões começaram a ser adequadamente testadas.[10] A melhor maneira de ler um livro digital, por exemplo, pode não ser a melhor maneira de ler seu correspondente físico. Livros digitais permitem novas possibilidades para as experiências de leitura que podem ser sufocadas pelas próprias metáforas que são usadas para atrair leitores. Vamos discutir essa questão mais detalhadamente neste capítulo.

Em *Transcoding the Digital*, Marianne Van den Boomen investiga como as metáforas são cruciais na maneira como

---

9 CARR, Austin. "Will Apple's Tacky Design Philosophy Cause A Revolt?". *Fast Company*, 11 de setembro de 2012, disponível em: https://www.fastcompany.com/1670760/will-apples-tacky-software-design-philosophy-cause-a-revolt.

10 OSWALD, David. "Afordances and Metaphors Revisited: Testing Flat vs. Skeuomorph Design with Digital Natives and Digital Immigrants". *In*: *Proceedings of the 32nd International BCS Human Computer Interaction Conference (HCI)*. Swindon, UK: BCS Learning & Development, 2018, p. 1-11; JIN, Huifeng. "Influence of Icon Design Style on User's Cognition". *In*: *Proceedings of the 6th International Conference on Humanities and Social Science Research (ICHSSR 2020)*. Ed. Xuemei Du, Chunyan Huang, e Yulin Zhong. Paris: Atlantis Press, 2020, p. 550-553.

artefatos digitais se tornam usados e compreendidos.[11] Para ela, "a prática da troca de códigos digitais só pode ser articulada, percebida e concebida quando traduzida em metáforas".[12] Ela usa uma nova perspectiva dos estudos de mídia para analisar os diversos níveis nos quais as metáforas medeiam as experiências digitais, desde o nível das interfaces do usuário até o discurso social, onde cada um dos níveis traz repercussões importantes para a cultura e a sociedade. A excelente descrição de Van den Boomen de como as metáforas são partes essenciais da nova mídia digital nos convida a analisar as raízes cognitivas e semânticas desse aspecto crucial das tecnologias digitais.

As tecnologias digitais redescrevem nossa experiência no mundo para serem aceitas e integradas com sucesso nos horizontes de significado dos usuários. Elas precisam ser redescritas em termos de experiências cotidianas no mundo, de forma que os usuários em potencial consigam entendê-las. Similar à forma como uma metáfora shakespeariana nos convida a ver Julieta como o Sol, um aplicativo de celular nos convida a ver um clique num ícone como sinal de amizade e apreciação. Assim, um aplicativo de celular pode buscar redescrever a confiança e a excelência como o número de estrelas que o usuário atribui a um serviço de táxi ou a uma loja virtual. A maioria dos artefatos digitais consegue isso mesmo quando reflete a tensão entre similaridade e diferença nas metáforas. Por exemplo, os *emojis* são representações visuais simples das emoções, mas são empobrecidos pela falta de contato imediato entre as pessoas que se comunicam – um *emoji* de carinha sorridente não transmite

---

11 VAN DEN BOOMEN, Marianne V. T. *Transcoding the Digital: How Metaphors Matter in New Media.* Amsterdã: Institute of Network Cultures, 2014.

12 VAN DEN BOOMEN, *Transcoding the Digital*, p. 12.

tanta informação quanto um rosto de verdade. Essa dimensão metafórica das tecnologias digitais requer uma habilidade interpretativa de desenvolvedores e designers, uma habilidade tão importante quanto qualquer habilidade técnica na criação de artefatos confiáveis, eficientes e usáveis.

A materialidade das metáforas digitais

Metáforas são abstrações, e por isso pareceria que elas não existem no mundo e não seriam materiais. Quando se diz que alguém está "subindo a escada do sucesso", não existe uma escada de fato e a pessoa não está literalmente subindo. As metáforas digitais são diferentes. Elas são implementadas, e nós interagimos com elas diretamente. Além disso, elas são "ostensivas", o que significa que elas impõem a forma como devemos interagir com elas. Essas interações, por sua vez, podem ser cuidadosamente organizadas para nos guiar a entendê-las através de seu próprio uso. Isso faz pensar se as metáforas digitais seriam na verdade materiais.

Paul M. Leonardi explora essa ideia em "Digital Materiality? How Artifacts without Matter, Matter" [Materialidade digital? Como artefatos sem matéria importam, em tradução livre].[13] A maioria de nós pensa no "material" como algo feito de matéria, mas isso sugere que tal definição nos impede de chamar artefatos digitais de materiais devido à sua falta de substância física.[14]

---

13 LEONARDI, Paul M. "Digital Materiality? How Artifacts without Matter, Matter". *First Monday* 15, no. 6 (Junho de 2010), disponível em: https://doi.org/10.5210/fm.v15i6.3036.

14 Embora pareça mais apropriado pensar especificamente nas estruturas lógicas do software, porque é óbvio que a forma como essas estruturas são fisicamente implementadas envolve alguma espécie de matéria (afinal, bits são pulsos de energia elétrica).

No entanto, a segunda definição que Leonardi dá para "material", associada ao que ele chama de "instanciação prática", é muito próxima contextualmente de como metáforas digitais funcionam. Por exemplo, ele observa que "justiça" é um construto abstrato ou teórico que ganha materialidade quando colocado em leis (embora sem a matéria física em si). A ideia de "valor" ganha materialidade através de sua instanciação prática em um sistema monetário como um tipo especial de moeda. Nesse sentido, podemos dizer que um conceito abstrato similar, a "apreciação", pode ganhar materialidade através de uma metáfora digital. Muitos apps implementam a metáfora como um ícone de coração, no qual os usuários podem clicar quando olham fotos. Dessa forma, a metáfora linguística do "Eu *Coração* Isto" é instanciada na forma desse ícone. O ícone pode ser um artefato de software que é meramente desenhado em um pedaço de vidro, mas nós o vemos como se fosse real. Essas instanciações práticas são óbvias no sentido de que são repetidamente e explicitamente mostradas toda vez que uma imagem é compartilhada em uma rede social. De forma implícita, perguntam constantemente se nós "coração" [amamos] cada foto. Além disso, o significado da metáfora é reforçado ainda mais pelas consequências de se clicar em um coração – invariavelmente os sistemas de recomendação do aplicativo escolherão fotos similares para mostrar ao usuário no futuro. Esse é o modelo usado por aplicativos como o TikTok, assim como toda a indústria de anúncios digitais. Então, a interpretação do "eu *coração* isto" como "quero ver mais disso" é ostensivamente reforçada pela implementação, e portanto pela materialidade, da metáfora digital.

Já as metáforas literárias só existem como palavras, portanto são muito mais abertas a interpretações diferentes do que as metáforas digitais. Isso acontece porque o pragmatismo da implementação de uma metáfora digital guia a maneira como ela deveria ser interpretada e fornece um feedback para o sistema. Se o usuário não interpreta o clique no ícone de coração como a curtida de uma foto, então nada no contexto da metáfora fará sentido. Mas se ele a interpretar corretamente, ele se envolverá com ela. Enquanto um aplicativo pode reagir a tal interação, um poeta provavelmente não fará ideia de como você interpretou o seu trabalho. Em ambos os casos, o contexto digital ou poético guia a interpretação da metáfora, mas o contexto de um artefato digital inclui sua implementação. Ademais, todo o ecossistema dos artefatos digitais, dos programas e dos dispositivos com os quais temos experiência prévia também guia e restringe a interpretação da metáfora, o que ajuda um sentido "canônico" a se tornar rapidamente consolidado através da repetição, que serve como o pilar do aprendizado.

Bruno Latour discute as implicações da materialidade usando a metáfora "a lombada é um policial adormecido" como parte de sua investigação sobre como as tecnologias afetam a ação.[15] A metáfora fornece um exemplo convincente de o porquê a relação da materialidade com o impacto das metáforas ser tão crítica. Ele afirma que "as técnicas têm significado, mas elas produzem significado por meio de um tipo especial de articulação que cruza o limite do senso comum entre sinais e coisas".[16] Em outras palavras, quando se transforma um "signo" linguístico, como uma palavra ou uma expressão, em um meio material, como uma lombada ou um ícone de coração, isso

15 LATOUR, Bruno. "On Technical Mediation". *Common Knowledge* 3, no. 2 (1994): 29-64.

16 LATOUR, "On Technical Mediation", p. 38.

afeta o impacto da agência de uma metáfora sobre o mundo de seus usuários. Passar por cima de uma lombada traz a metáfora à vida de um jeito que as palavras talvez não consigam. Desse modo, "discussões são guerras" e "a lombada é um policial" aproveitam os mesmos mecanismos metafóricos para produzir significado, mas sua ostensibilidade é diferente, o que tem consequências pessoais, interpessoais e sociais importantes.

Van den Boomen sugere que a materialidade digital eleva o "alcance operacional" das metáforas digitais.[17] A metáfora subjacente das notificações de celular descreve blocos de texto mostrados na tela, e potencialmente os sons e vibrações associados, como lembretes. A materialidade digital dessa metáfora torna tais lembretes ativos e intrusivos, mas a fonte original da metáfora tem associações em sua maioria passivas; antes, talvez fosse preciso que alguém olhasse para a porta da geladeira para lembrar que no dia seguinte haveria um evento esportivo do filho. Esse lembrete à moda antiga exigia que de fato olhássemos para a geladeira, do contrário, seria inútil. Por outro lado, o alvo dessa metáfora, a notificação do smartphone, tem um conjunto muito mais ativo de associações, uma vez que lembretes digitais geralmente vêm com sons, vibrações e/ou repetições. Além disso, enquanto provavelmente só nos aproximamos da geladeira algumas vezes por dia, nosso celular quase sempre está conosco. Tais lembretes digitais são desenhados especificamente para remover a necessidade de agência por parte do usuário ao transferi-la diretamente para um aplicativo. Com um lembrete em uma geladeira, era preciso esperar olhar para esta do jeito certo na hora certa. Com um lembrete digital, a

17 VAN DEN BOOMEN, *Transcoding the Digital.*

implementação pode exigir nossa atenção, mesmo cobrindo e interrompendo outras coisas que talvez estejamos olhando no celular. Isso é desejável, pois diminui nossa chance de perder compromissos. Aliás, a repetição e a intrusividade também amplificam as ligações associativas em nossa cabeça. Assim, a implementação digital da metáfora torna seu impacto sobre a agência dos usuários especialmente forte, e suas repetições reforçam constantemente esse impacto.

Van den Boomen e Hayles discutem as diferentes formas como o paradigma das metáforas conceituais de Lakoff e Johnson precisa ser expandido à luz de tais metáforas digitais.[18] Elas propõem que a expansão do efeito metafórico deve englobar não somente os signos linguísticos aos quais a metáfora se refere, mas também a materialidade própria dos objetos digitais e ferramentas que representam tais metáforas. Então, não somente as notificações do celular são metáforas para o signo linguístico "lembrete", como essa metáfora digital também representa outros atributos não-discursivos, como os sons, as vibrações e as imagens pelas quais a metáfora é expressa em sua forma digital. Van den Boomen[19] resume com perspicácia tanto a natureza metafórica instrínseca dos artefatos digitais quanto a transformação que a materialidade digital traz para a forma como as metáforas impactam as experiências:

> A tecnologia digital é extremamente marcada por metáforas. Aqui, as metáforas se aninham não somente nas representações da tecnologia e no discurso sobre seu uso e funções,

18 VAN DEN BOOMEN. *Transcoding the Digital*; HAYLES, N. Katherine. *Writing Machines*. Cambridge, MA: MIT Press, 2002; LAKOFF e JOHNSON. *Metaphors We Live By*.

19 VAN DEN BOOMEN, *Transcoding the Digital*, p. 188.

> mas também nos próprios objetos tecnológicos: o próprio caráter de existência dos objetos digitais consiste em metáforas que são tornadas materiais e operacionais. Tais metáforas digitais-materiais vão além de mera representação e linguagem. Elas atuam como sinais e metáforas, mas também como coisas e procedimentos. Os efeitos e as implicações de tais metáforas de sinal-ferramenta-objeto são discursivos e não-discursivos, mas ainda assim materiais, corporificados e inscritos em mídias específicas.[20]

Outro exemplo do impacto da materialidade digital sobre as metáforas é explorado por Hayles em *Writing Machines*.[21] Ela investiga as implicações da materialidade digital para os textos escritos. O meio digital traz uma nova forma de materialidade aos textos que antes se limitava ao papel. Essa nova forma tem consequências profundas para os significados expressados, seja de forma real ou potencial, pelos textos. Por um lado, o novo meio é mediado por metáforas; por outro, as metáforas são moldadas e restritas por sua implementação no meio digital. Os leitores digitais, o hipertexto e os livros eletrônicos (*e-books*) são exemplos de metáforas implementadas como novas formas de mediar o texto escrito. Como tal, eles também são sujeitos às distorções dessa nova "encarnação" digital. A materialidade dos artefatos digitais cria novas possibilidades e restrições para a criação e a expressão dos significados, e gera diferenças fundamentais entre as metáforas literárias e as digitais. Como já vimos, os desenvolvedores têm escolhas sobre o quanto eles empurram essas novas criações para o puramente digital, ou o quanto eles tentam recriar suas raízes analógicas.

---

20 VAN DEN BOOMEN, *Transcoding the Digital*, p. 188.

21 HAYLES, *Writing Machines*.

A metáfora do *e-book* sugere que as imagens exibidas no monitor digital são vistas como um livro de papel. Em termos cognitivos, a intenção da metáfora é ativar as mesmas estruturas cognitivas que se usam quando lemos um livro físico. O formato retangular, a organização do texto em blocos que lembram páginas, e às vezes até efeitos esqueumórficos com animações de páginas sendo viradas, tudo isso cria o contexto hermenêutico e cognitivo para que a metáfora seja entendida e assimilada. Todos esses aspectos funcionam para aperfeiçoar e ativar a estrutura cognitiva familiar da leitura que aprendemos desde jovens. Assim, um dispositivo que poderia ser assustador para algumas pessoas é feito de forma familiar e confortável, porque parece ser pouco diferente de uma experiência com a qual temos muita familiaridade. No entanto, a materialidade digital da metáfora pode conceder novas características para a interação com o texto. Por exemplo, o texto pode ser facilmente "navegado" de forma não-sequencial através de *links*. A materialidade digital também permite a possibilidade de termos desconhecidos serem imediatamente buscados em um dicionário digital, de segmentos de texto destacados por outros usuários serem vistos durante a leitura, e uma série de outras coisas que não são possíveis em um livro de papel. Existe uma tensão em casos como esse, entre usuários que querem desbloquear o potencial completo da tecnologia e aqueles que querem se ater ao que é confortável. Para aqueles que as usam, as novas possibilidades do meio digital podem impactar de forma significativa a experiência da leitura em relação à origem da metáfora. Como nossas estruturas cognitivas para ler livros ficam ativas quando lemos *e-books* e afins, e como o aprendizado está sempre "ligado", ler tais livros automaticamente altera essas estruturas. Vamos mostrar no Capítulo Seis que nossa categoria para a leitura de livros está efetivamente dividida, com subcategorias para casos digitais e em papel. Por exemplo, a categoria para livros digitais inclui novas funções que não faziam parte de nossa categoria original. A experiência digital transforma os significados associados aos livros, bem como toda uma constelação de conceitos associados à categoria original, como o que significa comprar livros, ter uma biblioteca e procurar novos títulos que nos interessem. Uma vez que nos acostumamos a ler *e-books*, é inevitável que, quando encontramos uma palavra desconhecida em um livro de papel, lamentemos a falta de um recurso de simples consulta a um dicionário. Os *e-books* podem ser uma nova categoria para nós, mas eles compartilham uma categoria originária com nossa categoria para livros de papel, já que são metaforicamente ligados. A materialidade digital do *e-book*, bem como as escolhas conscientes dos designers de associá-lo a livros "de verdade", não somente afeta os significados que damos a tais livros, como também impacta uma ampla rede de associações cognitivas, transformando assim uma região da experiência humana.

É importante ressaltar que a materialidade das metáforas digitais não diminui de forma alguma o impacto fundamental que tais metáforas têm sobre as camadas cognitivas e semânticas que destacamos neste livro. Pelo contrário, a ostensividade do meio digital amplifica o impacto de tais metáforas, e também acelera o ciclo de vida metafórico, como examinaremos no próximo capítulo. A materialidade das metáforas digitais é um tipo de processo metabólico acelerado que acaba reduzindo o tempo de vida das metáforas, rapidamente incorporando-as ao horizonte semântico de seus usuários e, portanto, fazendo com que elas desapareçam como predicações impertinentes produtivas. Voltando ao nosso exemplo das notificações digitais, uma exposição e uma interação constantes a essas mensagens não solicitadas que aparecem na tela do celular logo transformam tais metáforas digitais em uma nova unidade semântica consolidada. Na verdade, as predicações do alvo da metáfora (ativas, barulhentas) logo excedem as predicações típicas de sua fonte, lembretes de papel (passivos, silenciosos). Como veremos no Capítulo Seis, o aprendizado está sempre "ligado", construindo estruturas associativas por meio da contiguidade e da repetição. Portanto, o aprendizado acontece por meio da contiguidade dos sons, das vibrações, das interrupções, sincronizados com o aparecimento do lembrete. Aliás, devido à natureza dos lembretes, isso se repete o tempo todo, dia após dia. À medida que vamos ganhando confiança nesses lembretes, nós os usamos cada vez mais. Por isso, entre todos esses aspectos, um sistema como esse é perfeitamente construído para maximizar o aprendizado e reprogramar de forma eficiente nossa estrutura cognitiva. Esse processo é levado ainda mais longe quando o novo conceito é aparentemente superior ao anterior, como é o caso dos lembretes digitais, por isso ficamos propensos a depender cada vez mais deles.

Estruturas metafóricas

Nem as metáforas, nem a tecnologia existem isoladas. A simplicidade de uma declaração metafórica esconde o fato de que as metáforas dependem de um acúmulo de conhecimento sobre o mundo. Para entender que "tempo é dinheiro", é preciso saber muito sobre o tempo e muito sobre dinheiro. Da mesma forma, os aplicativos no mundo digital geralmente são criados e se expandem com base no que veio antes. Isso é verdade no sentido tecnológico, mas também no metafórico. Um novo aplicativo de mídia social pode se aproveitar tanto da infraestrutura digital existente para facilitar sua criação, quanto do fato de que usuários provavelmente assimilaram muito conhecimento metafórico sobre mídias sociais, como o significado de uma postagem ou uma curtida.

A complexidade do desenvolvimento das tecnologias digitais e de suas metáforas associadas se torna aparente quando seu caráter imbricado é reconhecido nessa relação multidimensional de significados e sentidos. Então, a metáfora de uma carta traz consigo um conjunto de associações (mensagem, comunicação, correio, carteiro, tempo de entrega, privacidade) que pode melhorar ou complicar sua compreensão quando aplicada a uma tecnologia.

Como veremos ao longo deste livro, as metáforas fazem mais do que estabelecer elos entre palavras isoladas. No nível da linguagem, mostraremos como as metáforas vivem no discurso e envolvem complexos implicativos. Da mesma forma, no nível cognitivo, vamos mostrar como as metáforas envolvem redes de associações ativadas por cada parte da metáfora. Essa natureza associativa do processo metafórico tem repercussões significativas para a criação das metáforas digitais.

Assim como os versos do poema moldam e guiam a seleção de associações evocadas por uma metáfora contida nele, os diversos componentes de um artefato digital (ícones, sons, cores, botões, rótulos, gestos, transições de tela) precisam ser organizados de um jeito sistemático para guiar a resolução de sua metáfora. Por exemplo, considere o aparato metafórico que foi criado em torno do envio de mensagens digitais. Esse aparato inclui ícones de cartas abertas e fechadas, ícones de caixa de correio com uma nova mensagem, a animação de um ícone de mensagem se movendo rapidamente na tela, os botões de "enviar mensagem" e "marcar como lido", entre muitas outras coisas. Em alguns sistemas de correio digital, o botão para compor uma nova mensagem consiste em um lápis e um pedaço de papel, uma metáfora que provavelmente muitos jovens não entendem, mas que é consistente com o pacote geral, um pacote que está tentando criar um elo na mente do usuário entre o envio digital de mensagens e o envio de cartas no mundo físico. Na verdade, essa associação foi tão bem-sucedida, que os usuários de computadores retroativamente renomearam a correspondência física de "*snail-mail*" ["correspondência lerda"] para enfatizar sua inferioridade em relação à nova encarnação digital. O exemplo reforça um pressuposto central deste livro: de que quando aprendemos novas entidades conceituais baseadas em metáforas, nosso aprendizado não fica restrito a essa entidade; por causa de suas ligações associativas, outros conceitos são afetados também. Em muitos desses casos, como o da correspondência, as diferenças são usadas para diminuir a fonte original da metáfora. Isso pode não parecer importante em relação a algo como a correspondência, mas vamos examinar metáforas para conceitos mais amplos, como conversas, relações e noções de identidade. Se não conseguimos deixar de comparar o e-mail à correspondência física, não é provável que também estejamos constantemente comparando amizades do Facebook com amizades do mundo não-digital?

Assim como no exemplo da correspondência, as metáforas digitais muitas vezes operam em grupos. Juntas, elas formam pacotes semânticos que facilitam a compreensão de funcionalidades complexas e a expansão de novas funcionalidades. Por exemplo, o pacote que cerca as mensagens inclui o conceito de uma lata de lixo para mensagens deletadas, que a conecta à lata de lixo já consolidada, usada pela metáfora do "sistema operacional é uma área de trabalho". Da mesma forma, as funcionalidades relacionadas à segurança digital foram organizadas para formar um pacote metafórico inicial, que contém metáforas individuais associadas a conceitos confortáveis, como barreiras físicas e formas de invadir tais barreiras: *firewalls* ["paredes corta-fogo"], senhas, chaves, violação e ataques. Uma vez que os usuários compreendem esse agrupamento inicial de metáforas, o trabalho de introduzir novas funcionalidades no horizonte semântico deles fica simplificado. Isso pode ser feito usando outras metáforas associativamente conectadas ao pacote inicial, neste caso, *keychain* ["chaveiro"] e "cavalos de Troia". É a construção guiada de uma série como essa de metáforas inter-relacionadas e mutuamente reforçadas que une os horizontes semânticos digitais e pré-digitais. Mais à frente vamos detalhar alguns dos riscos dessa abordagem.

O tempo de vida de uma metáfora digital

Até o momento neste capítulo, para fins de simplicidade, vínhamos considerando um modelo no qual as metáforas conectassem um horizonte semântico pré-digital com um digital. Essa simplificação nos serviu bem, uma vez que ajudou a explorar algumas características fundamentais das metáforas digitais. No entanto, ela obviamente não consegue fazer uma descrição do que acontece com o tempo, já que os usuários incorporam múltiplas camadas de metáforas digitais através de suas experiências cotidianas com artefatos digitais e, portanto, constroem novas camadas sobre significados anteriores em uma hierarquia.

Desse modo, o "mouse" ["rato"] que é conectado ao nosso computador se tornou tão comum no cotidiano, que seus efeitos metafóricos acabaram desaparecendo. A associação do dispositivo ao formato do pequeno roedor praticamente foi esquecida pelas pessoas que o usam. Trinta anos atrás, quando as pessoas começaram a usar "mouse" como uma metáfora para o dispositivo de posicionamento digital, as associações desse signo linguístico ainda eram muito atreladas ao pequeno roedor. Alguns usuários poderiam (e essa era a intenção) até pensar: "ahhh, isso parece um 'rato'". Hoje em dia, dada a ubiquidade desse dispositivo no uso cotidiano e o fato de que as únicas características em comum entre o dispositivo e o roedor são o tamanho e o formato, as associações metafóricas praticamente sumiram. Dificilmente alguém em um escritório ficaria confuso e hesitaria se algum colega pedisse emprestado o "mouse". O elo associativo com o pequeno roedor foi praticamente extinto com o tempo, graças à mecânica do sistema de aprendizado que discutimos no Capítulo Seis. Ao mesmo tempo, novas associações se tornaram conectadas com essa metáfora, agora que foi consolidada em sua própria categoria. Portanto, foi possível, e até mesmo fácil, para as empresas de tecnologia introduzirem o conceito de um mouse sem fio, embora a predicação "sem fio" não tenha mais relação com a fonte da metáfora original. De fato, a associação original do dispositivo foi baseada no fio que o conectava ao computador principal, um fio que lembrava a cauda de um rato.

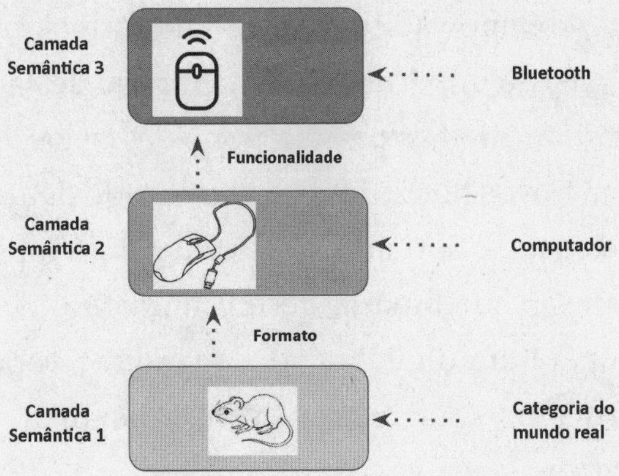

Figura 5. Crescimento de uma hierarquia semântica ao longo do tempo. Na Camada 1, temos uma categoria existente. Na Camada 2, com a introdução de uma nova tecnologia, a similaridade na forma é usada para criar uma nova metáfora. Na Camada 3, a adição de outra tecnologia é usada para construir a metáfora, ainda que o gatilho metafórico original não exista mais.

Ricoeur sugeriu que as metáforas têm um ciclo de vida.[22] Metáforas são criadas e permanecem vivas enquanto sua novidade semântica não tiver sido completamente consolidada em um novo verbete de dicionário. Enquanto vivas, as metáforas exigem esforço para serem entendidas e permanecem abertas a novas interpretações. Elas apontam para um espaço semântico que não é bem definido e continuam desafiando uma predicação impertinente. Uma vez consolidadas, as metáforas perdem sua flexibilidade semântica e passam a ser entendidas como qualquer outro signo linguístico. O léxico de uma linguagem é um cemitério repleto de metáforas.

22 RICOEUR, *Rule of Metaphor: Multi-Disciplinary Studies*, p. 115.

Vamos falar mais sobre as peculiaridades desse processo metafórico no próximo capítulo, ao compararmos poesia com design digital; mas é importante, a esta altura, destacar a ideia de que as metáforas digitais passam por esses ciclos de vida e se estabelecem em novos horizontes de significado dentro das culturas e das sociedades. Portanto, a visão linear e simplificada da transição simplesmente binária de um horizonte de significado pré-digital para um digital deve, na verdade, ser entendida como uma forma mais sofisticada e com mais nuances de uma espiral metafórica.

Falando em metáforas digitais

Metáforas ajudam a explicar ideias com eficiência.

As metáforas digitais são necessárias, porque os usuários em potencial não terão conhecimento técnico para entender muitos aspectos de uma nova tecnologia.

Elas ganham materialidade através de sua implementação, que por sua vez guia como elas devem ser entendidas e usadas.

Essas metáforas digitais geralmente não existem isoladas, mas em grupos conectados que reforçam as partes componentes.

As metáforas têm ciclos de vida que culminam em morte quando estão totalmente consolidadas. Para muitos, isso significa um novo verbete no dicionário. As metáforas digitais são criadas explicitamente para que esse ciclo de vida seja o mais breve possível.

4. A ESPIRAL METAFÓRICA

No capítulo anterior, nós introduzimos brevemente o conceito de espiral metafórica e vimos que as metáforas digitais têm características únicas que as separam das metáforas normais. Neste capítulo, vamos discutir uma variação particular da espiral metafórica aplicada à tecnologia. Em geral, a espiral faz parte do processo cognitivo-hermenêutico mais amplo e contínuo de como lidamos com o significado e com ideias em diferentes tempos, de diferentes perspectivas. Já a noção da espiral é amparada pelo aprendizado, o que significa que a cada encontro com uma ideia, estamos constantemente atualizando nossas estruturas cognitivas relevantes.

Antes de passarmos para as metáforas digitais, pode ser útil recuar um momento e dizer uma coisa sobre a espiral aplicada a metáforas não-digitais. Pense na espiral metafórica como um modelo que descreve como as metáforas mudam nossos horizontes de significado ao longo do tempo, como por exemplo quando alguém lê a metáfora "o homem é um lobo" pela primeira vez. Antes de se deparar com essa metáfora, a pessoa tinha um significado para a palavra "homem", que fazia parte de seu horizonte de significados – chamemos esse momento pré-metáfora de *horizonte de significado prefigurado*. A exposição à metáfora modifica esse horizonte; ela altera o significado de "homem", ao sugerir que podemos ver o homem como um lobo. O novo sentido proposto pela metáfora se torna parte de seu horizonte de significado individual e, se uma comunidade compartilha dele, ele se torna parte do horizonte de significado desse grupo – chamemos-o de *horizonte de significado refigurado*. Uma vez integrado a um léxico de grupo, este pode sugerir outras metáforas. Alguém que compartilhe desse novo horizonte de significado pode, por exemplo, dizer que durante o encontro, ele arreganhou os dentes, baseando-se no entendimento comum de que o homem é (ou poderia ser) um lobo.

Então, é natural que as metáforas digitais estejam sujeitas a esses processos similares. Contudo, há diferenças essenciais que fazem de um exame mais próximo da espiral, no contexto das metáforas digitais, um passo crítico na compreensão de como tais metáforas estão mudando nosso mundo. Uma diferença essencial é que quando normalmente nos envolvemos com um artefato, como um livro ou um filme, estamos no comando. Podemos escolher como e quando nos encontramos, e o artefato em si normalmente não muda. Por exemplo, uma pessoa provavelmente assistirá a um filme aos trinta anos de uma forma diferente do que fazia quando adolescente, mas o filme em si é o mesmo.[1] Ou então ela pode ler artigos ou livros sobre o filme, ou estudar as técnicas usadas nele, e tudo isso mudará o que a pessoa pensa a respeito do filme, mas o filme permanece o mesmo. Tudo isso faz parte do ciclo cognitivo-hermenêutico normal, que reflete como o significado das coisas muda com o tempo.

É diferente com as tecnologias digitais. Os aplicativos e dispositivos estão mudando constantemente, e os desenvolvedores de aplicativos são participantes ativos na espiral metafórica,

1 Nós reconhecemos que alguns cineastas gostam de mexer em seus filmes mesmo depois do lançamento, o que explica a explosão de "director's cuts" e outras edições especiais.

que é um modo útil de refletir sobre as implicações sociais das metáforas digitais.[2] Os aplicativos móveis são portadores e disseminadores eficientes das metáforas digitais, devido à imensa velocidade de sua disseminação através de lojas de apps e aos mecanismos de instalação e atualização *over-the-air*. Uma metáfora como "o número de estrelas reflete a qualidade do serviço", como se expressa em aplicativos de transporte individual como Uber e Lyft, pode rapidamente reestruturar os mapas cognitivos dos usuários. Tais usuários começarão então a ver essas estrelas como uma medida de qualidade, e podem até aplicar a ideia a outras partes de sua vida. A espiral metafórica, portanto, torna evidente como as metáforas de softwares têm implicações sociais importantes quando redescrevem horizontes de significado em nível pessoal, interpessoal e institucional. Dado o papel proeminente das tecnologias digitais na vida moderna, é essencial examinar suas implicações sociais. Olhar para o processo de desenvolvimento através das lentes do processo cognitivo-hermenêutico nos ajudará a fazer isso sem um envolvimento nas complexidades e desafios de tecnologias específicas.

A espiral metafórica das tecnologias digitais

Cada ciclo dessa espiral envolve a vida breve e a morte das metáforas digitais quando elas são incorporadas nos horizontes semânticos dos usuários. Os usuários, por sua vez, fornecem um feedback e novos padrões de uso que permitem novas direções para os desenvolvedores. A combinação do novo horizonte do usuário com seu feedback pode então ser tomada como

2 A espiral metafórica que sugerimos é inspirada na tripla mimese de Ricoeur, que discutimos no Capítulo Cinco. RICOEUR, Paul. *Time and Narrative*, vol. 1 (Chicago, University of Chicago Press, 1984), 52fl.

ponto de partida para a criação de novas metáforas em outros artefatos digitais, à medida que continua a espiral. Da perspectiva de um usuário, elas começam com um horizonte semântico prefigurado. Quando ele encontra uma nova tecnologia ou metáfora tecnológica, esse horizonte é alterado e reconfigurado. Os desenvolvedores, por sua vez, respondem ao que os usuários vêm fazendo, e o ciclo pode continuar.

Figura 6. Espiral metafórica das metáforas digitais. A metade de cima da espiral corresponde ao lado do desenvolvedor, e a metade de baixo, ao lado do usuário. Essa é uma visão de cima de um processo 3D, onde olhar para a imagem corresponde a olhar para trás no tempo, e portanto o ponto de partida é o mais antigo. A expansão para fora da espiral significa uma maior compreensão e uma conexão mais profunda com o significado.

O modelo da espiral metafórica pode nos ajudar a analisar cada nível desse processo. O usuário sempre terá um horizonte pessoal de significado, que necessariamente vai incluir algumas metáforas que já são entendidas e incorporadas em sua compreensão de mundo. Essas metáforas prefiguradas podem ser tanto digitais quanto não-digitais, e esse é o mundo dos usuários antes do encontro com a nova tecnologia. No segundo passo desse ciclo, uma nova metáfora digital nasce como parte do desenvolvimento de um novo artefato. Esse é o momento em que os designers digitais tentam unir o que o usuário sabe e o que não sabe com as novas capacidades do novo produto. O terceiro momento desse ciclo metafórico ocorre quando essas novas metáforas digitais se conectam com os horizontes de sentido dos usuários e são incorporadas a eles. Esse é o momento da refiguração metafórica, no qual o processo interpretativo do usuário resolve as diferenças entre seu antigo modelo de mundo e a nova visão metafórica oferecida pelo novo produto. Tal resolução gera uma refiguração de significados.

O modelo da espiral metafórica tem a vantagem de captar como os processos interpretativos dos designers e usuários se entrelaçam em uma sequência de momentos, nos quais as metáforas digitais criadas pelos designers ajudam os usuários a incorporarem novos artefatos digitais em seus horizontes semânticos. Quando usadas, e portanto interpretadas, as metáforas digitais remoldam a forma como os usuários veem o mundo, suas relações e a si mesmos. A espiral também nos ajuda a entender que esse é um fenômeno recorrente com múltiplos ciclos subsequentes. Uma maneira prefigurada de um usuário entender e se relacionar com o mundo é refigurada pelos novos significados propostos pelas predicações impertinentes das novas metáforas digitais, criadas por designers e desenvolvedores. Uma vez apropriada pelo usuário, a metáfora digital se torna parte de como o usuário vê o mundo. Ela é integrada em sua nova prefiguração.

Desenvolvedores

Os desenvolvedores abrangem uma metade da espiral. Pelo fato de o ecossistema das tecnologias digitais ser predominantemente guiado pelo mercado, o principal objetivo dos desenvolvedores tipicamente é conseguir com que o maior número possível de usuários use seu produto. Para isso, eles precisam trabalhar em duas direções. Na primeira, eles se empenham para criar um produto que os usuários queiram usar. Na segunda, se empenham para garantir que os usuários entendam o produto.

Para a criação de produtos que os usuários queiram usar, o mundo digital possibilita aos desenvolvedores um controle sem precedentes. Quando os usuários usam produtos digitais como o Facebook ou o TikTok, seus dados de uso são enviados de volta aos desenvolvedores em uma torrente. Os desenvolvedores conseguem ver em tempo real como seu produto está sendo usado e como mudanças no produto mudam o comportamento do usuário. Portanto, se uma rede social apresenta uma mudança de interface que seja impopular, eles saberão muito rapidamente – e eles conseguem responder muito rapidamente. Além disso, eles podem testar tais mudanças apresentando-as seletivamente a alguns usuários e não a outros. O Facebook até permite que outras entidades usem seu sistema de teste A/B.[3] Então, os usuários são uma fonte constante de feedback e informação que os desenvolvedores podem incorporar a seus próprios horizontes semânticos para manter esses mesmos usuários engajados.

Como já mencionado, nada disso funciona se o usuário não entender o produto. Quando os desenvolvedores lançam um

---

3 FACEBOOK, "A/B Tests Types Available on Facebook". *Meta*, acessado no dia 30 de julho de 2021.

novo produto, ou quando mudam um produto existente, o usuário precisa saber por que ele necessita do produto ou de suas mudanças e como usá-lo. Inicialmente, isso é feito introduzindo metáforas digitais, que são então modificadas com o tempo como parte do ciclo. Portanto, a metáfora da amizade do Facebook mudou quando este trocou seu símbolo de "joia" com o polegar para cima por um botão de "curtir". Um símbolo de polegar para cima vem com um conjunto de associações um tanto diferentes do símbolo de *curtir*. Ao descrever a mudança, o Facebook observou que testes revelaram que, em média, mais pessoas curtiam postagens com os novos botões de *curtir*.[4] Na mesma postagem, o Facebook também notou como é importante a colocação de botões para conseguir engajamento. Então, mesmo quando o Facebook escolhe exatamente como apresentar sua metáfora, ele também altera a estrutura cognitiva de seus usuários.

O exemplo do Facebook fornece um alerta. Nesse caso, o Facebook decidiu mudar seu produto sem um feedback dos usuários. Ele tinha o poder de simplesmente mudar seu produto. Isso vale para muitas tecnologias digitais, mesmo as que são compradas por usuários. Para quem tem um Windows PC, por exemplo, a Microsoft atualiza o sistema operacional com bastante regularidade. Muitas dessas mudanças são para consertar *bugs*, mas às vezes essas mudanças também mudam o funcionamento do sistema operacional, trazendo novas funções e mudando ou removendo as antigas. Alguns donos desses PCs, aliás, podem não querer todas essas mudanças, pois estas podem remover ou danificar alguma funcionalidade importante

---

4 HE, Ray C. "Introducing New Like and Share Buttons". *Facebook for Developers* (blog), 6 de novembro de 2013, disponível em: https://developers.facebook.com/blog/post/2013/11/06/introducing-new-like-and-share-buttons/.

para esses usuários. Como observou Christopher Barnatt, isso é potencialmente preocupante quando esse comportamento é normalizado.[5] Uma coisa é seu PC ser atualizado de uma forma que você possa não gostar, outra é isso ser feito com softwares como os de um carro autônomo ou um robô doméstico, o que pode ser mais perigoso. Esse exemplo também mostra como a tecnologia digital alterou o significado de propriedade. Ter a propriedade já não significa mais ter controle. Possuir coisas digitalmente muitas vezes significa que outras entidades ainda podem exercer bastante controle sobre algo que você "tem".

Usuários

O ganhador do Nobel Herbert Simon já observava em 1971 que a atenção é uma mercadoria preciosa em um mundo tão abundante em informações.[6] Em um mundo com tantas escolhas, os usuários precisam de um bom motivo para dedicar sua atenção a um novo aplicativo; isso costuma ser chamado de "economia da atenção".[7] Portanto, novos aplicativos precisam fazer sentido desde o início e conquistar confiança conforme são usados, do contrário podem ser facilmente ignorados ou descartados. Os usuários, portanto, querem responder a perguntas como "por que eu quero isto?" e "o que posso fazer com isto?"

---

5 "5 Most Annoying Computing Things!". Publicado pelo canal *Explaining Computers*, 20 de junho de 2021. Disponível em: https://www.youtube.com/watch?v=HuF4NfU0k3Q.

6 SIMON, Herbert A. "Designing Organizations for an Information-Rich World". *In*: *Computers, Communications, and the Public Interest*. Ed. M. Greenberger. Baltimore, MD: John Hopkins University Press, 1971, p. 37-52.

7 GOLDHABER, Michael H. "The Attention Economy and the Net". *First Monday* 2, no. 4 (7 de abril de 1997), disponível em: https://doi.org/10.5210/fm.v2i4.519.

muito rapidamente. Essas questões normalmente são respondidas de forma simples – "um celular permite que você converse com outras pessoas em qualquer lugar", ou "você pode facilmente se manter conectado com seus amigos, mesmo à distância". Uma vez que o usuário se envolve com a tecnologia, ela começa a promover mudanças em sua compreensão do mundo.

Como os apps competem entre si por atenção, eles se tornaram excepcionalmente bons em agarrar e segurar nossa atenção através de uma espécie de corrida armamentista evolucionária. Vamos examinar isso com detalhes no Capítulo Nove. Quanto mais eles retêm nossa atenção, mais oportunidade eles têm de trabalhar com nossos mecanismos de aprendizado cognitivo. Assim, quanto mais tempo passamos em um app de relacionamento, mais a conexão entre namoro e aplicativos é reforçada. Quanto mais tempo passamos conversando por mensagem de texto, mais a ideia de que mensagem de texto é uma forma de conversa é reforçada, assim como a ideia de que estar cara a cara com alguém não é essencial para a ideia de conversa. Em suma, os aplicativos são muito bons em chamar nossa atenção e, uma vez que a têm, eles automaticamente mudam nossos modelos de mundo.

Contudo, os usuários não precisam ser observadores passivos nesse processo. Eles são capazes de fazer escolhas ativamente. Podem escolher se querem usar um aplicativo, ou qual usar e, principalmente, eles podem escolher como usar esses aplicativos.

As pessoas são inteligentes e criativas, e encontram formas de usar tecnologias digitais que talvez pudessem nunca ter sido previstas pelos desenvolvedores. Um dos primeiros exemplos mais significativos foi a ideia do celular como lanterna. Um dos primeiros aplicativos de sucesso na loja da iOS, o "Flashlight", literalmente só exibia uma tela em branco. Como resultado, um aplicativo tecnicamente elementar que não exigia nenhuma programação se tornou extremamente popular, e entrou na lista dos mais vendidos, a 99 centavos de dólar por download. Dois outros aplicativos de lanterna gratuitos foram os dois apps de utilidade mais baixados de 2008. Esse uso inesperado foi tão popular, que hoje os sistemas operacionais mais usados, o iOS e o Android, já integram a opção de "lanterna" como uma de suas metáforas embutidas, embora agora eles usem o flash embutido dos telefones para isso. Uma olhada nas notícias de tecnologia do dia revela inúmeros exemplos de usuários que fazem coisas não previstas, desde a polícia tocando músicas da Taylor Swift enquanto são filmados para que os vídeos sejam removidos do YouTube por infração de copyright, até crianças usando refrigerantes para obter testes de COVID-19 com falsos positivos, passando por jogos interativos para dois jogadores criados para AirPods, onde cada um dos usuários usa um fone e ouve diferentes histórias.[8]

Edward Tenner e Margaret Morris examinaram as diversas maneiras como a configuração original das metáforas digitais pode gerar consequências completamente inesperadas quando encontram usuários no mundo real.[9] Morris, por exemplo, comenta so-

---

8 BBC NEWS. "US Officer Plays Taylor Swift Song to Try to Block Video". *BBC*, 2 de julho de 2021, disponível em: https://www.bbc.com/news/technology-57698858; LORCH, "How Children Are Spoofing Covid-19 Tests with Soft Drinks". *BBC*, 6 de julho de 2021, disponível em: https://www.bbc.com/future/article/20210705-how-children-are-spoofing-covid-19-tests-with-soft-drinks; *PairPlayApp*, "Pairplay", acessado em 17 de agosto de 2021, disponível em: https://www.pairplayapp.com.

9 TENNER, Edward. *Why Things Bite Back: Technology and the Revenge of Unintended Consequences*. Nova Iorque: Vintage Books, 1997; TENNER, Edward. *Our Own Devices: How Technology Remakes Humanity*. Nova Iorque: Vintage Books, 2004; MORRIS, *Left to Our Own Devices*.

bre o caso dos apps de relacionamento que inicialmente ofereciam metáforas para "flertar", "encontrar" e "namorar", mas são vistos por um subconjunto de usuários como mecanismos psicológicos para lidar com perdas e promover cura emocional.

Com a distribuição global dos aplicativos de celular, esses encontros com os horizontes semânticos dos usuários são ainda mais diversificados, dadas as diferenças específicas de cada cultura. Para um programador no Vale do Silício, pode ser simples traduzir a língua de um app para outros países, mas é um problema muito mais complexo contemplar essas diferenças culturais.

Em todas essas maneiras, o encontro de metáforas digitais e o conjunto potencialmente amplo e heterogêneo de usuários resultará em um feedback rápido, e assim terá início a espiral metafórica novamente.

Contudo, vale notar que em muitos casos o usuário pode não se sentir parte dessa espiral e pode sentir como se individualmente não tivesse agência nenhuma. Markham, por exemplo, em um estudo projetado para instigar as pessoas a pensarem em futuros possíveis e inusitados para as tecnologias, descobriu que muitas pessoas as rejeitavam de cara. Markham condensou um comentário típico como "É simplesmente o modo como o Facebook funciona. Não é como se pudéssemos mudar o Facebook, não é?".[10] Esses usuários não se veem como participantes ativos em uma relação de troca com os desenvolvedores, mas sim como observadores passivos forçados a aceitar o que a plataforma lhes oferece.

---

10 MARKHAM, Annette. "The Limits of the Imaginary: Challenges to Intervening in Future Speculations of Memory, Data, and Algorithms". *New Media & Society* 23, no. 2 (Fevereiro de 2021): 382-405.

Aceleradores

Em sua essência, este livro é sobre aprendizado, significado e como eles interagem com o mundo digital. Um dos aspectos desse mundo é uma arquitetura, movida pela internet e possibilitada por aparelhos cada vez mais potentes, cada vez mais otimizada para acelerar os ciclos que estamos discutindo. Os smartphones em especial têm funções que potencializam muito o impacto das metáforas digitais. Primeiro, devido à expansão das redes sem fio, como infraestrutura celular e conexões Wi-Fi, eles podem ser usados praticamente em qualquer lugar. Sua onipresença e mobilidade os tornam acessíveis o tempo todo, em qualquer lugar. De acordo com a plataforma Statista, em 2018, os usuários acima de 18 anos nos Estados Unidos interagiram com seus dispositivos durante uma média de 215 minutos por dia.[11] Além disso, os usuários acessavam seus celulares uma média de 52 vezes por dia, de acordo com a pesquisa "Global Mobile Consumer Survey" de 2018 da Deloitte. As metáforas digitais embutidas nos aplicativos de celular são constantemente reforçadas por esse uso intenso dos smartphones. Adam Alter argumenta que os celulares se tornaram *irresistíveis* ao potencializar mecanismos de dependência cognitiva.[12] Essa onipresença e irresistibilidade têm repercussões importantes para o ciclo de vida das metáforas digitais implementadas em aplicativos de celular. Como veremos quando formos discutir o aprendizado no Capítulo Seis, os principais propulsores do aprendizado são a contiguidade e a repetição, muitas vezes chamadas coloquialmente de "disparam

---

11 S. O'DEA. "Mobile Device Daily Usage Time in U.S. 2014-2021". *Statista,* 27 de fevereiro de 2020, disponível em: https://www.statista.com/statistics/1045353/mobile-device-daly-usage-time-in-the-us/.

12 ALTER, *Irresistible.*

juntos, se conectam juntos" [*fire together, wire together*]. A intensidade do uso do celular e seus aplicativos aumenta o processo de aprendizado em velocidades anormais. Assim, as novas predicações trazidas por tais metáforas digitais são rapidamente incorporadas nos horizontes semânticos e léxicos dos usuários.

Os smartphones também têm um alcance incrível na sociedade contemporânea. De acordo com o *DataReportal*, até 2021 havia mais de cinco bilhões de usuários de smartphone no mundo.[13] Essa onipresença faz com que as metáforas criadas pelos aplicativos rapidamente se incorporem na forma como os usuários se comunicam e se referem a fenômenos. A mídia *mainstream* ajuda a espalhar novas metáforas ainda mais, porque reflete o impacto que elas trazem para a sociedade. Desse modo, um "tweet" se torna parte do noticiário diário e expande o alcance das metáforas para além da interação direta com os aplicativos de celular que carregam metáforas. As mídias sociais, que têm somente cerca de vinte anos, logo introduziram o "curtir", as "postagens" e as "linhas do tempo" como novas formas de se referir ao compartilhamento de informações entre amigos. Esses termos se tornaram uma espécie de forma de medir a amizade[14] e, como danah boyd sugere, seu uso redefiniu o próprio conceito de amizade.[15]

---

13 KEMP, Simon. "Digital 2021: Global Overview Report". *Datareportal*, 27 de janeiro de 2021, disponível em: https://datareportal.com/reports/digital-2021-global-overview-report.

14 YAU, Joanna C.; REICH, Stephanie M. "Buddies, Friends, and Followers: The Evolution of Online Friendships". *In*: *Online Peer Engagement in Adolescence: Positive and Negative Aspects of Online Interaction*. Ed. Nejra Van Zalk e Claire P. Monks. Londres: Routledge, 2020, p. 18-34. Disponível em: https://doi.org/10.4324/9780429468360-2.

15 BOYD, danah. *It's Complicated: The Social Lives of Networked Teens*. New Haven, CT: Yale University Press, 2014, p. 94-95.

Por fim, o smartphone não é somente um artefato digital, ele também é uma plataforma que nos permite mobilizar, localizar e usar outros artefatos digitais, cada um com suas próprias novas metáforas. Então, novos aplicativos de celular conseguem ser distribuídos muito rapidamente. O sistema de distribuição de metáforas digitais, que afeta milhares ou milhões de usuários da noite para o dia por meio de dispositivos móveis e lojas de apps, também acelera drasticamente o reforço das novas conexões cognitivas propostas por metáforas digitais. Isso acontece não somente por meio do uso direto de aplicativos, mas também em discussões com outras pessoas que usam tais metáforas e na mídia. Portanto, o "story" metafórico de uma rede social logo entrou no uso comum das comunicações interpessoais e foi transferido para a mídia digital e não-digital, acelerando o ciclo de lexicalização da metáfora. Para ter uma noção da velocidade e escala desse fenômeno, vejam o exemplo do TikTok. A plataforma foi lançada no outono de 2016 [do hemisfério norte] e três anos mais tarde já tinha 800 milhões de usuários ativos.[16] Seu aplicativo foi baixado 1 bilhão de vezes até fevereiro de 2019, 2 bilhões um ano mais tarde, e no começo de 2022 estava prestes a bater 1,5 bilhão de usuários na metade do ano.[17] Em comparação, estima-se que o telefone tenha levado 50 anos para alcançar 50 milhões de usuários[18] e 75 anos para alcançar

---

16 MOHSIN, Maryam. "10 Tiktok Statistics that You Need to Know in 2020". *Oberlo*, 16 de fevereiro de 2021, disponível em: https://www.oberlo.com/blog/tiktok-statistics.

17 WAKEFIELD, Jane. "People Devote Third of Waking Time to Mobile Apps". *BBC*, 12 de janeiro de 2022, disponível em: https://www.bbc.com/news/technology-59952557.

18 DESJARDINS, Jeff. "How Long Does It Take to Hit 50 Million Users". *Visual Capitalist*, 2018, disponível em: https://www.visualcapitalist.com/how-long-does-it-take-to-hit-50-million-users/.

100 milhões de usuários.[19] Enquanto isso, os usuários do TikTok passam uma média de 52 minutos por dia no app, o que significa que pessoas do mundo todo estão passando centenas de milhões de horas por dia no TikTok. O TikTok também consegue evoluir muito rapidamente, com a chegada de uma nova versão mais de uma vez por semana, em média, com mais de 60 novas versões só em 2019. Em uma versão ainda mais extrema disso, de acordo com o CEO da Stripe, Patrick Collison, a empresa implantou 3.350 novas versões de seu API em 2020.[20] Em comparação, as linhas de carros costumam ser redesenhadas em um ciclo de 4 a 6 anos, e ajustes em modelos existentes só ocorrem uma vez por ano. O TikTok consegue alcançar esses números porque ele existe nas costas do celular, o produto de consumo mais bem-sucedido da História, assim como a arquitetura da rede de informações. O TikTok não precisa ser fabricado, e os usuários tampouco precisam ir até uma loja para adquiri-lo. Essa velocidade das atualizações também reflete um ciclo cognitivo-hermenêutico muito acelerado, uma vez que os usuários estão constantemente se adaptando e reagindo a pequenas mudanças, e os desenvolvedores estão rastreando ativamente como as mudanças são recebidas.

Começos digitais

A espiral hermenêutica requer duas coisas para ter início: um produto e uma metáfora. Como afirmado na introdução

19 GOULD, Skye. "It Took 75 Years for the Telephone to Reach 100 Million Users and It Took Candy Crush 15 Months". *Business Insider*, 28 de julho de 2015, disponível em: https://www.businessinsider.com/it-took-75-years-for-the-telephone-to-reach-100-million-users-and-it-took-candy-crush-15-months.

20 COLLISON, Patrick (@patrickc). "Fun fact: We deployed 3,350 new versions of the Stripe API last year". *Twitter*, 7 de março de 2021, disponível em: https://twitter.com/patrickc/status/1368692809436303360.

deste livro, nosso interesse não está na criatividade da forma como ela se relaciona com novos produtos, mas a criação de metáforas digitais é crucial para nossa história. As metáforas digitais conseguem aproveitar as mesmas estruturas cognitivas e semânticas usadas para as metáforas em geral, mas como já vimos, também há diferenças cruciais. Duas dessas diferenças são especialmente importantes no momento da criação de uma nova metáfora digital. Uma diz respeito à necessidade enfrentada pelos desenvolvedores, de que seus produtos sejam fáceis de entender, e a outra ao fato de que os desenvolvedores precisam explicar o inexplicável. Então, os desenvolvedores precisam explicar tecnologias novas e cada vez mais complicadas de maneiras que a pessoa comum consiga entender com facilidade.

Metáforas digitais exigem vidas breves

A concepção de Ricoeur para a metáfora viva pode nos ajudar a comparar o ciclo de vida das metáforas poéticas e tecnológicas.[21] Uma metáfora é viva até ser transformada em só mais um verbete de dicionário. Enquanto viva, ela é suscetível a novas interpretações e, portanto, capaz de ganhar novos significados através de mudanças nos padrões de uso. As metáforas, metaforicamente, têm um ciclo de vida. Elas são criadas em uma erupção de novos significados, nascidas intrigantes como predicações impertinentes. Com o tempo, o significado de uma metáfora pode se tornar fixo como um novo verbete para uma palavra existente no dicionário ou como uma palavra completamente nova. Portanto, o "mouse" do computador deu um novo significado a uma palavra originalmente usada para descrever

21 RICOEUR, "Metaphorical Process as Cognition, Imagination, and Feeling".

pequenos roedores. O mouse, como metáfora, morreu no dia em que se tornou um novo verbete em nosso vocabulário coletivo (ou na Wikipédia, no caso). Já "o tempo é um mendigo" de Shakespeare permanece rebelde centenas de anos mais tarde, aberto a novas interpretações. Nenhuma nova palavra ou verbete polissêmico para "tempo" ou "mendigo" no vocabulário captura o significado apontado por essa metáfora ainda viva.

Enquanto as metáforas poéticas podem permanecer vitais e abertas a diferentes interpretações, as metáforas tecnológicas pretendem ser assimiladas da forma mais fácil e rápida possível. O objetivo de um poeta pode ser usar as palavras para causar deleite ou fazer o leitor pensar em significados. Em comparação, o deleite que os inovadores almejam vem de uma fonte diferente: o desejo de usar a nova tecnologia. Em outras palavras, na poesia a metáfora em si é uma fonte de deleite, ao passo que na tecnologia a metáfora é meramente um meio para alcançar um fim. Os criadores de metáforas tecnológicas querem acelerar o ciclo de vida metafórico de forma que as possibilidades de significado convirjam para sua funcionalidade pretendida o mais rápido possível. Enquanto um poeta pode se deleitar com um leitor que fique pensando em uma metáfora por uma semana, para um inovador isso seria um fracasso. A predicação impertinente deve perder rapidamente sua impertinência: "tocar" deve virar sinônimo de "selecionar", assim como "mandar mensagem de texto" deve passar a significar "conversar", "seguir" deve se igualar a "amizade" etc. Como já vimos, a materialidade dos artefatos digitais como metáfora e a rápida disseminação de aplicativos de software por lojas de apps facilitam esse ciclo, ao empurrar o uso dessas metáforas em grandes comunidades de usuários e mídias de comunicação de forma ampla e rápida.

O uso frequente da tecnologia, por sua vez, fornece a repetição, que é o principal propulsor do aprendizado entre todos esses usuários. Cada vez que ele aperta o botão de "curtir" em uma postagem ou tem uma conversa com um amigo por meio de mensagem de texto, o usuário reforça a nova metáfora e acelera sua morte, dando nova forma ao que significa ter uma conversa ou agir como um amigo.

As metáforas digitais nem sempre conectam dois conceitos já bem conhecidos

Existem outras dificuldades enfrentadas por inovadores digitais que são diferentes das que os poetas enfrentam. Quando Shakespeare metaforicamente associou o tempo a mendigos, ele se baseou em dois conceitos que já eram bem consolidados na cabeça do público. Isso, além da natureza de seu meio, lhe dava o luxo de elegantemente argumentar através da língua e de exemplos. Shakespeare não estava sugerindo que o tempo e mendigos fossem a mesma coisa, mas sim usando aspectos dos mendigos para fazer com que olhássemos para o tempo de uma forma diferente. No domínio digital, os inovadores muitas vezes só têm um lado da metáfora entendido pelo público-alvo, e basicamente eles têm a tarefa de construir o segundo lado a partir do zero, usando o primeiro. Enquanto Shakespeare consegue nos conduzir pelas características dos mendigos que destacam coisas sobre o tempo, uma loja digital só precisa contar com a iconografia para nos convencer de que fazer compras pela internet é o mesmo que comprar em uma loja física. Um designer digital não pode recorrer a mostrar que a coisa X tem associações com a coisa Y, então ele precisa nos convencer de que a coisa X e a coisa Y são de fato o mesmo. Isso fica mais fácil quando se sabe a intenção de um usuário, que no contexto do varejo é comprar coisas. Essa intenção pode ser usada para criar a metáfora e mais tarde ajudar o usuário a entender a experiência. Os designers digitais não estão tentando mostrar que sua loja online compartilha algumas características com lojas "de verdade". Eles estão trabalhando arduamente para nos convencer de que as lojas online *são* lojas de verdade – só que melhores, por serem mais convenientes.[22]

Nem sempre correspondências fáceis como essa estão disponíveis. Um exemplo do horizonte de significado dos "especialistas" é o comando "grep" do Unix, sigla para "global regular expression print" [ou "impressão global de expressão regular"]. Para usuários de Unix, dominar o comando *grep* é essencial para a produtividade, mas apesar disso, e apesar do fato de o Unix estar por trás de sistemas operacionais *mainstream* como Linux e macOS, não existe nenhuma versão do *grep* no mundo "arrasta-e-solta" dos grandes sistemas operacionais de hoje. Uma vez que o Windows, a Apple e o Linux se comprometeram com a metáfora da área de trabalho, eles também se amarraram, de muitas formas, às limitações dessa metáfora. Parte desse comprometimento envolve minimizar o texto e a digitação, em prol de coisas que possam ser feitas com um mouse. Aliás, o *grep* é um comando completamente ligado ao texto, tem a ver com entender como este é armazenado e processado em um computador. Usuários avançados

22 Nesse sentido, "mouse" é de fato uma metáfora de tecnologia incomum que reflete suas origens a partir de laboratórios de pesquisa pura no Stanford Research Institute. O nome "mouse" só nos diz algo sobre o tamanho e o formato do dispositivo (e que em algum momento do passado o fio parecia uma cauda), não sobre seu uso. Não nos pedem para acreditarmos que o dispositivo é um roedor.

ainda conseguem usar o *grep* nos sistemas operacionais de hoje graças a programas especializados, mas a grande maioria dos usuários não faz ideia de que tais coisas sequer sejam possíveis. Assim, a metáfora da área de trabalho foi crucial para trazer os computadores para o público geral, mas ao mesmo tempo ela protege esses usuários do poder total da tecnologia, porque esses mesmos usuários acreditam que a metáfora seja a única realidade verdadeira.

Falando no ciclo hermenêutico (ou espiral metafórica)

Com o tempo, cada novo encontro com um artefato aprofunda e enriquece nossa compreensão dele. Nós nos referimos a esse processo como o ciclo cognitivo-hermenêutico.

As metáforas digitais acrescentam elementos especiais ao ciclo normal. Os artefatos digitais, em particular, podem ser dinâmicos porque os desenvolvedores experienciam seu próprio processo hermenêutico com a tecnologia.

Os desenvolvedores estão constantemente respondendo a feedbacks e fazendo melhorias em suas tecnologias. Ao mesmo tempo, os usuários estão usando as tecnologias de maneiras inesperadas e fornecendo feedbacks.

O loop do feedback é acelerado pela infraestrutura da tecnologia digital, que torna cada aspecto do ciclo fácil e rápido.

PARTE II
Fundações

Agora que explicamos os principais temas do livro, vamos voltar a atenção a nossos métodos de análise. A próxima seção desenvolve esses métodos recorrendo a trabalhos relevantes nas áreas da filosofia e da ciência cognitiva. Descrevemos um programa para estudar o impacto da tecnologia sobre o significado, que começa com a criação de uma metáfora para descrever a tecnologia para usuários e depois continua em um ciclo sucessivo, onde os usuários fornecem um fluxo contínuo de feedback e os desenvolvedores, um fluxo contínuo de atualizações na tecnologia. Juntos, esses processos ajudam a aprofundar a conexão entre o uso metafórico da tecnologia e a forma como ela se conecta aos modos de compreensão de mundo das pessoas.

No próximo capítulo, vamos olhar para o significado através da lente da filosofia. Começamos explorando como a produção de significado é um aspecto essencial da experiência humana. Argumentamos que todas as nossas relações com o mundo, com o outro e com nós mesmos são mediadas por camadas de significado organizadas em estruturas cognitivas que, por sua vez, são associadas a símbolos linguísticos. Esses símbolos assumem a forma de conceitos e predicações. Mostramos como a interpretação desses significados é uma atividade diária, inevitável e em constante mudança – estamos constantemente renovando nosso envolvimento com o significado, atualizando e aprofundando nossa compreensão. Depois concluímos nosso olhar inicial para o significado do significado, pensando sobre as formas como novos significados são criados. Isso nos leva ao fenômeno da inovação semântica – como novas palavras e ideias são criadas através da linguagem –, com a criação de novas metáforas como seu propulsor central.

No capítulo seguinte, examinaremos muitas das mesmas questões através de uma lente completamente diferente: as propriedades da arquitetura cognitiva humana. Desse ponto de vista, o significado chega até nós em estágios, através do aprendizado. Primeiro, devemos aprender a construir representações cognitivas dos objetos que constituem o mundo, bem como os aspectos que constituem esses objetos. Depois, aprenderemos como tais objetos estão conectados e como eles interagem. A base de todas essas operações é a associação, que forma modelos do mundo, chamados mapas cognitivos, através do fortalecimento e do enfraquecimento das conexões neurais. Esse aprendizado está sempre acontecendo; cada ato de pensamento é simultaneamente um ato de aprendizado. As estruturas resultantes são análogas das estruturas que descrevemos no próximo capítulo.

Concluímos essa segunda análise do significado refletindo sobre como essas novas conexões são geradas e as implicações desse processo. Algo importante é o fato de que isso inclui a forma como novos significados devem por natureza vir a nós de forma relativamente lenta e conservadora, sob condições normais. Contudo, mostramos que em termos cognitivos a linguagem, especialmente através da metáfora, é um modo extremamente eficiente de evocar e reutilizar estruturas cognitivas existentes para entender novos conceitos e ideias. Essa eficiência é o motivo de a metáfora ser tão importante para este livro, quando argumentamos que as metáforas digitais são muito mais eficientes do que a maior parte do aprendizado, porque elas combinam o poder inerente da metáfora com as características do mundo digital. Juntas, elas potencializam, e muito, aspectos cruciais do aprendizado, como a repetição.

Durante a maior parte da história humana, o significado foi definido primariamente por uma combinação de nossa experiência pessoal através do aprendizado com a transmissão cultural por meio de escolas, livros e afins. Nós argumentamos que, mesmo que as tecnologias digitais estejam mudando nossa relação com conceitos como amizade e conversas, elas também são um meio adicional de transmissão cultural de ideias, e talvez estejam até suplantando algumas formas anteriores, assim como as tecnologias digitais causaram disrupção para tantas indústrias. Se, por exemplo, seu significado de amizade foi moldado amplamente através das mídias sociais, então será difícil que alguém que não interaja digitalmente, ou mesmo alguém que interaja, mas não em mídias sociais, entenda como você se relaciona com as pessoas; há também quem simplesmente não seja capaz de manter relações do tipo, uma vez que elas requerem mediação digital.

5. SIGNIFICADO

O SIGNIFICADO DO SIGNIFICADO

Nossa primeira ordem do dia, neste capítulo, é discutir o conceito que é a sustentação de tudo neste livro: o significado. Uma questão recorrente, de tão fundamental: o que significa significar? Como disse Santo Agostinho a respeito do tempo – que tende a valer para quase qualquer conceito complexo analisado de uma lente filosófica –, se ninguém pergunta qual o seu significado, nós sabemos o que é; mas "se eu quero explicá-lo a alguém que me pergunte, eu simplesmente não sei".[1] Nós certamente temos uma noção funcional de "significado", afinal, usamos a palavra todos os dias. Para avaliar como as tecnologias digitais mudam os significados, faremos um breve desvio, por meio de caminhos linguísticos e filosóficos, para permitir uma compreensão mais aprofundada sobre a relevância das tecnologias digitais para o modo como nós atribuímos sentidos às nossas experiências no mundo.

Educated, um livro de memórias escrito por Tara Westover, foi um dos livros mais influentes de 2018 nos Estados Unidos.[2] Foi destaque nas listas dos melhores livros do ano pelo *Washington*

---

1 SANTO AGOSTINHO. *Confessions. Books 9-13* (Loeb Classic Library). Trad. W. Watts. Cambridge, MA: Harvard University Press, 1912, v. 26, livro 11.

2 WESTOVER, Tara. *Educated: A Memoir*. Nova Iorque: Random House, 2018.

Post e permaneceu na lista de mais vendidos do *New York Times* por mais de dois anos. No livro, Westover relembra como foi criada em uma família mórmon sobrevivencialista na área rural de Idaho. Seu pai acreditava que o dia do juízo final estava próximo, e que a família deveria interagir o mínimo possível com os sistemas de saúde e ensino para que o governo não pudesse rastreá-los. Ela e os irmãos foram criados em uma comunidade fechada, o que significava que suas visões de mundo eram moldadas quase que exclusivamente pelo pai. Quase tudo que um típico jovem americano em um centro urbano entenderia, como os termos que moldam as experiências cotidianas da maioria dos jovens – como escola, professores, notas etc. –, era desconhecido para Tara e seus irmãos. Para eles, escolas e hospitais eram lugares onde havia riscos de serem cooptados, ou coisa pior, pelos braços perversos das autoridades públicas. Então, quando Tara fez dezessete anos e começou a interagir diretamente com o sistema de ensino pela primeira vez, o mundo se transformou totalmente para ela, subvertendo muitas de suas crenças.

O livro de Westover é fascinante por diversos motivos, mas queríamos ressaltar alguns aspectos de sua narrativa que são diretamente relacionados com nossa pergunta sobre o significado. Em seu livro de memórias, Westover revela como foi o processo de transformação de sua visão de mundo, dos significados que ela atribuía a coisas básicas em nossas experiências cotidianas, como aprender e ir ao médico. O livro também nos surpreende ao mostrar conceitos como racismo e o Holocausto ganhando diferentes significados, fora das normas sociais, graças à interpretação singular de seu pai sobre passagens bíblicas. Assim, mesmo um simples copo de leite poderia se tornar algo proibido e pecaminoso com base nas perspectivas que muitos leitores achariam estranhas. Por todo o livro, muitos leitores poderiam questionar: "como é possível que alguém veja o mundo assim?". Essa pergunta é mais urgente e relevante do que nunca em um mundo de sociedades polarizadas e grupos de pessoas que simplesmente não conseguem entender como é possível que alguém do outro lado da discussão, ou no outro partido político, possa ver o mundo de determinada maneira.

Acreditamos que a resposta para essa pergunta esteja na maneira fascinante, quase misteriosa, como nós, seres humanos, nos relacionamos com nossas experiências cotidianas. Não entendemos as coisas de uma maneira direta e sem intermediação quando estímulos visuais, auditivos e táteis alcançam nosso sistema cognitivo. Nossas experiências, desde a mais simples até a mais complexa, são sempre envoltas em camadas de significados que são profundamente influenciados pelo contexto cultural que habitamos. O que para uma pessoa é um espaço de aprendizado e coexistência social, para outra é uma armadilha do governo elaborada para controlar nossas mentes. Um determinado alimento pode ser percebido como mera fonte de proteína, ou até um símbolo de salubridade, para uma pessoa. Mas para outra, esse mesmo alimento pode ser fonte de ansiedade e repulsa devido aos processos econômicos e industriais envolvidos em sua produção e distribuição. Para outra pessoa ainda, o alimento poderia violar um preceito religioso e, portanto, ser visto como uma deplorável profanação de uma relação transcendental com o sagrado.

De um ponto de vista puramente lógico-empírico que iguala o significado a proposições verificáveis, essas discrepâncias são uma maldição. No entanto, se fôssemos ignorar ou menosprezar tais discrepâncias, perderíamos de vista o fato fundamental de que seres humanos guiam suas escolhas, ações e valores com base nos significados que atribuem a suas experiências e conhecimento, e que tais significados são voláteis, dinâmicos e moldados por processos culturais. O foco de nosso livro está num desses processos culturais, na distribuição e no uso de tecnologias digitais que, como sugerimos na introdução, são cada vez mais centrais para as sociedades contemporâneas. Se quisermos obter uma compreensão mais profunda de como as tecnologias digitais afetam nossa vida, é necessário examiná-las como artefatos e processos que geram e transformam significados dentro de uma estrutura cultural.

A ficção científica permite que escritores explorem ideias de como as tecnologias podem mudar significados. Por exemplo, os filmes do *De volta para o futuro*, a trilogia de tremendo sucesso que começou nos anos 1980, usam a viagem no tempo como mecanismo para mostrar como a tecnologia impacta a visão de mundo dos personagens. No primeiro filme, o herói Marty McFly volta trinta anos no tempo até 1955 e logo arruma uma encrenca que acaba com seu arqui-inimigo, Biff Tannen. Para evitar um confronto com Biff, Marty atravessa as ruas de sua cidade natal. Ele acaba esbarrando em dois meninos que brincavam com uma caixa de madeira sobre rodas que é uma espécie de kart rudimentar, um carrinho de brinquedo para crianças, mas Marty vê algo diferente. Onde os meninos veem seus brinquedos como carros, Marty os vê como um skate – uma tecnologia popular entre jovens nos anos 1980 e uma das favoritas de Marty – e, portanto, ideal para acelerar sua fuga. Os personagens dos anos 1950 ficam fascinados quando ele rapidamente transforma um dos brinquedos do menino em um skate. Eles se espantam porque essa tecnologia, tão simples como era, ainda não havia sido incorporada em seu universo de significado. Outro exemplo relevante do terceiro filme vem quando o excêntrico inventor da máquina do tempo – Dr. Emmett Brown, o "Doc" – viaja para o ano de 1885 e comenta com os moradores da cidade que as pessoas no futuro não usariam mais cavalos, mas sim algo como "carruagens motorizadas". O comentário causa gargalhadas entre o público do Velho Oeste, e um deles pergunta se as pessoas do futuro não precisariam mais andar. Doc responde que elas passariam a andar e correr só por diversão. Um dos interlocutores responde, totalmente incrédulo, "Correr por diversão? Que diabos de diversão é essa?", levando todos a gargalhar ainda mais.

Doc e seus amigos veem o mundo de formas diferentes porque a tecnologia mudou os significados de coisas fundamentais como andar, correr e se deslocar. "Carruagens motorizadas" não são só coisas que usamos e conseguimos entender totalmente uma vez que ganhamos conhecimento técnico suficiente. Tecnologias são importantes, em primeiro lugar, porque mudam como atribuímos significados a nossas experiências cotidianas e relações. Mas o que são significados? Como são criados e incorporados em nossas visões de mundo? Essas são as perguntas básicas que discutiremos neste capítulo.

Não temos a intenção de propor uma nova teoria semântica ou mesmo fazer uma longa análise das muitas teorias semânticas que exploram diferentes aspectos do significado.[3] Na verdade,

---

3 No Apêndice A, nós oferecemos uma breve explicação da história do significado como conceito. Ao fazê-lo, escolhemos alguns pontos de partida críticos, tirados da linguística e da hermenêutica, que poderiam oferecer aos leitores interessados uma compreensão mais profunda de algumas das noções mais aplicadas desenvolvidas neste livro.

vamos adotar uma definição básica que emprestamos da *Teoria da Interpretação* de Paul Ricoeur:

> Por sentido ou significação, estou designando aqui o conteúdo proposicional, que acabo de descrever, como a síntese de duas funções: a identificação e a predicação. Não é o evento, enquanto transitório, o que queremos entender, mas sua significação – o entrelaçamento entre substantivo e verbo, como diria Platão – na medida em que persiste.[4]

Existem múltiplas razões para escolher a definição de Ricoeur como nosso ponto de partida. Primeiro, ele propõe uma teoria consistente e abrangente do significado que leva em conta aspectos de teorias semânticas clássicas como as de Platão, Aristóteles e Frege, e as coloca em diálogo com teorias mais contemporâneas como as de Austin, Searle, Saussure, Strawson, Russell e Paul Grice. Ricoeur conciliou as aparentemente inconciliáveis abordagens analíticas e continentais com a filosofia da linguagem. Segundo, Ricoeur olhou para as formas como os significados mudam com o tempo através de metáforas, exatamente como estamos fazendo neste livro, e esse trabalho foi uma de nossas fontes de inspiração. Terceiro, a teoria de Ricoeur nos coloca no contexto de uma abordagem hermenêutica para as teorias digitais que servirão como guia para nossa análise de diferentes tecnologias.

Como este livro não é voltado primariamente para filósofos ou linguistas, precisamos analisar um pouco a afirmação de Ricoeur para torná-la mais fácil de compreender e conectá-la a nossas hipóteses e ao nosso objetivo. Ricoeur começa com a ideia

4 RICOEUR, Paul. *Interpretation Theory: Discourse and the Surplus of Meaning*. Fort Worth: Texas Christian University Press, 1976, p. 11.

de que o conteúdo proposicional em uma frase pode ser dividido em dois elementos importantes: 1) identificação singular e 2) predicação universal.[5] Esses elementos traduzem de forma aproximada o sujeito e os predicados que as crianças costumavam aprender na escola. Quando falamos em significado de algo, ele sempre pode ser expresso como uma combinação entre a identificação de algo específico que seja o sujeito da oração, e as predicações que são os atributos designados a esse sujeito. Essas predicações podem ser uma classe de coisas, uma qualidade, uma relação, ou um tipo de ação. A frase "O Rio de Janeiro é a cidade mais linda do Brasil" identifica um lugar específico e o predica com um conjunto de atributos relevantes, neste caso, o país onde está localizado e sua geografia esteticamente agradável. Assim, encontrar o significado de uma frase envolve tanto identificar o sujeito quanto atribuir predicações a ele.

Embora essa primeira análise do significado seja útil no sentido de que nos fornece uma maneira clara de pensar sobre os aspectos não-contextuais do "significado-do-significado", ela corre o risco de reduzir nossa análise a nada além de uma

5 "Enquanto o sujeito genuinamente lógico é portador de uma identificação singular, o que o predicado diz a respeito do sujeito sempre pode ser tratado como um aspecto 'universal' do sujeito. Sujeito e predicado não fazem o mesmo trabalho na proposição. O sujeito escolhe algo singular – Peter, Londres, esta mesa, a queda de Roma, o primeiro homem que escalou o Everest etc. – através de diversos dispositivos gramaticais que servem essa função lógica: nomes próprios, pronomes, demonstrativos (isto e aquilo, agora e então, aqui e ali, tempos verbais em relação ao presente), e 'descrições definidas' (o tal e tal). O que todos eles têm em comum é que todos identificam um único item. O predicado, em compensação, designa um tipo de qualidade, uma classe de coisas, um tipo de relação ou um tipo de ação". RICOEUR, *Interpretation Theory*, p. 9.

gramática, um exame de estruturas linguísticas desprovido de qualquer conexão com a realidade social na qual as orações foram criadas. Uma forma complementar crucial de pensar sobre o significado é abordá-lo da perspectiva de alguém que não tem certeza de um significado específico. Quando alguém pergunta a respeito do significado de uma coisa, a resposta normalmente envolverá o destrinchamento das diferentes predicações pretendidas para aquela afirmação em particular. Por exemplo, quando alguém pergunta "o que o Rio de Janeiro significa para você?", o outro poderia responder que é "a cidade dos contrastes". Tal explicação poderia ir além, com uma exploração de outras predicações possíveis do Rio: ele tem uma localização excepcional entre o calor do Atlântico Sul e deslumbrantes cadeias de montanhas; é a antiga capital do Brasil; um terço de sua população vive em favelas etc. Notem que, às vezes, predicações possíveis serão entendidas de forma diferente pelo falante e pelo ouvinte. Por exemplo, nem todos sabem que o Rio já foi a capital do Brasil, o que complica a questão da possibilidade de uma frase ter o mesmo significado para duas pessoas diferentes. Colocar a questão do significado no contexto do uso de orações significativas aumenta seu escopo, conectando-o à fluidez temporal da história, e acrescenta camadas de uma complexidade que não é possível com abordagens mais estáticas à análise de predicações. Ele nos convida a considerar implicações extra-linguísticas de significado e a relevância de tais implicações em nosso cotidiano.

Habitando mundos com significados

Como discutimos na seção anterior, os significados são muito mais do que meros fenômenos linguísticos. Eles alteram como entendemos e avaliamos o mundo e a nós mesmos, além de impactar nossas ações e nossos planos de vida. Se nós predicássemos o "Rio de Janeiro" como "a cidade com a natureza mais bonita da América do Sul", poderíamos nos sentir tentados a priorizar nossas economias para comprar um pacote de viagem para lá. Por outro lado, se olharmos para o Rio como "uma cidade de contrastes" ou "uma cidade com um alto índice de criminalidade", poderíamos redirecionar nossas economias para uma visita mais longa a Tóquio ou Sydney. A questão do local onde passar as férias certamente se torna mais complexa por causa do conjunto de predicações que trabalham juntas para construir coletivamente o significado de algo. Ademais, essas predicações mudam com o tempo, dependendo da evolução de contextos sociais, culturais e tecnológicos. O ponto principal é que nós entendemos, avaliamos e nos relacionamos com as coisas, com o outro e nós mesmos através da lente do significado, e esses significados raramente permanecem os mesmos.

Filtros pelos quais experienciamos o mundo

Em seu livro *Ensaio sobre o Homem*, Ernst Cassirer, um influente filósofo do século XX, escreveu que significados (especialmente aqueles que ele chama de símbolos) operam como filtros entre os sistemas de recepção e operação dos humanos, e que esse mecanismo para filtrar o que recebemos sensorialmente é um aspecto de diferenciação crucial entre humanos e outras espécies.[6] Assim, um abraço nunca é percebido como uma excitação das diferentes terminações nervosas no sistema nervoso periférico. Sempre há uma dimensão simbólica que torna

---

6 CASSIRER, Ernst. *An Essay on Man*. New Haven, CT: Yale University Press, 2021.

essa excitação tátil relevante e significativa. O sistema simbólico acrescenta predicações a sensações físicas, tornando o abraço "uma manifestação de afeto" ou "um gesto de reconciliação" e assim por diante.

Para Cassirer, esses filtros simbólicos são tão relevantes que justificam chamar o ser humano de "animal simbólico".[7] Para ele, ser humano é mais do que simplesmente ser racional. Muitas outras espécies são capazes de usar o que poderíamos chamar de razão, que envolve a criação de modelos a partir dos estímulos que recebem do ambiente e adaptar seus comportamentos com base nesses modelos. Cassirer afirma que os filtros de significado, que colocamos entre o que recebemos através de nossos órgãos sensoriais e nossas reações, são o que distingue a forma de ser própria dos humanos.

Dada a importância e a consequente onipresença desse fenômeno, poderíamos passar o resto do livro explorando exemplos desses filtros simbólicos e como eles funcionam. Mas como queremos manter o mesmo título do livro e reservar o grosso do texto para as metáforas digitais, escolhemos quatro áreas especialmente salientes de nossas experiências corporais e sociais básicas que refletem diferentes níveis nos quais esses símbolos ocorrem: comer, acasalar, morrer e se comunicar. Essas também são áreas que foram drasticamente impactadas pelas

---

7 "Razão é um termo muito inadequado para se compreender as formas da vida cultural do homem em toda sua riqueza e diversidade. Mas todas essas formas são formas simbólicas. Portanto, em vez de definir o homem como um animal racional, deveríamos defini-lo como um animal simbólico. Com isso, podemos designar sua diferença específica, e podemos entender o novo caminho aberto para o homem – o caminho para a civilização". CASSIRER, *Essay on Man*, p. 26.

tecnologias digitais e pela transformação do significado que tais tecnologias fomentam.

"Comer"

Nosso primeiro exemplo envolve um aspecto de nossa subsistência corporal. Quando vemos um objeto, uma predicação relacionada à comestibilidade desse objeto imediatamente se apresenta: "Esse não é somente um objeto vermelho vagamente esférico que sei se chamar 'maçã', mas também algo que eu posso comer". Tais predicações dependem dos ambientes culturais e históricos que moldam nossa experiência com os objetos e os animais. Se você já viajou para países com culturas diferentes da sua, provavelmente se deparou com coisas para comer, normalmente vegetais ou animais, que talvez ache pessoalmente repulsivas. Para muitas pessoas, comer coisas como pé de galinha, coração de ovelha, haggis (fígado e pulmão picado misturado com cebola, aveia e banha, temperados com sal e especiarias, cozidos dentro do estômago do animal), ou alguns insetos como gafanhotos, além de escorpiões, seria impensável. Para outros membros da mesma espécie humana, esses itens não só são comestíveis, como são considerados iguarias. O aspecto crítico por trás de um leque tão amplo de comportamentos frente ao mesmo objeto é o fato de que os humanos não experienciam os estímulos externos imediatamente – eles sempre são mediados por filtros simbólicos, aprendidos ao longo do tempo, através de interações culturais.

Mas a camada simbólica de significados por cima de nossos hábitos alimentares vai bem além da atribuição da comestibilidade. Pensem, por exemplo, que alguns tipos de comida se atrelaram a festividades específicas, ou que alguns alimentos têm dimensões de sagrado em certas culturas e não em outras, e que as refeições organizam o ritmo diário da vida em diversas sociedades contemporâneas.[8]

Como veremos em cada uma dessas quatro áreas centrais de nossos cotidianos, as tecnologias impactam profundamente os significados que associamos à comida, desde os mecanismos utilizados para gerar fogo até os utensílios usados para comer, passando pelos móveis projetados para a alimentação[9] e os equipamentos sofisticados encontrados na cozinha de algumas das sociedades de hoje. As tecnologias digitais dão um passo além, mudando fundamentalmente a maneira como escolhemos o que comer, como compramos comida por meio de aplicativos,[10] como preparamos comida por meio de aplicativos de receitas, e como compartilhamos experiências de refeições com amigos e familiares. Por exemplo, durante a pandemia da COVID, era

---

8 Considerem a curiosa prática na qual o presidente dos Estados Unidos perdoa um peru de Ação de Graças. Dessa forma, a vida de um peru é poupada, um peru que seria comido como parte de uma celebração única das origens da nação. É um exemplo curioso de como certos tipos de comida acabam se entrelaçando com tradições culturais em múltiplas camadas ao longo do tempo. MONKMAN, Betty C. "Pardoning the Thanksgiving Turkey". *White House Historical Association*, acessado em 3 de agosto de 2021, disponível em: https://www.whitehousehistory.org/pardoning-the-thanksgiving-turkey.

9 Ver, por exemplo, VILGIS, Thomas A. "Evolution–Culinary Culture–Cooking Technology". *In*: *Culinary Turn: Aesthetic Practice of Cookery*. Ed. Nicolaj van der Meulen e Jörg Wiesel. Bielefeld: Transcript Verlag, 2017, p. 149-60.

10 POPPER, Nathaniel. "As Diners Flock to Delivery Apps, Restaurants Fear for Their Future". *New York Times*, 9 de junho de 2020, disponível em: https://www.nytimes.com/2020/06/09/technology/delivery-apps-restaurants-fees-virus.html.

comum as famílias se encontarem por meio de videoconferências em plataformas como o Zoom, compartilhando refeições comemorativas ou ocasiões especiais remotamente. Muitas outras pessoas simplesmente postam fotos de refeições especiais nas mídias sociais.

Muito antes que a pandemia da COVID-19 desencadeasse um *boom* no uso de aplicativos de entrega e compras de supermercado, um artigo de 2013 sugeria enfaticamente que "os *touch screens* estão se tornando tão vitais para os restaurantes quanto os talheres".[11] O que comemos é mediado pela experiência que tínhamos por meio de sites e aplicativos de celular. Um *layout* de tela atraente, uma função mais fácil de reserva de mesas e mecanismos ameaçadores de avaliação estão remodelando a forma como selecionamos nossas refeições e envolvendo nossa necessidade biológica por nutrição em mais uma camada transformadora de mediações simbólicas.

"Acasalar"

Nosso segundo exemplo que explora mediações simbólicas envolve o encontro de nossos parceiros. No nível puramente sensorial, o processo de acasalamento envolve estímulos físicos e almeja o mais alto nível de sucesso reprodutivo para garantir a manutenção e possível aumento da espécie.[12] Contudo, uma descrição nesse nível não é só incomum; pode soar rude ou profana para muitos de nós, quando se trata de discutir nossa

---

11 MILLER, Bryan. "How Mobile Technology Is Changing the Way We Dine Out". *WSJ Online*, 25 de outubro de 2013, disponível em: https://www.wsj.com/articles/SB10001424052702303680404579143903633457212.

12 BRENNAN, P. "Sexual Selection". *Nature Education Knowledge* 3, no. 10 (2010): 79.

própria espécie. Uma parte considerável da camada simbólica de nossas sociedades diz respeito a como estruturamos nossas relações sexuais – o que é permitido e o que não é em termos de junção de pares entre gêneros, como o gênero é definido, como os indivíduos mantêm suas parcerias sexuais, e as consequências de possíveis disrupções voluntárias ou involuntárias de tais pares. Pensem, por exemplo, nos significados que cercam a junção de indivíduos em pares. Em algumas sociedades, o casamento representa a culminação desses significados. Essa ideia traz consigo um imenso aparato de significados associados: o encontro inicial de um casal potencialmente romântico, a experiência do namoro, as apresentações para amigos e família, o planejamento de uma cerimônia de casamento, a cerimônia em si, estruturas familiares monogâmicas ou polígamas, as leis que cercam a divisão de bens e o rompimento de contratos nupciais, entre outros. É fácil imaginar ou lembrar de narrativas, filmes, livros etc. nos quais qualquer uma ou todas as partes desse processo sejam o foco central.

Se pausarmos por um momento para pensar sobre as camadas de significados sociais conectados a "acasalar", torna-se claro como eles são onipresentes. Justamente por esse motivo, eles se tornaram transparentes em nossas experiências diárias. Cassirer nos conta que vivemos imersos nesse universo simbólico e não conseguimos escapar dele.[13] Assim, não é mais possível para nós pensar em um abraço como um simples conjunto de percepções táteis, da mesma forma que não é mais possível pensar em um grande animal de quatro patas

13 CASSIRER, Ernst. "A Clue to the Nature of Man: The Symbol". *In*: *An Essay on Man: An Introduction to a Philosophy of Human Culture*. New Haven, CT: Yale University Press, 1992, p. 41-44.

cinza de orelhas grandes e uma tromba como algo que não seja um elefante.

Nos últimos anos, o mundo do romance tem sido cada vez mais impactado por tecnologias digitais. Por exemplo, encontros que envolvam possíveis parceiros românticos são cada vez mais mediados por aplicativos de relacionamento. Em 2020, eram estimados em 44,2 milhões os usuários de aplicativos de relacionamento nos Estados Unidos.[14] Isso significa que a série de convenções sociais que por tanto tempo mediou a seleção de novos parceiros está sendo profundamente reformulada. Antes, encontrar alguém significava estar no mesmo lugar ao mesmo tempo, em geral limitando possíveis parceiros a comunidades relativamente pequenas. Agora, não mais. Relacionamentos podem ser estabelecidos virtualmente e podem permanecer assim por longos períodos de tempo.[15] O flerte mediado digitalmente também significa que há menos riscos emocionais e menos exposição envolvida na decisão de propor uma possível parceria romântica.[16] O "cortejar" está migrando para o mundo online, assim como tudo. As tecnologias digitais também podem ser usadas para facilitar encontros efêmeros em ambientes físicos, como bares e casas noturnas, e como uma forma de estender ou aprofundar essas

---

14 "United States: Online Dating Users in the U.S. 2017-2024". *Statista*, 5 de julho de 2021, disponível em: https://www.statista.com/statistics/417654/us-online-dating-user-numbers/.

15 MILLER *et al*. "Online and Offline Relationships". *In*: *How the World Changed Social Media*. Londres: UCL Press, 2016, p. 100-113.

16 RANZINI, Giulia; LUTZ, Christoph. "Love at First Swipe? Explaining Tinder Self-presentation and Motives". *Mobile Media & Communication* 5, no. 1 (2017): 81; TURKLE, Sherry. *Reclaiming Conversation: The Power of Talk in a Digital Age*. Nova Iorque: Penguin, 2016, p. 130.

relações, criando novas combinações de interações físicas e digitais entre parceiros.[17]

Alguns grupos, como os da terceira idade, começaram a reconhecer as possibilidades de reformular completamente suas vidas com base em sua capacidade de encontrar parceiros por meio de plataformas digitais. Para eles, a nutrição e a manutenção das relações emocionais também podem passar a ser mediadas por novos símbolos e significados trazidos por tecnologias digitais. Para idosos que de outra forma talvez estivessem relegados a longos períodos sozinhos, isso pode ser uma bênção. Os aplicativos de mensagens, em especial, se tornaram o mecanismo principal para manter elos entre parceiros, o que trouxe consigo um novo conjunto de mediações. Assim, o tempo de resposta a uma mensagem poderia ser associado ao interesse de um possível parceiro na relação. Por exemplo, uma resposta demorada pode sinalizar que há um problema na reação, desencadeando ansiedade e preocupação. Convenções para mensagens de texto como *emojis* e abreviações também podem acrescentar novas camadas de interpretação. Considere o simples exemplo de responder "ok" para um texto. No mundo anglófono das mensagens de texto, há quatro respostas distintas: "okay", "ok", "k" e "kk", todas com significados diferentes. O "k", por exemplo, é considerado grosseiro pelos jovens, ao passo que "kk" é muito agradável.

"Morrer"

O fim de uma existência física individual muitas vezes é reconhecido como uma das poucas certezas na vida (a outra

---

17 RAFALOW, Matthew H.; ADAMS, Britni L. "Digitally Mediated Connections and Relationship Persistence in Bar Settings". *Symbolic Interaction* 40, no. 1 (2017): 25-42.

são os impostos), e, até onde sabemos, é um aspecto comum a todas as espécies. A maioria das outras espécies não parece ter comportamentos específicos associados à morte de um indivíduo, embora algumas tenham seu comportamento mediado por reflexos químicos que evoluíram para preservar o bem-estar do grupo. No entanto, várias espécies fazem luto pela morte de seus indivíduos.[18] Esse fenômeno é bem documentado entre os elefantes e os chimpanzés, por exemplo, e se estende a diversas outras espécies. No entanto, o aparato simbólico humano vai bem além do que se sabe a respeito das reações, mesmo as sofisticadas, diante da morte de um indivíduo de outras espécies.

Quase toda religião tem uma série de símbolos e rituais associados à morte. Uma mediação comum em torno da morte, o conceito de uma alma imortal, é paradigmática para entender o poder e a influência em potencial do universo simbólico. Esse conceito pode criar e efetivamente criou novos significados em torno da existência para bilhões de indivíduos. Ele opera fundamentalmente na camada simbólica, não é algo que sejamos capazes de perceber diretamente. Nossa observação desse fenômeno não implica nenhuma suposição ou consequência ontológica. Não estamos fazendo afirmações sobre a realidade de uma alma; estamos, na verdade, ressaltando uma

---

18 VAN LEEUWEN, Edwin J. C.; CRONIN, Katherine A.; HAUN, Daniel B. M. "Tool Use for Corpse Cleaning in Chimpanzees". *Scientific Reports* 7 (Março de 2017): artigo 44091; PIERCE, Jessica. "What the Grieving Mother Orca Tells Us about How Animals Experience Death". *The Conversation*, 24 de agosto de 2018, disponível em: http://theconversation.com/what-the-grieving-mother-orca-tells-us-about-how-animals-experience-death-101230.

experiência que é central a bilhões de indivíduos, pessoas que vivem dentro de nossos sistemas simbólicos. Vale notar que tais mediações não são limitadas a reformular o fim da existência física.

Considerem, por exemplo, a metáfora de que "a morte é uma passagem". Mediações simbólicas como essa afetam como as pessoas vivem, fazem escolhas e estabelecem prioridades em suas vidas. Só para dar alguns exemplos, os monges budistas se recolhem em mosteiros para práticas de meditação, extremistas de religiões diversas cometem suicídio como atos para abrir caminho para uma boa vida após a morte, e os antigos egípcios embalsamavam corpos e garantiam suprimentos físicos para a jornada até o além. Dessas e de muitas outras maneiras, a camada simbólica em torno do "morrer" tem consequências profundas e decisivas para o que significa "viver".

Avanços recentes na tecnologia têm afetado os significados associados à morte de maneiras que às vezes são subestimadas. Por um lado, avanços recentes em técnicas terapêuticas, formas mais sofisticadas de tratamento e vacinas reduziram o número de mortes precoces, especialmente a mortalidade infantil. Esses avanços são percebidos quase sem exceção como positivos. Por outro lado, mesmo com as mortes precoces se tornando mais raras e os significados transcendentais atrelados à morte sendo perdidos, uma vez que a religião declinou como força em algumas sociedades, "morrer" passou a ter um conjunto de significados ainda mais ameaçadores. Como a morte precoce acontece muito menos, ela se torna mais importante quando acontece. Assim, muitas sociedades contemporâneas tendem a minimizar qualquer menção à morte; em algumas sociedades, a morte é percebida como algo grotesco e até ofensivo. Avanços na engenharia genética também trouxeram novas perspectivas à extensão da vida humana, e estudos sobre os mecanismos genéticos do envelhecimento abriram portas para novas fronteiras da longevidade. Essas e outras mudanças geradas pelas novas tecnologias têm impactado, desafiado e reestruturado diversos significados em torno do "morrer".

As tecnologias digitais adicionaram ainda mais camadas de significado à morte. Primeiro, tais tecnologias mudaram drasticamente a maneira como a morte é comunicada. Quando uma pessoa querida morre, é fácil informar o fato a uma rede global de pessoas, e elas podem responder em tempo real. Ademais, o conceito da imortalidade digital, algo que até poucos anos atrás era coisa de ficção científica, está sendo explorado por alguns artefatos digitais. Esses artefatos coletam vestígios digitais de indivíduos, como e-mails, postagens, vídeos e mensagens, para descobrir padrões de comunicação. Esses padrões aprendidos por máquinas, por sua vez, permitem que esses artefatos simulem comunicações com o indivíduo mesmo após sua morte. Vários músicos mortos já fizeram shows ou até saíram em turnê.[19] Em janeiro de 2021, a Microsoft recebeu uma patente de software que conseguia representar as pessoas (inclusive as mortas) como *chatbots*.[20]

---

19 ROWELL, David. "Dead Musicians Are Taking the Stage Again in Hologram Form. Is This the Kind of Encore We Really Want?". *Washington Post*, 30 de outubro de 2019, disponível em: https://www.washingtonpost.com/magazine/2019/10/30/dead-musicians-are-taking-stage-again-hologram-form-is-this-kind-encore-we-really-want/.

20 ABRAMSON, Dustin I.; JOHNSON JR., Joseph. "Creating a Conversational Chat Bot of a Specific Person – US Patent 10,853,717" (solicitada em 11 de abril de 2017, e concedida em 1 de dezembro de 2020). Disponível em: https://patentimages.storage.googleapis.com/8d/2a/7e/325266284d79df/US10853717.pdf.

"Comunicar"

Nossa breve jornada por algumas das mais importantes áreas do universo simbólico humano conclui com a ideia de "comunicar". Embora diversas espécies tenham desenvolvido mecanismos de comunicação sofisticados e eficientes através de sinais codificados em sons, movimentos e odores, os seres humanos são únicos em sua habilidade de criar sistemas linguísticos complexos. Estes nos permitem contar histórias, desenvolver argumentações e até criar novos conceitos. Com base em sistemas linguísticos incrivelmente maleáveis e adaptáveis, os seres humanos foram capazes de construir e expandir nosso universo simbólico a ponto de essa camada de mediação ser onipresente, ajudando a definir nossas percepções e ações no mundo.

A essa altura, não deveria ser surpresa que as tecnologias tenham impactado os significados do termo "comunicar", começando com a invenção da escrita. Por meio da palavra escrita, tornou-se possível comunicar-se não somente com contemporâneos, mas também com indivíduos que ainda não existem. Então, a escrita mudou o aspecto temporal do "comunicar" para que não se limitasse mais a um único momento histórico. Com a escrita, seria possível dizer com propriedade: "esta mensagem é para as gerações seguintes (e será acessada sem necessidade de mensageiros intermediários)".

A escrita, em conjunto com avanços nos transportes, transformou o "comunicar" em algo que também significa comunicar-se com pessoas de outros lugares, inclusive diferentes países e continentes. Um imigrante na Argentina poderia finalmente se comunicar com a família na Itália. Algo do tipo simplesmente não faria sentido, por exemplo, para um europeu na Idade

Média, para quem o sentido de comunicação estava intrinsecamente ligado à comunidade local, ao vilarejo ou ao feudo.

Se a combinação da escrita com os avanços no transporte mudou o significado do "comunicar", passando a incluir a comunicação entre grandes distâncias, a comunicação para um grande público e a comunicação voltada a gerações futuras, então as tecnologias digitais tornaram essa comunicação ainda mais instantânea, não importando a distância. E com isso, a tecnologia alterou quase todo o contexto semântico do "comunicar". Agora é possível comunicar-se com alguém nos Países Baixos, na Flórida e no Japão ao mesmo tempo com uma única videochamada. Um amigo, não importa onde esteja, está sempre a uma distância de dois toques do seu celular. Tais mudanças afetam drasticamente nosso universo simbólico e, portanto, como vivemos e experienciamos o mundo. Vamos revisitar essa mediação com maior profundidade em outros capítulos.

Homo Interpretans

A imensa riqueza de significados do universo simbólico exige interpretação, e a enorme riqueza de predicações instrínsecas a tais mediações cria infinitas possibilidades para o significado. Mas a maleabilidade do universo simbólico tem seu preço – a ambiguidade. Tal riqueza de significados requer um esforço compatível e constante para entender quais predicações são apropriadas atualmente para cada símbolo com o qual interagimos. Estamos constantemente expostos à árdua tarefa de determinar o significado mais apropriado para um determinado signo linguístico ou não-linguístico. Um aperto de mão pode significar um adeus ou uma reconciliação. Um sorriso pode significar contentamento ou uma sutil e educada desaprovação. E o custo de interpretar equivocadamente tais gestos pode ser alto. Quando perguntamos ao nosso cônjuge se ele ou ela dormiu bem, esse conjunto de signos linguísticos (palavras) pode ser interpretado como "Deve ser uma preocupação com meu bem-estar" ou senão "Devo estar com uma cara terrível esta manhã". Como vocês devem saber se já tiverem passado por essa situação, a interpretação específica escolhida pelo seu cônjuge pode ter implicações críticas para você durante esse dia (ou mais).

Isso fica ainda mais evidente no espectro linguístico. A mesma palavra ou expressão pode ter diferentes significados dependendo do contexto e da intencionalidade nos quais ela é usada. Contrônimos não apenas são um exemplo de signo linguístico com dois significados, como também representam o caso extremo no qual o mesmo signo (palavra) tem significados opostos. Por exemplo, em inglês "to clip" pode significar "anexar" ou "cortar"; e "oversight" pode querer dizer "omissão acidental ou erro", ou "escrutínio próximo e controle". No próximo capítulo, veremos que até orações que contenham palavras idênticas podem ter dois significados diferentes dependendo de pistas contextuais.

Como estamos sempre interagindo com o mundo e com o outro, através de mediações simbólicas e porque essas mediações são muitas vezes polissêmicas – elas podem ter diferentes significados –, estamos constantemente precisando interpretar o significado do que vemos, ouvimos e lemos. Em outras palavras, a consequência de se viver num mundo mediado por símbolos com significados diferentes, dinâmicos e possivelmente conflitantes é que o ato de encontrar os significados apropriados de determinado signo é um elemento central de ser humano. Johann Michel, em seu livro recente de mesmo nome, chama os seres humanos de *Homo interpretans*, o que fornece um complemento interessante para a sugestão de Cassirer, *Homo symbolicum*. Se criamos um mundo simbólico com inúmeros significados explícitos ou latentes em cada ação, gesto ou fala, também devemos interpretar constantemente esses significados.

Modos de interpretação e significados dinâmicos

Como aponta Michel, os níveis nos quais essas interpretações ocorrem variam em intensidade e profundidade. Algumas interpretações de significados estão embutidas em nosso código genético, então quando vemos algo que poderia representar um risco à nossa vida, fugimos imediatamente. Isso é o que ele chama de proto-interpretação.[21] No próximo capítulo, vamos discutir a proto-interpretação no contexto de como funciona a atenção. Depois, existem as interpretações diárias, como um cumprimento matinal ou uma notícia que lemos na internet. Por fim, temos um nível em que pensamos sobre o fato de que somos seres interpretativos, o que são interpretações e como elas nos afetam; Michel chama esse nível de meta-interpretativo (na verdade, é exatamente nesse nível que operamos em todo este capítulo).

Até o momento, simplificamos de forma considerável nossa discussão e só consideramos marginalmente como os significados mudam ao longo do tempo. Algo que no modelo de Michel poderia inicialmente ser classificado como "interpretação" se torna "proto-interpretação", com o uso e o hábito. Sinais de trânsito são bons exemplos de como a necessidade de interpretar alguns símbolos conscientemente passa com o tempo para um processo interpretativo subliminar.

---

21 MICHEL, Johann. *Homo Interpretans: Towards a Transformation of Hermeneutics*. Trad. David Pellauer. Lanham, MD: Rowman & Littlefield, 2019.

Portanto, temos de expandir nossa análise e complementá-la com uma perspectiva dinâmica que integre o processo de como os significados são associados a nossas experiências de mundo. Imagine, por exemplo, que você quer entender um novo esporte. Foi o que aconteceu recentemente com um dos autores deste livro que, sendo brasileiro, teve muito pouco contato com futebol americano quando jovem. O próprio fato de um esporte que usa principalmente as mãos ser chamado de *football* ["foot" = pé, "ball" = bola, em português] já oferece um desafio interpretativo imediato. Assim, no primeiro contato com o futebol americano, existe um conjunto de significados e símbolos que precisam ser decifrados. Os gestos do árbitro, o movimento dos jogadores, as estratégias de uma jogada e as reações do público são todos repletos de significados que requerem um ato consciente e constante de interpretação por parte de qualquer novo torcedor. Contudo, passados alguns jogos e depois temporadas, esses significados ficam cada vez mais incorporados no novo horizonte de significado do torcedor, e o esforço interpretativo se torna diferente. A essa altura, muitas predicações foram consolidadas e podem ser interpretadas com um grau maior de naturalidade – quase automaticamente e sem esforço.

Sem que o novo torcedor sequer perceba, termos como *touchdown*, interceptação e *tackle* passam de confusos para familiares, e depois para banais. Mais do que isso, esses novos significados se tornam parte integrante de como o torcedor pensa a respeito do mundo. De repente, quando um de seus filhos conquista algo importante, ele pode pensar "touchdown!". Ele não somente aprendeu algumas predicações típicas do conceito de *touchdown*, como "conquistar um objetivo superando barreiras", como ele ativamente aplica esse significado em outros contextos. Esse processo de interpretar ativamente novos significados, e o correspondente reforço gradual e internalização deles quando se tornam familiares, será central para nossa discussão na próxima parte.

Explorando novos mundos: inovação semântica

Os significados e conceitos que moldam nossos objetivos e prioridades e que medeiam como vemos a realidade são organizados em uma rede de predicações semânticas (X é Y), como discutimos no Apêndice A. Essas redes são criadas pela interconexão de predicações individuais de coisas, experiências, pessoas e ações. Como tal, nossas redes semânticas internas integram diversos conceitos enquanto constroem uma estrutura complexa e multifacetada que constitui como entendemos nossa experiência no mundo. Nesta seção, vamos nos referir a essa estrutura como nosso "mundo-da-vida".[22] Por exemplo, no mundo-da-vida de uma pessoa, algumas predicações do Rio serão conectadas a conceitos centrados na natureza, que refletem a beleza natural do Rio, enquanto outras serão associadas ao conceito de uma cidade grande. Por sua vez, "cidade" e "natureza"

---

22 Nós usamos o termo "mundo-da-vida" principalmente em relação à fenomenologia de Husserl (*Lebenswelt* em alemão), no sentido de um reservatório de significado, como sugerido por Paul Ricoeur. "O retorno ao *Lebenswelt* pode exercer mais efetivamente esse papel paradigmático para a hermenêutica se o *Lebenswelt* não for confundido com alguma espécie de imediatismo inefável e não for identificado com o invólucro vital e emocional da experiência humana, mas sim interpretado como designador do reservatório do significado, o excedente do sentido na experiência vivida, que torna a atitude objetificadora e explanatória possível". RICOEUR, Paul. *From Text to Action: Essays in Hermeneutics II*. Trad. John B. Thompson e Kathleen Blamey. Nova Iorque: Bloomsbury, 2008, p. 86.

terão sua própria rede de predicações que podem ser evocadas enquanto se tenta entender o Rio.

Para complicar ainda mais, os significados não são estáticos, nem em nível pessoal, nem social. Conceitos e predicações em nossos mundos-da-vida estão sempre sendo criados, sempre mudando e muitas vezes sendo usados na comunicação. Isso continua acontecendo constantemente através do aprendizado, interações sociais, descobertas científicas e mudanças no mundo. Por exemplo, o Rio de Janeiro anfitriou os Jogos Olímpicos durante o verão de 2016, criando uma nova predicação para o Rio nos mundos-da-vida de pessoas de todo o planeta. Por sua vez, as pessoas assistiram, leram e falaram sobre os jogos, construindo ainda mais suas redes.

Um torcedor que viesse visitar o Rio durante os jogos teria sido bombardeado por novas predicações da cidade à medida que fosse exposto a novas experiências, diretas ou indiretas, do Rio. A partir do momento em que ele começasse a ler mais sobre o Rio enquanto se preparava para a viagem, ou conversasse com amigos que já tivessem visitado o Brasil, perguntando o que esperar da cidade, suas predicações estariam sendo expandidas e alteradas. E quando a viagem de fato acontecesse, isso remoldaria completamente suas predicações prévias sobre o Rio. Cada experiência sensorial durante a estadia na cidade serviria para expandir ou alterar suas predicações do Rio de Janeiro, mudando seu significado radicalmente.

Nosso mundo-da-vida está constantemente mudando, seja porque as coisas com as quais estamos familiarizados estão de fato mudando, seja porque estamos experienciando novas coisas ou diferentes aspectos de coisas conhecidas que não mudaram substancialmente. Uma pessoa não precisa viajar para outro continente para mudar seu mundo-da-vida. Quando ela conhece uma pessoa nova, as predicações que são adequadas para essa pessoa ainda são desconhecidas. Conhecer alguém ou algo é um processo de escolher quais predicações consideramos apropriadas para essa pessoa ou coisa. Ao fazer tais escolhas, gradualmente definimos o que essa pessoa ou coisa significa para nós. "Ela é inteligente", "ele é alto" ou "eles são justos".

Se existe uma constante em nossas experiências do dia a dia, é a de que estamos sempre construindo e expandindo significados. Quando aprendemos algo novo, construímos um novo significado usando uma série de predicações para entender essa experiência. Qualquer um que tenha passado algum tempo com crianças pequenas já viu isso em ação, conforme o repertório de significados da criança cresce exponencialmente para explicar a imensidão de novas coisas, pessoas, ações e situações que precisam ser integradas ao seu mundo-da-vida. Contudo, essa constante atribuição de significados não para na infância, ela se estende por toda a vida. Isso vale para predicações subjetivas (nós percebemos coisas novas a respeito de nossas experiências no mundo) e para aspectos objetivos (o mundo ao nosso redor muda e precisamos adaptar as predicações que atribuímos a ele). Mas como criamos e atualizamos significados para ajudar a entender nossas experiências mundanas dinâmicas? Responder a essa pergunta crucial é o principal objetivo desta seção.

Da ação para a linguagem e de volta à ação

Na seção anterior, navegamos da linguagem para a ação no mundo. Vimos como os significados que encontramos no nível linguístico são mediadores de nossas escolhas e ações, e moldam nosso mundo-da-vida. Nesta seção, retornaremos à linguagem para investigar uma maneira importante de criar novos significados: as metáforas. Próximo do fim da seção, a exploração do modelo linguístico mais uma vez nos deslocará da linguagem de volta para nossas experiências no mundo real. Vamos examinar como as metáforas são uma forma privilegiada de criar novos significados – uma inovação semântica. Elas nos ajudam a explorar novos significados criando novos conceitos que desafiam e expandem nosso mundo-da-vida atual. Argumentamos que as metáforas não são meramente formas "privilegiadas" de expandir nossos significados, mas, de muitas maneiras, elas são a forma predominante. Isso se deve a dois de seus aspectos centrais: 1) elas aceleram a criação de significados; e 2) elas têm a capacidade singular de fornecer significado a algumas experiências e fenômenos que ainda não foram capturados pela linguagem. Vamos olhar para cada uma dessas características e analisá-las com exemplos que nos guiarão até as maneiras como as metáforas, como pedra angular da inovação semântica, são decisivas para as tecnologias digitais.

Você conhece o Fulano de Tal?

Pensem numa situação comum que é conhecer alguém, um "Fulano de Tal", sem ter nenhum conhecimento prévio sobre a pessoa. Nós havíamos sugerido que para "entender" um novo conhecido, aprendem-se predicações que são obtidas através ou de experiências em primeira mão ou de relatos sobre a pessoa pela boca de terceiros: "Ele é esforçado", "Ele é gentil", "Ele trabalha em um instituto de pesquisa"... Em qualquer um dos casos, as novas predicações chegam relativamente devagar, uma por vez. Discutiremos a mecânica desse processo e o seu motivo no próximo capítulo. No entanto, a linguagem oferece uma forma mais eficiente de criar novos significados: usando comparações criativas. Tais comparações podem acelerar o processo de compreensão ao transferir predicações consolidadas de uma coisa para outra. Por exemplo, se um amigo diz que "Fulano de Tal é uma abelha", ele está sugerindo que vejamos Fulano de Tal como uma abelha e, portanto, podemos aproveitar as predicações que costumam ser associadas às abelhas para começar a entender o Fulano de Tal.

As metáforas certamente não são os únicos mecanismos para atribuir significado por meio de novas predicações, mas elas são extremamente eficientes por permitirem a associação concisa de um grande conjunto de atribuições de um termo para outro dentro da declaração metafórica. Ao dizer que Fulano de Tal é uma abelha, nós transferimos um grupo de predicações da abelha para o Fulano, como "Fulano de Tal é produtivo como uma abelha", "Fulano de Tal é confiável como uma abelha", "Fulano de Tal é esforçado como uma abelha", "Fulano de Tal é cooperativo como uma abelha". Observamos aqui que tais predicações são imersas na cultura e na experiência local e portanto podem variar. Fãs de Muhammad Ali poderiam imaginar, por exemplo, se Fulano de Tal "pica como uma abelha".

Expansão do Significado

Ao unir dois conceitos, as metáforas facilitam e aceleram o processo de interpretação de fenômenos complexos. É como em uma consulta ao médico, por exemplo (presumindo que você mesmo não seja um). Os médicos muitas vezes precisam comunicar o significado de conceitos biológicos ou bioquímicos complexos de uma maneira que seja acessível a leigos. Então, eles podem oferecer a metáfora de nosso sistema imunológico como um exército encarregado de combater agressores que são hostis ao nosso corpo. Você, por sua vez, pode começar a ver seu sistema imunológico dessa forma, e esse novo ponto de vista mudará o significado que você dá a algo fundamental em nossa experiência humana: a doença. Uma mãe talvez diga ao filho após uma consulta com nosso médico metafórico: "Você precisa comer coisas nutritivas para que os soldados do seu sistema imunológico fiquem fortes e prontos para a batalha".

Essa capacidade das metáforas de criar significado para experiências novas ou complexas é particularmente importante para tornar avanços científicos e tecnológicos acessíveis aos consumidores. Olhemos novamente para nosso exemplo do *De volta para o futuro*. No terceiro filme da série, o Dr. Emmett Brown ("Doc") está de volta a 1885 e comenta com os moradores da cidade que as pessoas no futuro não andariam mais a cavalo, mas sim em algo como "carruagens motorizadas". Em outras palavras, para explicar os significados da nova tecnologia sobre a qual as pessoas não têm nenhum conceito, ele usa uma metáfora para colocar sua explicação em termos que elas já entendam. Ele usou os conceitos conhecidos de motor e carruagem para explicar algo novo, algo que ainda não existia.

Mas metáforas são mais do que uma forma de transportar predicações de um conceito para outro. Elas também podem expandir e redefinir o significado de formas inovadoras, possibilitando a capacidade de criar conceitos completamente originais. Esses novos conceitos podem então ser usados para entender um fenômeno específico. Max Black, ao analisar os componentes do conhecimento científico, disse que "talvez toda ciência deva começar da metáfora e terminar com a álgebra; e talvez sem a metáfora nunca teria existido nenhuma álgebra".[23] Ele insistia que as metáforas e a imaginação eram componentes decisivos da ciência e das humanidades.[24] Wyatt também comentou sobre como as metáforas exploram o futuro da internet e outras tecnologias digitais através dos imaginários, não somente para tecnologistas e engenheiros, mas também por legisladores, jornalistas, acadêmicos e porta-vozes da indústria.[25]

Na introdução, discutimos as metáforas do "pincel como bomba" propostas por Schön. Ele chamava isso de metáfora gerativa, já que fornecia uma nova fonte de ideias para uma equipe de pesquisa que vinha tentando otimizar a performance do pincel. Schön percebeu que "pincel-como-bomba era uma metáfora gerativa para os pesquisadores no sentido de que gerava novas percepções, explicações e invenções".[26] Metáforas gerativas são exemplos de metáforas que não só comunicam conceitos e ideias já organizados e estabelecidos através de outros procedimentos lógicos e formais, como também podem fornecer novas formas de se pensar sobre esses conceitos. Metáforas também são seminais, ao criarem novas perspectivas para explorar aspectos e características de fenômenos que não são acessíveis com os conceitos já estabelecidos na linguagem.

---

23 BLACK, *Models and Metaphors*, p. 242.

24 BLACK, *Models and Metaphors*, p. 243. Ver também ERVAS, Francesca; GOLA, Elisabetta; ROSSI, Maria Grazia (orgs.). *Metaphor in Communication, Science and Education*. Berlim: de Gruyter, 2017.

25 WYATT, Sally. "Danger! Metaphors at Work in Economics, Geophysiology, and the Internet". *Science, Technology & Human Values* 29, no. 2 (Abril de 2004): 244.

26 SCHÖN, "Generative Metaphor", p. 140.

Os significados crescem metaforicamente

Imagine que você voltou de sua primeira visita ao Rio de Janeiro e está empolgado para contar sobre sua viagem pela América do Sul para seus amigos. Você provavelmente vai mostrar a eles algumas fotos e compartilhar algumas observações sobre a cidade, como "ela é imensa", "tem uma vista linda do Oceano Atlântico" e "tem táxi em todo lugar". Através desse ato, você compartilha com seus amigos algumas das predicações que constituem o que o Rio de Janeiro significa para você.

Mas existe outra possibilidade – de que você use uma ou mais metáforas para capturar o que o Rio significa para você. Por exemplo, se você e seus amigos moram no Meio-Oeste dos Estados Unidos, você poderia dizer que o Rio de Janeiro é "a Chicago tropical". Em somente três palavras, você consegue evocar uma série de predicações a respeito de Chicago que são familiares para você e seus amigos e transpô-las ao Rio de Janeiro. Você está convidando seus amigos a verem o Rio de Janeiro como se fosse Chicago, mas em um clima tropical. Com isso, você também cria uma tarefa para seu público. Que predicações de Chicago deveriam ser atribuídas ao Rio de Janeiro? Sua intenção pode ser destacar algumas das predicações mais características de Chicago: é uma metrópole, tem uma belíssima orla, é repleta de contradições sociais e também tem algumas áreas perigosas.

Apesar das possíveis ambiguidades que isso implica, essa metáfora ainda é bem simples porque envolve dois membros de uma categoria mais ampla: as cidades. Cruzar categorias pode levar a metáforas muito mais ricas e possivelmente até mais ambiciosas. Existe uma música bastante popular no Brasil que descreve o Rio de Janeiro como um "purgatório da beleza e do caos".[27] Sempre há um aspecto inesperado nas metáforas; nesse caso, a música pede aos ouvintes que vejam o Rio como um purgatório, um lugar entre o céu e o inferno, que combina aspectos da beleza do céu com as caóticas tensões sociais do inferno.

A metáfora é ampla porque permite muitas interpretações; ela invoca um conjunto de predicações sobre o purgatório que precisam de alguma forma ser conciliadas com as predicações normalmente associadas a um centro urbano. Esse também é um ótimo exemplo de como as metáforas podem produzir significado mesmo quando nenhuma palavra no léxico chega perto de capturar as possibilidades oferecidas pela tensão entre Rio e purgatório. É simplesmente impossível cobrir todos os significados da metáfora usando um conjunto pré-determinado de conceitos ou explicações.[28] O procedimento metafórico de desembaraçar as possibilidades pode efetivamente criar um novo significado para o Rio de Janeiro.

Assim como outras metáforas inovadoras, "o Rio é um purgatório" é uma predicação impertinente. Ela rompe nossas expectativas interpretativas. Quando interpretamos predicações convencionais, operamos em um modo quase automático de

---

27 ABREU, Fernanda. "Rio 40 Graus". *SLA 2 Be Sample*. EMI Records Brasil, 1992.

28 Ricoeur explora os aspectos criativos e imaginativos das metáforas através da dialética do sentido (o que é dito) e da referência (aquilo sobre o qual algo é dito). A referência é a projeção da linguagem em direção ao mundo dos significados. Para Ricoeur, as metáforas abrem uma nova forma de referência metafórica, uma vez que elas não apontam para algo que já está ali, mas sim para alguns novos significados possíveis. Elas sugerem uma expansão do conjunto atual de significados de uma pessoa, uma vez que "redescrevem a realidade inacessível à descrição direta". *Time and Narrative*, vol. 1, p. xi.

interpretação, parecido com o que Michel chama de proto-interpretação. Assim, "o Rio é uma cidade" não nos causa espanto ou desconforto cognitivo. Já uma metáfora inovadora é um choque para nossas expectativas semânticas, porque faz uma predicação que não costuma ser usada para essa coisa em nosso mundo-da-vida. O que você quer dizer com "o Rio é um purgatório"? Como resultado, torna-se um quebra-cabeça que precisa ser decifrado, explorando redes semânticas relacionadas com o Rio e com purgatório. O contexto ou o enquadramento de uma fala metafórica – neste caso, a letra da música – nos dá pistas de forma que a predicação impertinente possa ser conciliada com nosso horizonte semântico através de um processo interpretativo.

Por fim, a tensão entre o veículo (purgatório) e o teor (Rio de Janeiro) torna explícito o caráter inovador das metáforas. Essa inovação não termina com um simples conjunto de predicações. Ela permanece aberta e viva porque, como dissemos antes, "purgatório da beleza e do caos" não é só um conjunto de palavras, mas sim uma expressão que evoca uma rede semântica abrangente e complexa. Essa complexidade possibilita múltiplos pontos de entrada para a interpretação e, portanto, muitas formas diferentes de ser aplicada ao Rio de Janeiro. Seria possível, por exemplo, começar com a forma como o purgatório é associado à punição das transgressões que destruíram o paraíso. Através dessa lente, o caos social de uma metrópole violenta como o Rio pode ser visto como um tipo de punição por arruinar a beleza natural da costa brasileira com uma cidade grande. Metáforas produtivas como essa geram inovação semântica, unindo diferentes conceitos em uma relação que é ao mesmo tempo abençoada e amaldiçoada pela tensão e pela ambiguidade. Logo, o conflito da predicação impertinente fratura as estruturas linguísticas convencionais capturadas nos dicionários. Ao nos pedirem para vermos uma coisa como algo diferente, as metáforas esticam nossos horizontes semânticos, fazendo com que vejamos diferentes aspectos de nossas experiências no mundo e criando novos espaços de significado.

Pacotes metafóricos

Ao louvar as metáforas, Aristóteles diz que a habilidade de criar boas metáforas depende de "um olho para semelhanças":

> É importante usar apropriadamente cada um dos aspectos mencionados, incluindo substantivos simultaneamente contáveis e incontáveis e empréstimos linguísticos; mas o maior trunfo é uma capacidade para a metáfora. Isso não pode ser adquirido de outra pessoa, e é sinal de dons naturais: porque usar bem a metáfora é discernir similaridades.[29]

A escolha de Aristóteles pelo verbo *theorein* (olhar, observar, contemplar) é particularmente relevante. É relacionada tanto a uma capacidade física visual, por exemplo, ver como espectador dos Jogos Olímpicos, quanto a olhar para um objeto físico. Ela também tem um uso frequente relacionado a uma capacidade intelectual: a habilidade de contemplar verdades teóricas. Então, a etimologia do verbo aponta simultaneamente para uma dimensão física e mental do ato de "ver como". Metaforizar bem é desenvolver um "senso de semelhança", uma capacidade de ver uma coisa como outra. Na teoria clássica, a semelhança era entre palavras.

A interpretação aristotélica se tornou canônica no estabelecimento da metáfora como parte da retórica nas artes liberais

---

29 ARISTÓTELES, *Poetics*, p. 115.

clássicas. Mais recentemente, a teoria semântica contemporânea da metáfora, como exemplificada pelo trabalho de Max Black, passou o foco dessa semelhança do nível da palavra para o nível da predicação semântica.[30] As metáforas não são mais vistas como simples substituições de palavras, e sim reconhecidas como um fenômeno mais complexo, que acontece no contexto da oração e representa um tipo diferente de predicação. O "ver como" não é mais meramente ver uma palavra através de outra ou como outra; é uma exploração das possibilidades do campo semântico através de predicações originais expressadas por meio de declarações metafóricas. Então, em vez de meramente olhar para duas coisas e compará-las, a pessoa também olha ao redor, para seu entorno, e para como se encaixa nele. Paul Ricoeur chama essa perspectiva mais contextual no nível da oração de "teoria da tensão", ao contrário de uma abordagem no nível da palavra.[31] Essa nova forma de ver permite uma exploração de como um novo conceito pode ser criado a partir do esforço de conciliar o aparente paradoxo gerado por uma "predicação impertinente".[32]

Max Black sugere que o sujeito secundário de uma metáfora, às vezes chamado de "veículo", é mais bem entendido como um sistema do que simplesmente como uma coisa individual.[33] Por exemplo, em "a sociedade é um mar", Black considera o "mar" não somente como um objeto individual isolado, mas como um sistema de ideias, todas ligadas ao conceito central

30 Predicação no sentido gramatical de atribuir características a um termo.

31 RICOEUR, "Metaphorical Process as Cognition, Imagination, and Feeling".

32 Na terminologia de Jean Cohen, "Structure du Langage Poétique", *Les Etudes Philosophiques* 22, no. 2 (1967): 219.

33 BLACK, "More About Metaphor".

de "mar". Ele chama esse sistema semântico de "complexo implicativo". É o conjunto de "implicações associadas" que poderiam ser atribuídas ao sujeito secundário.

Essa mudança no foco de um sujeito secundário para um sistema de associações tem algumas implicações que serão importantes para nossa análise cognitiva posterior e sua aplicação a metáforas digitais. Primeiro, ela abre espaço para a percepção das diversas possibilidades de uma nova atribuição realizada pela mesma metáfora. Vistos como um sistema aberto de atribuições, alguns desses atributos podem ser selecionados para conciliar o paradoxo possibilitado pela metáfora, e outros não. Além disso, em princípio, diferentes conjuntos de atributos poderiam ser selecionados, rendendo diferentes soluções para o paradoxo. O processo de entender uma metáfora, portanto, trata inerentemente de encontrar e selecionar um conjunto apropriado de predicações. Como discutimos acima a respeito de "o Rio é um purgatório da beleza e do caos", pode não haver nenhum conjunto fixo de predicações relacionadas ao sujeito secundário que devam ser usadas ou projetadas no sujeito primário. O sistema de associação ressalta a abertura da atribuição semântica metafórica, sua natureza sistêmica e as demandas interpretativas relativas.

Novas coisas no mundo e na linguagem

Quando precisamos "entender" novas experiências no mundo, podemos aproveitar pacotes metafóricos já existentes. Assim como novas estrelas, as metáforas são criadas em relação a outras metáforas, formando suas próprias constelações. Essas outras metáforas vão movendo os significados da nova metáfora, e criam uma região de predicações que se sobrepõem. Lakoff e Johnson oferecem uma longa lista de exemplos desses pacotes metafóricos seminais, como "discussão é guerra" e "tempo é dinheiro".[34] Então quando a metáfora básica "discussão é guerra" é compartilhada por uma comunidade, é fácil criar novos significados através de outras metáforas derivadas dessa matriz, como "ele estava atacando sua posição no debate" ou "as ideias dela ofereciam uma nova linha de ataque a argumentos menosprezados".

Como apontamos brevemente ao explorarmos o exemplo das carruagens motorizadas em *De volta para o futuro*, esse mecanismo de expansão do significado através de pacotes metafóricos é especialmente útil para tecnologias digitais voltadas a criar novas possibilidades de experiência. Para entender essas novas experiências, os designers precisam associá-las aos nossos sistemas linguísticos e cognitivos através de metáforas. Novas tecnologias criam coisas materialmente, e então as metáforas as tornam comunicáveis e compreensíveis. Essas metáforas, por sua vez, criam mais fundações, estruturas a partir das quais outros aspectos relacionados de experiência no mundo podem surgir no domínio da linguagem.

Vamos olhar o caso do dinheiro digital, muitas vezes chamado de criptomoeda. Primeiro, um mecanismo foi criado de forma que a transferência de itens de valor pudesse ser feita consistentemente e de forma segura através de artefatos digitais. Uma vez instaurado o mecanismo, era necessário contar às pessoas para que elas pudessem começar a usá-lo. Tal mecanismo só é útil uma vez que possa ser entendido por um grande

---

34 "Da metáfora básica 'discussão é guerra', derivam expressões do vocabulário de guerra, como 'atacar uma posição', 'indefensável', 'estratégia', 'nova linha de ataque', 'vencer', 'ganhar terreno' etc. que formam um modo sistemático de falar sobre os aspectos combativos de uma discussão". LAKOFF e JOHNSON, *Metaphors We Live By*, p. 456.

número de pessoas que, em muitos casos, não entenderiam os detalhes técnicos por trás do mecanismo. Para isso, a metáfora conta a história de que um conjunto de uns e zeros codificados de determinada maneira e armazenados em dispositivos magnéticos seria o mesmo que uma moeda. Ou, mais simplesmente, nesse sistema os bits podem ser tratados da mesma forma que tratamos as moedas – nós compramos coisas com eles, damos para outras pessoas etc. Dessa forma, os criadores do Bitcoin pediam aos usuários que vissem os bits – eles mesmos baseados em uma metáfora onde vemos os estados de campos magnéticos representando números – como moedas em um sistema financeiro. "Bits são moedas" é a metáfora fundamental que, por sua vez, foi usada para gerar uma estrutura metafórica para uma série de outras metáforas. Uma vez que a metáfora inicial é entendida, o resto deveria ser facilmente assimilado também, já que pode ser associado à rede semântica do "bits são moedas". Por exemplo, nós armazenamos moedas de verdade em uma carteira, então é fácil adicionar o novo conceito de carteiras digitais. Da mesma forma, para documentar a transferência de moedas entre entidades no sistema financeiro, é usado um livro-razão; então, foi criada uma metáfora de livro-razão digital para o registro digital de transações com Bitcoins.

Para que um *enabler* técnico se torne uma tecnologia que afeta a vida das pessoas, ele precisa ser comunicado, seu significado deve ser expresso através da língua. As metáforas são atraentes para essa comunicação porque, como vimos, elas criam novos significados de conceitos que já são familiares para falantes da língua. As metáforas permitem que as novas tecnologias sejam entendidas e vistas como familiares, embora possam ser profundamente diferentes de uma perspectiva física. A criação de *enablers* tecnológicos para transferir valores através de códigos digitais está somente a um passo nas tecnologias digitais como o Bitcoin. Para que ganhem ímpeto social, eles precisam ser comunicados, aceitos, entendidos e confiados. E as metáforas são um mecanismo fundamental para isso. O conjunto de predicações pertinentes para essa nova tecnologia é criado como um pacote metafórico derivado de uma predicação originalmente impertinente: bits são moedas. Esse "ver-como" de uma metáfora ocorre ao longo do tempo, enquanto transforma o conjunto de significados das pessoas e sociedades conforme a metáfora se torna parte do léxico linguístico. Na próxima seção, vamos explorar como as metáforas nascem, crescem e morrem na linguagem através de ciclos metafóricos.

Ciclo metafórico

As metáforas têm um ciclo de vida.[35] Elas começam novas, inovadoras e rebeldes, e exigem um trabalho mental para serem solucionadas porque representam um quebra-cabeça cognitivo

---

35 RICOEUR, *Time and Narrative*, vol. 1, p. xi; RICOEUR, "Metaphor and the Central Problem of Hermeneutics". Ricoeur compara o poder criativo da metáfora com a ideia da mimese. Isso, por sua vez, fornece uma perspectiva interessante sobre as metáforas através da análise dos momentos da tripla mimese narrativa: prefiguração, configuração e refiguração. Os complexos implicativos que são parte de uma declaração metafórica existem em um mundo prefigurado de significado caracterizado por seus significados literais estabelecidos. Uma nova metáfora é um desvio do significado prefigurado em uma predicação impertinente configurada que faz referência a um significado emergente. Leitores da metáfora refiguram seus mundos através da tensão fusional de horizontes entre a referência metafórica sugerida pela metáfora e seus significados literais prefigurados envolvidos na metáfora. Poderíamos chamar esse processo de ciclo metafórico.

na forma de predicações impertinentes – por exemplo, "esses bits são moedas" e "este aplicativo é um porta-moedas". É claro que há problemas a serem solucionados quando você ouve expressões do tipo pela primeira vez. Mesmo para aqueles que sabem o que são os bits, nunca uma sequência de bits significou o mesmo que uma moeda; afinal, bits são abstrações e moedas são concretas. Claro que muitos de nós interagimos com um banco tradicional pela internet, mas mesmo nesse caso, o valor monetário ainda era representado na moeda aprovada e emitida pelo governo, como o dólar americano nos Estados Unidos. Nós entendemos isso como se nosso dinheiro estivesse literalmente dentro do cofre de um banco, ainda que a realidade seja um tanto mais complexa. Dizer que bits são moedas é criar uma predicação impertinente. A solução para esse dilema pode ser simplesmente acreditar que a pessoa que disse que bits são moedas estava enganada. Ou, se o erro não parece óbvio, você tenta resolver o problema aproximando as predicações próprias das moedas daquelas próprias de um *bitstream*. Você tenta imaginar como bits podem ser vistos como moedas. Quais típicas predicações de moeda podem ser atribuídas aos bits, de forma que essa coisa nova no mundo faça sentido? A proliferação de artigos na mídia dedicados a explicar o *bitcoin* sugere que resolver essa metáfora em particular não é uma tarefa fácil.

Novas metáforas nos convidam a pensar diferente, de forma que possam emergir na linguagem novas coisas, experiências ou interpretações do mundo. Elas mostram como a língua é aberta, expansiva, viva. O que conseguimos comunicar através da língua não é estático, solidificado em léxicos canônicos estagnados; podemos expressar e apreciar virtualmente qualquer aspecto diferente de nossas experiências. O mundo é aberto a novas interpretações através de novas metáforas. Podemos encontrar novos significados escolhendo novos caminhos interpretativos para predicações impertinentes. Essas são características cruciais das metáforas vivas.

Com o tempo, devido ao seu uso frequente, as predicações sugeridas por novas metáforas se tornam parte do vocabulário comum de um grupo social. Quando acontece para uma cultura inteira, a metáfora entra no dicionário ou na Wikipédia. Elas se tornam pacotes prontos de predicações que são entendidas facilmente, e deixam de ser impertinentes. Elas foram domadas. Metáforas domadas perdem sua abertura e o espírito rebelde que no passado pode ter desafiado estruturas conceituais existentes. Elas se tornam estáveis e são solidificadas (alguns diriam fossilizadas) em verbetes de dicionário, e entram para a estrutura conceitual canônica da língua.

Os poetas querem cultivar metáforas. Querem manter seu aspecto selvagem, sua possibilidade de nos fazer pensar diferente, sair do comum, explorar novos mundos, ir ousadamente aonde ninguém jamais esteve através de predicações impertinentes. *Para poetas, metáforas são fins.*

Em compensação, designers de novas tecnologias querem usar o mecanismo metafórico para batizar as novas coisas que criam. Eles têm um objetivo pragmático: fazer com que as pessoas entendam (e, portanto, usem) suas novas tecnologias. Com isso, eles querem acelerar o ciclo de vida metafórico. Querem matar as metáforas o mais rápido possível, para que as predicações que querem transmitir se tornem significados normais no mundo. *Para quem trabalha com tecnologia, metáforas são meios.*

Para entender melhor como ocorrem esses ciclos metafóricos, abaixo introduzimos o conceito da espiral hermenêutica, um conceito que percorre o resto do livro. Essa ideia é um modelo de como os significados evoluem com o tempo. Ele pode ser aplicado a qualquer uma de nossas experiências no mundo, mas é particularmente evidente em novas tecnologias.

Espiral hermenêutica

Considerem o esquema temporal abaixo baseado na tríplice mimese de Paul Ricoeur, que propõe que o significado seja transformado em três fases organizadas em momentos subsequentes (t1, t2 e t3).[36]

t1: mundo-da-vida A – Como exploramos extensamente nas seções anteriores, em cada momento de nossas vidas sempre temos um conjunto de significados para coisas e experiências no mundo – como a justiça, o bem, a amizade, a morte etc. – que molda nossas interpretações, valores, prioridades, emoções e ações. No começo da transformação, nós nos referimos a isso como "mundo-da-vida A".

t2: inovação semântica – As predicações inovadoras são propostas por novas experiências, como conversas com amigos, postagens em mídias sociais, livros, obras de arte e tecnologias. Por exemplo, Fulano de Tal é uma abelha, a beleza é exemplificada pela obra *Duas Irmãs* de Monet, a coragem é personificada pelo Aquiles de Homero, fazer compras é clicar em botões numa tela, e assim por diante. Muitas dessas novas predicações são ancoradas por metáforas.

t3: mundo-da-vida B – Conforme interagimos com essas novas predicações, algumas delas se tornam internalizadas em

36 RICOEUR, *Time and Narrative*, vol. 1.

> nosso mundo-da-vida. Quando isso acontece, elas remoldam a forma como experienciamos e valorizamos o mundo e a nós mesmos. Tal remodelamento transforma nosso mundo-da-vida anterior, o mundo-da-vida A, em um novo, o mundo-da-vida B, através de inovações semânticas.

Talvez um exemplo inicial útil para pensar sobre a espiral hermenêutica seja considerar um livro notável que você tenha lido ou algum filme memorável que tenha assistido. Obras de arte podem ser potentes porque as grandiosas oferecem uma nova forma de olhar (um novo horizonte de significado sobre) certos aspectos do mundo, nossas relações interpessoais e nós mesmos. Obras de arte podem transformar nosso mundo-da-vida através de inovações semânticas. Elas propõem novos significados para os conceitos que organizam muitos de nossos valores e escolhas, como amor, morte, divindades ou trabalho. Não é incomum ouvir pessoas dizerem que determinado livro ou filme "mudou suas vidas".

As metáforas contidas nas tecnologias digitais também são parte de uma espiral hermenêutica e a propulsionam. No começo (t1), "conversar" tinha um significado específico nas sociedades ocidentais. Isso significa, como vimos antes, que um conjunto de predicações era aplicável a "conversar", como "conversar é ter um encontro cara a cara". Quando (t2) os primeiros aplicativos de mensagem implementaram a metáfora digital de que um conjunto de textos digitados em um dispositivo de computador e enviados a outro usuário do sistema era "conversar", eles sugeriram uma predicação impertinente. Àquela altura, não se entendia que "conversar" significava trocar mensagens de texto pelo computador. Seria razoável que alguém rejeitasse a ideia e dissesse: "Mas não é isso que significa 'conversar'".

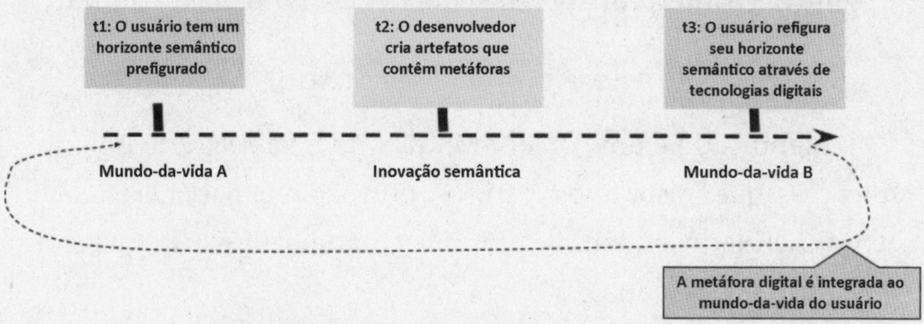

Figura 7. A Espiral Hermenêutica aplicada a inovações semânticas implementadas como metáforas digitais.

Contudo, a adoção de aplicativos de mensagens e a onipresença dos aparelhos móveis inseriram a metáfora digital no horizonte semântico das pessoas que usam essas tecnologias, transformando a forma como elas viam o "conversar" e tornando-o parte do (t3), o mundo-da-vida B. Sem nem notarem, os aplicativos de mensagem também "mudaram suas vidas".

Uma vez completado esse ciclo, voltamos a (t1) porque esse é nosso novo padrão de horizonte semântico. No entanto, esse processo não é um círculo, porque claramente não estamos de volta ao mesmo ponto (t1). O que poderíamos dizer, inspirados por Ricoeur, é que estamos em uma nova profundidade da espiral hermenêutica, que poderíamos representar em nosso esquema como (t1-b). E o mais importante para nosso propósito é que, através da espiral hermenêutica, as metáforas digitais transformam nosso horizonte de significado e, portanto, impactam as formas como experienciamos o mundo, nossas emoções, relações, valores e ações. Tal abordagem para as metáforas digitais nos parece uma forma mais profunda e produtiva de avaliar o impacto estrutural das tecnologias digitais sobre as sociedades contemporâneas, uma vez que alcançam as raízes cognitivas e interpretativas da experiência humana do mundo.

Falando em significado

Significado é um conjunto indistinto e entrelaçado de predicações que atribuímos a coisas, pessoas e experiências. Tais predicações dependem das formas como usamos a linguagem para agir no mundo.

Os significados que se expressam através das linguagens naturais e interações diárias são abertos, flexíveis e dinâmicos. Nós interpretamos constantemente os significados e os incorporamos à maneira como entendemos o mundo, refigurando continuamente nossos mundos-da-vida.

Os significados são tão onipresentes em nossas interações que podemos dizer que vemos o mundo, sentimos emoções e tomamos decisões através das lentes dos significados. Nosso mundo-da-vida é o conjunto de significados que usamos para entender nossas experiências.

Obras de arte, textos, ações e tecnologias podem configurar novos significados, e nossos mundos-da-vida são refigurados quando interagimos com essas inovações semânticas.

As metáforas são formas potentes e persuasivas de transmitir novos significados a novas experiências e coisas no mundo, aproveitando conceitos que já estavam integrados em nossos mundos-da-vida.

Metáforas digitais são as formas como as tecnologias digitais são comunicadas a seus usuários. Ao interagir com tecnologias digitais, e por extensão com metáforas digitais, os usuários integram tais metáforas a seus mundos-da-vida, fazendo com que vejam, sintam e ajam de uma forma diferente.

6. ESTRUTURA COGNITIVA, APRENDIZADO E METÁFORA

No capítulo anterior, examinamos o significado através de uma lente filosófica, com foco especial na ideia de contexto, expressa em termos filosóficos como predicações. Neste capítulo, embasamos essas ideias na ciência cognitiva, descrevendo como as pessoas constroem modelos e uma compreensão do mundo por meio do aprendizado.

Nosso princípio orientador é que aprender é fundamentalmente usar a experiência para tomar decisões melhores no futuro. Mais especificamente, o aprendizado nos permite usar o passado para fazer previsões sobre o futuro. Como Jeff Hawkins colocou recentemente, "o neocórtex aprende um modelo do mundo, e faz previsões com base em seu modelo".[1] Assim, uma forma importante de aprendizado envolve construir modelos de mundo, às vezes chamados de "mapas cognitivos". Vamos olhar para outro resultado intimamente ligado ao aprendizado, que é a memória, em outro capítulo.

Como nossa experiência do mundo é filtrada pelo tempo, a forma mais natural de aprender é capturando as sequências que experienciamos ao longo da vida. Em termos de predição, se você sempre experiencia C depois de experienciar A seguido de B, então você deve se preparar para que C aconteça da próxima

---

1 HAWKINS, Jeff. *A Thousand Brains: A New Theory of Intelligence*. Nova Iorque: Basic Books, 2021.

vez que experienciar A e depois B. Com isso, os sistemas de aprendizado que são preditivos devem priorizar a contiguidade, coisas que são experienciadas em proximidade no tempo. De fato, esse é um dos componentes essenciais decisivos do aprendizado. Contudo, não aprendemos e nos lembramos de cada sequência que experienciamos; nossa necessidade de uma predição determina que sintetizemos as sequências que experienciamos em algo mais abstrato, como padrões, de forma que elas possam ser mais bem aplicadas a novas situações. Como estamos construindo um modelo do mundo, tal aprendizado normalmente é de natureza estatística. Conseguimos nos lembrar com mais facilidade de coisas que fazemos normalmente, por exemplo, e se fazemos coisas um mínimo de vezes, elas se tornam hábitos. Portanto, boa parte do aprendizado é lenta e conservadora, o que reflete aquilo que estatísticos alertam a respeito de tirar conclusões precipitadas com uma amostra pequena demais. Dessa forma, a repetição é o outro elemento fundamental do aprendizado. Como veremos, uma das razões pelas quais a metáfora é tão necessária e tão eficiente é que ela nos permite contornar esse processo e a necessidade de contar com a repetição. Com a metáfora, conseguimos encontrar um novo significado aproveitando novas combinações de coisas que já aprendemos.

Assim como com a filosofia, nosso objetivo não é introduzir um modelo inteiramente novo de cognição neste livro, tampouco avaliar modelos existentes. Na verdade, quando recorremos a Paul Ricoeur para nossas bases filosóficas, recorremos a uma linha da ciência cognitiva que começou com William James, mas incluía sobretudo Donald Hebb. Embora o trabalho de James tenha começado no século XIX e o de Hebb tenha mais de setenta anos, suas ideias mais importantes se mantiveram e continuam a influenciar a ciência cognitiva até hoje. Antes de abordarmos suas contribuições, vamos contextualizar por que essa perspectiva é importante para nosso livro.

Especialistas e metáforas

A história de nosso livro começa com o primeiro encontro do público com uma nova tecnologia. Imagine um usuário, por exemplo, que navega por uma loja de aplicativos em busca de algo novo. Esse usuário vai se deparar com várias opções, muito mais do que ele consegue percorrer. Para que um novo produto seja escolhido, ele precisa se destacar; o usuário precisa saber por que deveria escolher essa nova coisa em vez de qualquer uma das milhares de outras opções. Para os desenvolvedores, isso significa que o aplicativo precisa explicar claramente do que se trata e por que deveria ser selecionado. Muitos aplicativos são extremamente complexos por consistirem em centenas de milhares de linhas de código, e muitas vezes requerem uma ampla infraestrutura para funcionar. A informação da qual o usuário precisa é mais prática: o que o aplicativo faz e como você faz? O usuário tem um problema de aprendizado, e se não for resolvido rapidamente, ele simplesmente escolherá outra coisa. Como já vimos, a resposta para esse problema é a metáfora.

Devemos notar que as metáforas não são a única escolha para uma comunicação efetiva. Os quadrinhos são uma alternativa cada vez mais popular, inclusive no meio digital. O Google, por exemplo, contratou o cartunista Scott McCloud e seus colegas para elaborar quadrinhos com explicações para vários tópicos complexos, como o aprendizado de máquina.[2] Randall Munroe, do *xkcd*, tornou-se conhecido por sua capacidade de explicar coisas através de quadrinhos, o que por fim resultou em um livro que foca especificamente no uso de quadrinhos para explicar tecnologia em termos simples.[3] Contudo, tais quadrinhos podem ser caros e levar muito tempo para ser produzidos, e eles também precisam de um cartunista que entenda totalmente a tecnologia. É verdade que o Google usou um quadrinho de McCloud para ajudar a introduzir seu navegador Chrome.[4] Mas a maioria dos desenvolvedores não tem os recursos do Google, nem sua estatura em potencial de usuários. Aliás, mesmo os quadrinhos precisam contar com o que McCloud chamou de "metáforas estruturais".[5] O vídeo representa outra alternativa ainda, mas valem os mesmos argumentos dos quadrinhos. Seja como for, as metáforas continuam sendo o método principal para comunicar uma nova tecnologia ao público.

A história não termina com a metáfora, ela só começa ali. Do ponto de vista da cognição, é uma história sobre o aprendizado: como construímos uma estrutura cognitiva, como esse processo muda a maneira de vermos o mundo e como podemos aprender com o outro. Com a tecnologia, esse processo quase sempre começa com uma metáfora, e a escolha da metáfora tem uma miríade

---

2 MECONIS, Dylan; MCCLOUD, Scott; MITCHELL, Syne. "Learning Machine Learning". *Google*, 2019. Disponível em: https://cloud.google.com/products/ai/ml-comic-1

3 MUNROE, Randall. *Thing Explainer: Complicated Stufl in Simple Words*. Londres: Hachette UK, 2015.

4 MCCLOUD, Scott. "Google Chrome". *Google*, 2008. Disponível em: https://www.google.com/googlebooks/chrome/.

5 Comunicação pessoal, setembro de 2020.

de consequências, que examinamos detalhadamente em outros capítulos. Este capítulo é fundamentalmente sobre o processo de construção da estrutura cognitiva através do aprendizado, e sobre como a metáfora pode exercer um papel nesse processo.

Aprendendo através da experiência

Aprender sobre o mundo é um desafio singular. Falando de forma resumida, temos um cérebro pequeno em um mundo grande. O mundo é cheio de objetivos e ações, as coisas estão acontecendo o tempo todo, estamos cercados por informações e por mudanças. Um dos desafios em aprender a respeito do mundo é que estamos expostos a somente uma ínfima fração dele – e mesmo essa ínfima fração é repleta de informações, mais do que conseguimos processar com facilidade. Ao mesmo tempo, nosso cérebro é limitado em termos da quantidade de informações que conseguimos processar através de nossos sentidos e da velocidade na qual podemos processá-las. No entanto, apesar de todos esses desafios, somos capazes de identificar padrões úteis, fazer previsões precisas e em geral nos sairmos bem no mundo.

Nascemos em um mundo de possibilidades. É impossível saber quais pessoas se tornarão importantes para nós ou de quais habilidades precisaremos. Em compensação, um sapo pode vir ao mundo com um cérebro programado e pronto para pegar moscas. Como uma espécie mais adaptável, só conseguimos obter o conhecimento do que precisamos por meio da experiência. Tudo isso para dizer que nosso sucesso na vida vem de nossa habilidade de aprender, não importa o tipo de ambiente no qual possamos nos encontrar, seja um deserto árido, uma floresta tropical ou uma cidade densamente povoada.

A necessidade de adaptação a qualquer situação é representada pela unidade básica do cérebro, o neurônio. Os neurônios são conectados a milhares de outros neurônios, o que permite que eles sejam flexíveis e adaptáveis. A enorme quantidade de conexões neurais levou o cérebro a ser chamado de "conectoma" em alguns círculos.[6] A miríade de conexões neurais com as quais os humanos nascem representa a possibilidade e a capacidade de conectar mentalmente qualquer coisa com qualquer coisa. Se as conexões com as quais nascemos representam possibilidades, então a experiência, em comparação, é um processo de seleção, que fortalece algumas conexões e enfraquece ou até mesmo reduz outras para refletir melhor o mundo específico em que vivemos. Um marinheiro puluwat, que passa boa parte da vida em barcos no Pacífico, pode nascer com a habilidade de aprender a como prosperar em um ambiente urbano, mas a vida que ele de fato leva enfatizará um conjunto completamente diferente de conhecimentos e habilidades.

Encontrando ordem

O mecanismo neural para o processo de seleção no aprendizado é conhecido como "regra de Hebb", assim chamado em homenagem a Donald Hebb, que foi o primeiro a propô-lo.[7] Na verdade, o princípio por trás da regra de Hebb é no mínimo da época de William James, que o contextualizou no século XIX em termos de "processos cerebrais", em vez de neurônios.[8] Al-

---

6 SPORNS, Olaf; TONONI, Giulio; KÖTTER, Rolf. "The Human Connectome: A Structural Description of the Human Brain". *PLOS Computational Biology* 1, no. 4 (2005): e42, disponível em: https://doi.org/10.1371/journal.pcbi.0010042.

7 HEBB, Donald O. *The Organization of Behavior*. Nova Iorque: Wiley, 1949.

8 JAMES, William. *Psychology: The Briefer Course*. Ed. Gordon Allport. Nova Iorque: Harper & Row, 1961.

gumas versões dela foram discutidas por filósofos ainda mais antigos, e cada versão de tal regra de aprendizado dizia respeito a uma "detecção de coincidência", ou as vezes em que duas coisas acontecem ao mesmo tempo. Para Hebb, essas duas coisas são os neurônios que disparam, ao passo que, para James, aprender equivalia a pensar sobre objetos. Na verdade, as ideias de James e Hebb são totalmente compatíveis e afirmadas em termos muito similares. A regra de Hebb afirma que, quando um neurônio ajuda a facilitar o disparo de outro neurônio, a conexão entre eles é fortalecida. Assim, são centrais para o aprendizado os dois conceitos introduzidos na seção anterior: contiguidade e repetição. Contiguidade, porque o aprendizado ocorre quando duas coisas acontecem próximas no tempo, neste caso, dois neurônios que disparam. E repetição, porque os neurônios disparam com frequência. Se dois neurônios disparam juntos uma vez, de fato pode ser coincidência, mas se isso acontece com maior frequência, passa a ser padrão. Quanto mais os neurônios disparam juntos, mais forte se tornará sua ligação.

A versão de James para o aprendizado afirma que, "quando dois processos cerebrais elementares são ativados juntos ou em sucessão imediata, um deles, ao ocorrer novamente, tende a propagar seu estímulo para o outro".[9] Ocorre que a regra de Hebb, por motivos que fogem do escopo deste livro, funciona nesse nível mais elevado também. Quando pensar em uma coisa nos leva naturalmente a pensar em outra, esse processo se chama associação. E pensar em duas coisas ao mesmo tempo é a essência da metáfora.

---

9 JAMES, *Psychology: The Briefer Course*, p. 256.

Assim, a base para o aprendizado é a associação, e a mente é, como coloca Kahneman em seu livro seminal *Thinking, Fast and Slow*, uma "máquina associativa". Isso vale para cada nível de cognição, desde os neurônios até os objetos de pensamento, aos quais nos referimos como categorias ou protótipos. Isso também vale para quando o pensamento é consciente ou inconsciente, ou no que Kahneman chama de "sistema 1" e "sistema 2".[10]

A regra de Hebb em si tem algumas implicações para a cognição. Uma delas é a dependência da repetição, que necessita que o aprendizado de coisas novas em geral seja relativamente lento, o que é uma coisa boa. Pessoas que fazem inferências com muito pouca evidência "tiram conclusões precipitadas". Em outros contextos, isso é conhecido como superstição; por exemplo, quando uma pessoa decide que um par de meias dá "sorte" porque seu time favorito venceu quando ela as usava. Coincidências acontecem constantemente, então nosso padrão para aprender precisa ser um pouco mais elevado. O que precisamos capturar na estrutura cognitiva são padrões que possam ser explorados nas predições. Muitos leitores notarão que as pessoas de fato tiram conclusões precipitadas o tempo todo, e que às vezes podemos aprender muito rapidamente. Então, como adaptamos isso à ideia de que a base do aprendizado é lenta? Ocorre que o sistema cognitivo pode acelerar o aprendizado sob circunstâncias especiais, baseando-se na mecânica básica fornecida pela regra de Hebb. O sistema emocional, por exemplo, pode acelerar muito o aprendizado em situações importantes (para algumas pessoas, isso incluiria a vitória de seu time) ao intensificar muito a atividade neural. E, como veremos, o sistema de linguagem,

---

10 KAHNEMAN, Daniel, *Thinking, Fast and Slow.*

especialmente através da metáfora, também pode contornar o processo normal ao aproveitar estruturas cognitivas existentes.

Por fim, é importante e central para a tese deste livro notar que o aprendizado é automático e nunca está "desligado". Estamos sempre aprendendo, e cada pensamento ou ato de imaginação traz alguma mudança cognitiva. Aprender não é algo que consigamos simplesmente escolher não fazer, embora claramente possamos ter essa intenção. Imagine um mundo no qual o aprendizado exigisse algum processo cognitivo ou tomada de decisão. Como uma criança pequena conseguiria aprender tanto? De fato, em seus primeiros anos, a criança aprende muitas das habilidades mais difíceis da vida, como a linguagem e andar. E se deixássemos passar algo porque não considerássemos importante mentalmente na época? Aprender é decisivo demais para ser qualquer outra coisa que não automático e onipresente. É verdade que podemos conscientemente optar por intervir – podemos repetir algo para nós mesmos para gerar uma repetição extra, ou podemos focar nossa atenção em outro lugar –, mas a regra de Hebb está sempre em ação.

Emoções e Aprendizado

Normalmente, não é um problema a relativa lentidão do aprendizado. A detecção e a associação de coincidências são operações estatísticas, e operações estatísticas precisam de amostras relativamente grandes para serem de fato eficazes. Mas o mundo nem sempre apoia esse aprendizado vagaroso. Às vezes, precisamos de fato aprender algo com base em um único evento; por exemplo, se seus ancestrais estivessem passando por uma caverna, encontrassem um animal perigoso e escapassem por pouco, eles provavelmente viveriam mais se fizessem uma associação direta entre a caverna e o perigo. É aqui que o sistema emocional pode ajudar. A excitação, em particular, permite que o sistema cognitivo impulsione o aprendizado, basicamente interrompendo a natureza estatística do aprendizado normal e permitindo um tipo de "catalisação" de eventos importantes.

É importante notar que isso não requer uma regra de aprendizado adicional. Afinal, a regra de Hebb é baseada em atividades neurais correlatas. A excitação foca e intensifica a atividade neural no cérebro através da liberação do neurotransmissor dopamina, criando automaticamente mais atividades correlatas ao intensificar a repetição interna.[11] Abstratamente, podemos pensar na excitação como um tipo de medida de importância. Algumas coisas nos estimulam porque somos programados para reagir a elas pela evolução – prazer, dor, animais, barulhos altos, sexo, violência etc. Outras coisas nos estimulam porque aprendemos que elas são importantes – a presença de nosso chefe, um exame final etc. Tudo isso se traduz em um estado elevado de excitação, que por sua vez libera dopamina no cérebro, que tem o efeito de amplificar o aprendizado. Portanto, podemos pensar no estado de excitação como uma espécie de botão que aumenta ou diminui a velocidade do aprendizado. Logo, alguns eventos altamente emocionais – como o assassinato de um grande líder, um ataque terrorista, uma experiência de quase morte – são essencialmente inesquecíveis.[12] Variações menos intensas também são

---

11 OADES, Robert D. "The Role of Noradrenaline in Tuning and Dopamine in Switching between Signals in the CNS". *Neuroscience and Biobehavioral Reviews* 9, no. 2 (Junho de 1985): 261-82.

12 A relação entre memória de longo prazo e excitação é conhecida há mais de cinquenta anos. O que é interessante é que a relação pode de fato ser negativa a curto prazo. Ver, por exemplo, KLEINSMITH, Lewis J. e KAPLAN, Stephen. "Paired-Associate Learning as a Function of Arousal and Interpolated Interval". *Journal of Experimental Psychology* 65, no. 2 (Fevereiro de 1963):

vistas com frequência, especialmente dada a relação entre prazer e dor com o estado de excitação.

A regra de Hebb tem outra implicação importante em relação às emoções. Quando pensamos em eventos importantes depois que eles ocorrem, a natureza da associação nos garante que automaticamente sintamos as emoções, e por extensão o prazer e a dor, que aconteceram durante o evento. Assim, pensar em um encontro com um animal perigoso provavelmente trará de volta o sentimento de medo que ocorreu durante tal evento, e isso nos ajuda a determinar o curso de ação correto. Em seu livro seminal sobre emoções, *O Erro de Descartes*, António Damásio conta o caso de um homem, que ele chama de "Elliot", que não associa emoções a eventos devido a uma lesão no cérebro. Damásio mostra com grande detalhe como isso é debilitante, uma vez que o homem é praticamente incapaz de distinguir boas e más decisões:

> Ao final de uma sessão, após a qual ele havia produzido uma quantidade abundante de opções de ação, todas válidas e implementáveis, Elliot sorriu, aparentemente satisfeito com sua rica imaginação, mas acrescentou: "E depois de tudo isso, ainda assim eu não saberia o que fazer!".[13]

190-93; KLEINSMITH, Lewis J. e KAPLAN, Stephen. "Interaction of Arousal and Recall Interval in Nonsense Syllable Paired-Associate Learning". *Journal of Experimental Psychology* 67, no. 2 (Fevereiro de 1964): 124-126. Isso é tão contraintuitivo, que inúmeros estudos replicativos foram feitos, e todos confirmaram as descobertas originais. Quase quarenta anos mais tarde, foi publicado um modelo que confirmava a hipótese original de Kleinsmith e Kaplan de que a fadiga neural era responsável pelo efeito. CHOWN, Eric. "Reminiscence and Arousal: A Connectionist Model". *Proceedings of the Annual Meeting of the Cognitive Science Society* 24 (2002), disponível em: https://escholarship.org/content/qt4v45r 3gd/qt4v45r3gd.pdf.

13 DAMÁSIO, António R. *Descartes' Error: Emotion, Reason and the Human Brain*. Nova Iorque: Random House, 2006, p. 49.

Por outro lado, entre as consequências negativas desse elo associativo estão problemas como o transtorno de estresse pós-traumático (TEPT).

A natureza associativa das emoções é importante na tecnologia porque os desenvolvedores são capazes de aproveitar essas ligações ao escolherem como apresentar sua tecnologia. As redes sociais, por exemplo, são enquadradas em termos que tenham um efeito emocional positivo, como "amigo" e "curtir". Como observa Sismondo, as metáforas não mudam só o alvo da metáfora, mas também a fonte: "Dizer que o mundo é uma máquina não é somente moldar nossa concepção de mundo, mas também, em algum momento, remoldar nossas concepções de máquina; fazemos com que o mundo pareça um pouco mais com máquina e as máquinas um pouco mais com o mundo".[14] Em outras palavras, quando o Facebook nos diz que nossas conexões são "amigos", ele não somente nos ajuda a entender essa nova categoria ao extrair aspectos relevantes da categoria existente de "amigo", como também muda a categoria de "amigo" através de sua associação com o construto do Facebook.

A escolha de metáforas positivas, como "amigo" e "curtir", é efetivamente pela livre boa vontade dos designers de um app, graças à associação. Na psicologia, esse efeito é conhecido como transferência metafórica.[15] Com a transferência metafórica, as mudanças em como alguém se sente a respeito da fonte impactam na forma como a pessoa se sente a respeito de seu

14 SISMONDO, Sergio. *Science without Myth: On Constructions, Reality, and Social Knowledge*. Albany: State University of New York Press, 1996.

15 LANDAU, Mark J.; MEIER, Brian P.; KEEFER, Lucas A. "A Metaphor-Enriched Social Cognition". *Psychological Bulletin* 136, no. 6 (Novembro de 2010): 1045-67.

alvo. Williams e Bargh fizeram um par de estudos que mostram como isso funciona e fornecem um tipo de mapa para como o fenômeno poderia ser explorado. Em um deles, foi aproveitada a metáfora comum que associa distância a apego emocional.[16] Eles pediram aos participantes que posicionassem dois pontinhos um perto do outro ou afastados. Os participantes que colocaram os pontinhos mais longe relataram depois uma ligação emocional mais fraca com suas famílias do que os participantes que colocaram os pontinhos juntos. No segundo experimento, eles olharam para efeitos similares com metáforas relativas a calor.[17] Nesse caso, só de segurar uma bebida mais quente ou mais fria nas mãos, os participantes descreveram um alvo com personalidade mais quente ou mais fria.

Clareza, Confusão e Tédio: Buscando ou Evitando Novas Experiências

Existe o outro lado da moeda emocional, que é menos estudado, relacionado com nossa necessidade de informação. Como espécie, queremos entender nosso mundo. Nosso sucesso não veio pelo tamanho, por dentes afiados ou garras, mas sim de nossa capacidade de adquirir e utilizar informações. Intrinsecamente, isso significa que tendemos a buscar informações, mas também devemos equilibrar esse desejo com nossa necessidade de segurança. No aprendizado de máquina, isso costuma ser

---

16 WILLIAMS, Lawrence E.; BARGH, John A. "Keeping One's Distance: The Influence of Spatial Distance Cues on Affect and Evaluation". *Psychological Science* 19, no. 3 (Março de 2008): 302-8.

17 WILLIAMS, Lawrence E.; BARGH, John A. "Experiencing Physical Warmth Promotes Interpersonal Warmth". *Science* 322, no. 5901 (24 de outubro de 2008): 606-7.

enquadrado como uma escolha entre exploração como experimentação e exploração como aproveitamento. A exploração como aproveitamento permite que um sistema de aprendizado colha os benefícios da experiência, mas a exploração como experimentação pode levar à descoberta de novos e melhores caminhos e métodos. Sistemas que aproveitem demais podem nunca encontrar os melhores métodos disponíveis, mas sistemas que experimentem demais correm o risco de entrar em situações perigosas, ou perder tempo e recursos quando um sucesso fácil poderia ter sido possível.

Na cognição, Ivancich,[18] baseado no trabalho de Kaplan,[19] enquadrou essa escolha em termos de empurrões e puxões motivacionais. O tédio, por exemplo, nos empurra a explorar como experimentação e a tentar novas coisas. Quando temos nosso ambiente estabelecido, é um bom momento para explorar um pouco. Por outro lado, a confusão está no outro extremo do espectro informacional; ela nos empurra a recuar até o que conhecemos e entendemos. Afinal, é perigoso ficar confuso, pois sinaliza que provavelmente não faremos boas previsões e decisões. Ademais, como qualquer criança sabe, ao se deparar com um novo tópico confuso, a confusão pode ser cognitivamente

---

18 IVANCICH, Eric J. "Fostering Clarity to Achieve Reasonableness". *In*: *Fostering Reasonableness: Supportive Environments for Bringing Out Our Best*. Ed. Rachel Kaplan e Avik Basu. Ann Arbor, MI: Maize Publishing, 2015. Disponível em: https://doi.org/10.3998/maize.13545970.0001.001.

19 KAPLAN, Stephen. "Beyond Rationality: Clarity-Based Decision Making". *In*: GARLING, Thomas; EVANS, Gary W. (orgs.). *Environment, Cognition, and Action: An Integrated Approach*. Oxford: Oxford University Press, 1991, p. 171-190; KAPLAN, Stephen. "Attention and Fascination: The Search for Cognitive Clarity". *In*: KAPLAN, Stephen; KAPLAN, Rachel (orgs.). *Humanscape: Environments for People*. Belmont, CA: Duxbury, 1978, p. 84-93.

dolorosa. O que Kaplan e Ivancich chamam de clareza se refere a uma variedade de experiências relacionadas, incluindo "interesse, fascinação, mistério, intriga, a excitação da descoberta".[20] Todas essas coisas puxam as pessoas para uma experiência mais profunda, com uma clareza que fornece o prazer e pode variar desde levemente agradável até intensamente alegre. E todas essas formas de clareza convidam à exploração como experimentação, com a promessa de novas fronteiras de conhecimento.

Todos esses três estados mentais exercem papéis fundamentais no mundo dos aplicativos e da tecnologia. Entediado com os mesmos aplicativos de sempre? As lojas de apps têm um estoque cada vez maior de novidades para mantê-lo interessado. Mas se um novo aplicativo é confuso em seu objetivo ou uso, é fácil deletá-lo para dar lugar a outra coisa, fazendo com que a capacidade de apresentá-lo em termos simples seja crucial para seu sucesso. Aliás, os aplicativos que trazem qualquer um dos aspectos de clareza podem "puxar" novos usuários, com a promessa de prazeres futuros e de continuar mantendo interessados os usuários existentes com novas coisas para explorar.

Atenção

Em nossa discussão sobre a regra de Hebb, notamos que ela está sempre ativada e, portanto, que o aprendizado é em grande parte automatizado. Contudo, também notamos que há momentos em que queremos exercer algum controle cognitivo sobre esse processo. É aqui que entra a atenção. Como explicamos, nós, humanos, temos um cérebro pequeno em um mundo grande, e a quantidade de informações disponíveis para nós

20 IVANCICH, "Fostering Clarity to Achieve Reasonableness".

ultrapassa em muito nossa capacidade de processá-las. Isso sugere que temos limitações sobre o que conseguimos processar a qualquer momento. As evidências de tais limites podem ser vistas no pequeno número de itens que conseguimos reter na cabeça por vez.[21] Antes de entrarmos na mecânica da atenção, vale conectar essa ideia, de que as pessoas têm uma capacidade limitada de processar informações, de volta com o tratamento filosófico no último capítulo. Para conceitos amplos (como "Rio" para um brasileiro nativo), é impossível reter todos os aspectos do conceito na cabeça de uma vez. Assim, o contexto deve ajudar a determinar exatamente a quais aspectos estamos dando atenção. Em termos do que estamos processando, haverá uma diferença significativa entre ouvir "o lar da estátua do Cristo Redentor" e "a cidade anfitriã das Olimpíadas de 2016". Voltando à associação, no primeiro caso é provável que pensamentos de arte e religião sejam privilegiados, ao passo que no outro seja mais provável que prevaleçam pensamentos de esportes e eventos internacionais.

É comum pensar na atenção como um conceito unitário, mas William James, às vezes chamado de pai da psicologia moderna, observou que existem de fato dois tipos de atenção.[22] O primeiro, a "atenção dirigida", requer esforço; nós até nos referimos ao custo do esforço como atenção "despendida". James contrastou isso com a "atenção sem esforço" ou "atenção

---

21 Isso costuma ser citado como 7+-2, mas em 1975 George Mandler analisou novamente os dados e determinou que o "número mágico" de verdade seria 5+-2. MANDLER, George. "Consciousness: Respectable, Useful, and Probably Necessary". *In*: SOLSO, Robert L. (org.). *Information Processing and Cognition.* Hillsdale, NJ: Lawrence Erlbaum, 1975.

22 JAMES, *Psychology: The Briefer Course.*

involuntária", quando o material é tão cativante que é difícil de ignorar. A qualidade involuntária dessa atenção vem de nosso histórico evolucionário, quando havia coisas às quais precisávamos prestar atenção por segurança. Como diz Kahneman, "atentar e responder rapidamente às mais sérias ameaças ou mais promissoras oportunidades melhorou as chances de sobrevivência".[23] Um movimento, por exemplo, pode significar a presença de um animal perigoso, então existe valor em prestar atenção a isso.

No mundo moderno, os dois tipos de atenção muitas vezes estão em conflito de uma forma que joga nossa intenção contra nossa inclinação. Pense em um estudante que esteja tentando estudar uma matéria difícil no quarto do alojamento, enquanto seu colega assiste a um filme de ação na televisão. O filme é repleto de elementos que desencadeiam uma atenção involuntária – barulhos, violência, cores, movimento etc. – e, como sugere o nome, o "puxão" sofrido pela atenção do estudante é involuntário. Assim, o estudante fica inclinado a assistir ao filme, o que entra em conflito com sua intenção de estudar. O estudante que quer estudar tem uma escolha sobre como superar essa distração. Ele pode ir embora ou tentar empregar a atenção dirigida, esforçando-se para focar na tarefa. Para ambientes como esse em que o estudante se encontra, isso é difícil, uma vez que a atenção dirigida é exaurida quanto mais é usada. Como veremos mais tarde neste livro, muitos aplicativos no mundo digital são otimizados para capturar nossa atenção involuntária, o que coloca uma grande pressão sobre nossa atenção dirigida.

---

23 KAHNEMAN, *Thinking, Fast and Slow*, p. 35.

Stephen Kaplan e seus colegas, entre outros, vêm estudando os custos da fadiga da atenção dirigida há décadas.[24] Eles descobriram que a atenção dirigida é um recurso limitado, e que as consequências do uso excessivo desse recurso podem ser razoavelmente catastróficas, ao impactar o desempenho cognitivo em muitas tarefas e até mesmo a saúde. Roy Baumeister e seus colegas fizeram um trabalho similar e chamam o fenômeno de "esgotamento do ego", notando que quando a pessoa se força a fazer algo, ela fica menos disposta a assumir o desafio seguinte.[25] Já os benefícios das experiências que são restaurativas para a atenção dirigida, como andar na natureza, são muitos. Por exemplo, um estudo feito por Cimprich com pacientes durante o tratamento e recuperação de câncer de mama mostrou que pacientes em um grupo experimental instruídos a passar algum tempo fazendo atividades na natureza, como caminhadas ou jardinagem, tiveram melhoras significativas em testes cognitivos e na qualidade de vida em comparação com pacientes de um grupo de controle, e em média eram mais propensos a voltar ao trabalho e voltavam antes do grupo de controle.[26]

Estudantes em meio a provas finais de um longo semestre e trabalhadores que costumam cumprir longas jornadas em geral conhecem bem o impacto da fadiga da atenção dirigida. A

---

24 Para uma análise, ver KAPLAN, Stephen e BERMAN, Marc G. "Directed Attention as a Common Resource for Executive Functioning and Self-Regulation". *Perspectives on Psychological Science* 5, no. 1 (Janeiro de 2010): 43-57.

25 BAUMEISTER, Roy F.; MURAVEN, Mark; TICE, Dianne M. "Ego Depletion: A Resource Model of Volition, Self-Regulation, and Controlled Processing". *Social Cognition* 18, no. 2 (Junho de 2000): 130-50.

26 CIMPRICH, Bernadine. "Development of an Intervention to Restore Attention in Cancer Patients". *Cancer Nursing* 16, no. 2 (Abril de 1993): 83-92.

paciência, por exemplo, depende da atenção dirigida, então quando esta se encontra em falta, o mesmo ocorre com a paciência.

A atenção involuntária é importante para nossa história de diversas maneiras. Por exemplo, ela costuma ser empregada por tecnologias digitais para nos forçar a prestar atenção nelas. Pensem nos barulhinhos, vibrações e outros truques usados pelos sistemas de notificação. Eles são desenhados especificamente para ter o controle de nossa atenção à força, e nós pagamos voluntariamente esse custo, por medo de perdermos algo importante. Ao mesmo tempo, os aplicativos digitais são fonte de um suprimento quase infinito de distrações. Sempre existe mais um vídeo engraçado para se assistir no TikTok, ou uma nova postagem para se ler no Twitter. Num mundo em que as pessoas passam cada vez mais tempo online, isso pode estressar muito nossa capacidade de atenção. A constante competição entre aplicativos e serviços por ela, a chamada economia da atenção, resultou em um tipo de corrida armamentista onde os atores individuais têm ficado cada vez melhores em atrair e reter nosso interesse.[27] As metáforas do tipo que estamos discutindo são a ferramenta primária para permitir que os usuários se conectem com um público em potencial. As metáforas digitais são pensadas para explicar e envolver, e tudo isso exerce um estresse constante sobre nossa atenção dirigida. Quem tem fadiga de atenção dirigida toma decisões piores, sofre de irritação e tem uma saúde pior. Em si esses resultados já são ruins, mas uma decisão simples para uma pessoa que esteja com fadiga cognitiva, imersa em vídeos do TikTok, é continuar assistindo. Pode parecer que deixar a

27 GOLDHABER, "Attention Economy and the Net".

atenção involuntária vencer é uma forma de ajudar a atenção dirigida a se recuperar, mas o modelo ART (*Attention Restoration Theory*, ou "Teoria da Restauração da Atenção") de Kaplan divide ainda mais a atenção involuntária em coisas que fornecem uma fascinação "suave", como a natureza, e as que requerem uma fascinação "dura" e ocupam a mente totalmente.[28] Quando na natureza, nossa mente fica livre para divagar e, portanto, consegue se recuperar. Em compensação, quando estamos interagindo com um aplicativo, há pouca oportunidade para contemplação. O grupo de Kaplan descobriu que atividades que fornecem uma fascinação suave são muito mais restauradoras do que as que exigem uma fascinação dura. Em suma, nós pagamos um preço cognitivo alto por nosso engajamento constante com o mundo digital.

Aprendizado em escala

O sistema de aprendizado que descrevemos até agora funciona bem para o aprendizado experiencial: o mundo ao nosso redor. A regra de Hebb serve para enfatizar padrões em nossa experiência, e, através de emoções e atenção, o sistema de aprendizado consegue refinar o que aprendemos. A atenção é a principal forma que temos para lidar com o problema do volume de informações que absorvemos. Contudo, ainda somos limitados à nossa própria experiência, que representa uma

---

28 BASU, Avik; DUVALL, Jason; KAPLAN, Rachel. "Attention Restoration Theory: Exploring the Role of Soft Fascination and Mental Bandwidth". *Environment and Behavior* 51, no. 9-10 (Novembro de 2019): 1055-81.; KAPLAN e BERMAN, "Directed Attention as a Common Resource"; KAPLAN, Rachel. "Attention! That's a Precious Resource". *Our Planet* 2017, no. 2 (Maio de 2018): 28-29. Disponível em: https://doi.org/10.18356/63bb4c1f-en.

amostra mínima do mundo. Para voltar a um exemplo anterior, seria uma pena se o único modo de outros membros da família aprenderem sobre o risco fosse todos eles passarem por ele. Para aprendermos além de nossa própria experiência, precisamos ser capazes de ir além dela; para os humanos, essa habilidade é fornecida pela linguagem.

A experiência através do olhar do outro

A linguagem nos permite experienciar coisas sem vivê-las. Quando uma pessoa diz "O robô chutou a bola de futebol", conseguimos imaginar a cena. A grande diferença entre ver um robô chutando uma bola de futebol e ouvir o fato de alguém é o detalhe visual. Afinal, em cada caso a representação de uma bola de futebol se tornará ativa e a representação de um robô se tornará ativa, assim como a representação do robô chutando a bola. Os detalhes sobre o que seriam essas representações são tema de um longo debate na ciência cognitiva, que não vamos explorar aqui. Vamos meramente apontar que as duas experiências mostrarão uma coincidência significativa em termos de quais partes do cérebro estão ativas.[29] Voltando à regra de Hebb, isso significa que podemos aprender de maneiras muito similares por meio da linguagem assim como através da experiência.

---

29 Ver, por exemplo, JUST, Marcel Adam *et al*. "A Neurosemantic Theory of Concrete Noun Representation Based on the Underlying Brain Codes". *PLOS One* 5, no. 1 (13 de Janeiro, 2010): artigo e8622.

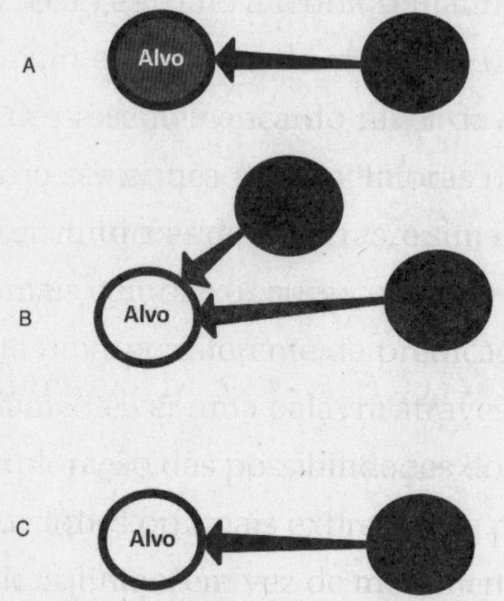

Figura 8. Três tipos de metáfora. Cada oval é a representação de uma categoria envolvida em uma metáfora. O conteúdo de cada oval representa o grau de conhecimento que o ouvinte tem do conceito. A seta representa a influência estrutural que se deve à metáfora. (A) Nesse caso, tanto a fonte quanto o alvo da metáfora são conhecidos do ouvinte. A metáfora sugere uma forma particular de pensar sobre o alvo e fortalecerá principalmente associações internas selecionadas. (B) Aqui o alvo da metáfora é novo, como uma pessoa que o ouvinte não conheça. Nesse caso, além da fonte, uma influência adicional sobre a nova categoria será a classe da qual a nova coisa será um exemplo, como uma pessoa. O novo objeto será construído a partir de uma combinação do alvo e da classe conhecida, e será um novo exemplo da classe conhecida. (C) Nesse caso, o alvo é completamente desconhecido e também não é simplesmente um exemplo de algo que seja conhecido. Em tais casos, a nova classe só pode ser influenciada pela fonte da metáfora.

É claro que isso é incrivelmente útil, já que amplia muito nossa capacidade de aprender a respeito do mundo ao nosso redor. Uma vez que conseguimos aprender do outro através da linguagem, pudemos acelerar muito o processo de aprendizado e descobrir partes do mundo que não eram imediatamente acessíveis.

No entanto, isso também significa que talvez possamos aprender coisas que não sejam de fato verdade. Podemos "experienciar" coisas que não tenham de fato acontecido. Às vezes isso é benigno, como no caso de um bom romance, e às vezes pode ser de fato nocivo, como no caso de campanhas de desinformação.

Um discurso descritivo normal é uma forma útil de contar a alguém sobre algo que aconteceu, mas às vezes não é suficiente em termos do que queremos comunicar. Às vezes queremos contar a alguém sobre algo novo, mas esse tipo de comunicação não pode simplesmente depender da ativação de estruturas internas já presentes no ouvinte. Ela requer que se construam essas estruturas do zero. Isso apresenta um problema real porque, como já vimos, o aprendizado normal, e especialmente o de coisas novas, pode ser muito lento e depender de muita repetição. Essa relativa lentidão pode ser adequada quando se lê um livro ou se ouve uma palestra, mas durante uma conversa normal, não serve.

A metáfora é a solução para esse problema espinhoso. As metáforas nos permitem usar coisas que já conhecemos para criar novas coisas que não conhecíamos. Assim, a metáfora shakespeariana "o tempo é um mendigo" pode comunicar uma nova ideia ao recorrer a elementos do que se sabe sobre mendigos, combinados a elementos do que se sabe sobre o tempo. Outra metáfora shakespeariana, "Julieta é o Sol", fornece uma descrição rápida de Julieta, mais uma vez baseada na ideia de que certos aspectos do Sol podem ser compartilhados por pessoas. Não somente a metáfora é poética, como é muito mais concisa do que uma simples listagem dos aspectos relevantes de Julieta.

As metáforas são úteis justamente porque nos permitem aproveitar coisas que já conhecemos para reestruturar rapidamente categorias existentes ou aprender coisas novas. Portanto, podemos ver as metáforas em um espectro; em uma ponta, elas são usadas de uma forma basicamente descritiva, descrevendo coisas que já conhecemos, mas destacando aspectos salientes ou apresentando a coisa sob uma nova luz. Na outra ponta, as metáforas podem ser usadas para criar novas categorias. Para explorar esse espectro, apresentamos três cenários em diferentes pontos do espectro, que demonstram três usos importantes da metáfora. O terceiro desses cenários representa aquele no qual estamos mais interessados neste livro.

Três Tipos de Metáfora

O primeiro cenário [Figura 8 (a)] é provavelmente o mais comum no uso cotidiano. Nesse tipo de metáfora, o falante usa uma categoria para enfatizar certos aspectos de outra categoria. Um exemplo típico envolveria duas pessoas falando sobre um amigo mútuo. Um dos amigos poderia metaforicamente dizer "o homem é um lobo". Como os dois amigos conhecem o homem em questão, o objetivo da frase não seria criar uma nova categoria, mas destacar coisas sobre a categoria que eles já têm. Nesse caso, "lobo" privilegiará associativamente certos aspectos da categoria à custa de outros. Há muitos aspectos possíveis que podem vir à mente ao falar sobre um homem, mas o contexto "lobo" moldará quais estão ativos durante a conversa. Dessa forma, pode estar ativo um conjunto de aspectos diferente do que seria o caso normalmente, ao se falar sobre uma pessoa. A regra de Hebb funcionará para fortalecer mais o elo com esses aspectos, bem como para conectar a representação do homem mais de perto com a representação de um lobo. Isso é emblemático do fato de que nossas representações mentais nunca são realmente estáticas, graças à regra de

Hebb. É importante apontar aqui que esse é um caso em que a regra de Hebb pode ocasionalmente ser traiçoeira. O ouvinte pode não concordar de fato que o homem seja como um lobo, mas sem algum esforço mental, a ligação associativa será fortalecida de qualquer forma. Se você ouve que algo é verdade um número suficiente de vezes, é difícil evitar que isso penetre em sua estrutura mental.

No segundo cenário [Figura 8 (b)], uma pessoa conta a alguém sobre algo novo. Contudo, nesse cenário, a coisa nova não é completamente nova; é somente um exemplo inédito de uma categoria existente. Aqui, poderíamos ter dois amigos falando sobre uma terceira pessoa, mas um dos amigos não conhece a terceira pessoa. Então, quando o outro amigo diz que "o homem é um lobo", a frase tem um efeito muito diferente do que vimos no primeiro exemplo. A outra pessoa agora sabe duas coisas a respeito do homem que está sendo descrito: que ele é um homem, e que ele tem algumas coisas em comum com os lobos. Essa pessoa sabe muito sobre pessoas e também sobre lobos, e ela pode usar esse conhecimento para construir uma estrutura rápida para o homem usando os aspectos que os dois têm em comum – provavelmente o mesmo conjunto de aspectos que no primeiro exemplo. Nesse caso, o resultado da metáfora é uma categoria nova criada pela combinação de duas coisas que já são conhecidas. Ademais, a nova categoria é uma subclasse de uma das categorias originais, neste caso, pessoas. Voltando ao nosso tema de que aprender tem a ver com previsão, em um caso como este, com uma única frase temos informações suficientes a respeito dessa pessoa que nunca encontramos para conseguir prever um número razoável de coisas sobre como ela pode se comportar. Essa é uma das grandes vantagens da metáfora: ela consegue transmitir uma quantidade tremenda de informações com algumas poucas palavras.

O terceiro cenário [Figura 8 (c)] é mais raro em conversas normais, mas é importante para metáforas relacionadas à tecnologia. Nesse cenário, uma pessoa tenta descrever algo completamente original para outra pessoa. Essa coisa nova não é simplesmente uma nova versão de algo que a segunda pessoa já conheça, mas é fundamentalmente diferente de alguma forma importante. Um cenário pode envolver alguém que esteja tentando descrever sua descoberta científica a um amigo que é completamente novato no campo, em termos que sejam familiares a esse amigo. Isso seria similar ao que vimos no exemplo do início deste capítulo, e a metáfora é a maneira normal de fazer isso, como ocorre com muitas tecnologias novas. Assim, um dispositivo feito de circuitos complexos, fios e afins pode ser descrito como uma forma de conversar à distância.

O importante nesse cenário não é somente que uma nova categoria seja criada, mas também que a existente seja modificada. No segundo cenário, descrever alguém como um lobo não muda como pensamos a respeito das pessoas em geral, somente a respeito dessa nova pessoa. De fato, provavelmente conhecemos outras pessoas que poderiam ser descritas como lobos. Contudo, nesse novo cenário, a metáfora representa uma violação da categoria original. No mundo antes da existência do telefone, as conversas não aconteciam à distância; a proximidade era uma característica essencial do que significava ter uma conversa. É essa violação da categoria que torna a tecnologia útil em primeiro lugar. Assim, a metáfora cria um tipo de cisma na categoria e gera duas novas subcategorias, como conversas presenciais e conversas remotas. A coisa que diferencia as duas subcategorias é o novo dispositivo. Com outras metáforas, às vezes chamadas de metáforas "originais", a resolução não é tão simples, porque pode não haver qualquer aspecto aparentemente em comum.

Uma Segunda Dimensão Metafórica: A Originalidade

É relativamente simples ver como a associação está relacionada com a metáfora. Por exemplo, existem certas características do lobo que muitas vezes são características do homem. Portanto, a metáfora "o homem é um lobo" deveria associativamente ativar essas características. De fato, um modelo cognitivo importante de metáforas se baseia nessa ideia.[30] Essa não é a história toda, por assim dizer. Ela funciona bem para o que chamamos de metáforas da categoria 1, onde a metáfora diz respeito a duas categorias bem conhecidas, mas parece não funcionar com metáforas mais complexas, que às vezes são chamadas de metáforas "originais".

Ao discutir metáforas originais, Ricoeur usou o exemplo "o tempo é um mendigo" de Shakespeare. Essa é claramente uma metáfora de categoria 1, porque a vasta maioria das pessoas que assistem à peça teriam categorias sólidas tanto para tempo quanto para mendigos. Contudo, para a maioria das pessoas, os aspectos do tempo e dos mendigos não coincidirão de nenhuma forma. O significado principal de "mendigo" envolve alguém que peça dinheiro ou comida, que não parece ter nenhuma conexão com o tempo, e de fato parece entrar em conflito com a metáfora comum "tempo é dinheiro". A intersecção entre aspectos similares parece ser vazia. Para entender a metáfora, é necessário ter o contexto fornecido pelo texto original; não pode

30 KINTSCH, "Metaphor Comprehension".

ser uma simples questão de substituição de palavras. Na peça *Tróilo e Créssida*, de Shakespeare, o personagem Ulisses diz:

> O Tempo, meu senhor, carrega consigo um alforje nas costas,
> No qual ele guarda esmolas para o esquecimento,
> Um monstro de ingratidão em tamanho gigante:
> Esses restos são boas ações passadas; que são devoradas
> Assim que feitas, esquecidas tão logo
> Realizadas.[31]

A linguagem de Shakespeare nos guia pelas nossas associações, fornecendo contexto para armar (ou privilegiar, na linguagem da associação) o que vem na sequência. Aqui podemos ver que a metáfora requer ou uma visão muito particular dos mendigos, de que eles são "monstros de ingratidão", ou pelo menos que tal visão se encaixa em uma classe específica de mendigos. Essa metáfora em especial é difícil, porque tal visão dos mendigos pode não fazer tipicamente parte do modelo mental do leitor sobre eles (seu contexto sociocultural), e também é reveladora porque rende percepções sobre as crenças do falante.

Shakespeare lida com essa metáfora complexa de forma elegante. O tempo, tema principal neste caso, é abstrato, e assim aparentemente não é fácil unir com uma categoria tão concreta quanto "mendigo". Shakespeare começa personificando o tempo. A partir dali, ele alterna entre aspectos do mendigo, usando termos como "esmola" e "restos", e aspectos do tempo, com alusões a esquecimento, a passado. Dessa forma, Shakespeare está fazendo o trabalho que normalmente faríamos nós mesmos ao resolver uma metáfora no sentido de determinar os aspectos

31 *Troilus and Cressida*. Ed. Barbara Mowat e Paul Werstine. Washington, DC: Folger Shakespeare Library, 2007, 3.3.150-155.

relevantes. Durante esse processo, Shakespeare cria um novo objeto vívido para o ouvinte que contém aspectos de cada categoria. Esse novo objeto só é possível por causa do sistema de associações que o ouvinte já tem instalado.

Como argumentamos no capítulo anterior, os desenvolvedores de tecnologia também dependem de metáforas para criar novas coisas. Mas eles não podem se permitir fazê-lo com metáforas tão complexas como essa; eles precisam que as associações sejam transparentes para todos. Não que Shakespeare não se envolvesse com tais metáforas ele mesmo; de fato, uma de suas metáforas mais famosas, já vista por nós, "Julieta é o Sol", é muito simples de decodificar com pouquíssimo ou nenhum contexto adicional.

A diferença em como as pessoas processam metáforas simples e metáforas originais já foi bem estudada na ciência cognitiva e pode ser vista, por exemplo, em estudos de ressonância magnética do cérebro. Pessoas que estejam decodificando metáforas complexas de fato precisam recrutar áreas adicionais do cérebro para entendê-las.[32] Existem algumas teorias a respeito de como isso funciona, mas está claro que há algo além de um

---

32 Ver, por exemplo, LACHAUD, Christian. "Conceptual Metaphors and Embodied Cognition: EEG Coherence Reveals Brain Activity Differences between Primary and Complex Conceptual Metaphors during Comprehension". *Cognitive Systems Research* 22-23 (Junho de 2013): 12-26; BAMBINI, Valentina *et al.* "Decomposing Metaphor Processing at the Cognitive and Neural Level through Functional Magnetic Resonance Imaging". *Brain Research Bulletin* 86, no. 3-4 (10 de Outubro, 2011): 203-16; EVIATAR, Zohar e JUST, Marcel Adam. "Brain Correlates of Discourse Processing: An fMRI Investigation of Irony and Conventional Metaphor Comprehension". *Neuropsychologia* 44, no. 12 (23 de Junho, 2006): 2348-59.

simples *priming*.[33] Uma discussão sobre o tema ultrapassa o escopo deste livro, mas é importante observar várias coisas a respeito de casos como esse. Primeiro, "resolver" metáforas do tipo é prazeroso. As origens cognitivas desse prazer provavelmente estão ligadas à ideia de clareza, que discutimos previamente. Resolver uma metáfora é entender, e entender é saber que você provavelmente responderá efetivamente. Em compensação, penar para entender nos deixa confusos, o que é doloroso, e assim temos nosso segundo ponto: que não ser capaz de ver a resolução de uma metáfora é desagradável. Por fim, como vimos com "o tempo é um mendigo", a resolução de uma metáfora complexa pode ser fortemente associada à experiência pessoal e a normas culturais.

Metáfora e Criatividade

Até agora, concebemos a metáfora principalmente como um veículo para comunicação e aprendizado. Uma vez que o sistema cognitivo tinha a capacidade de criar e usar metáforas, tornou-se possível usá-la para outros fins também. Um desses fins, intimamente alinhado com a ideia de comunicar conceitos originais através da metáfora, é usá-la como um ato totalmente criativo. O famoso experimento psicológico de Albert Einstein, ou *Gedankenexperiment*, fornece um bom exemplo do entrelace entre os dois propósitos. Einstein costumava referir-se a si mesmo como um pensador visual e descreveu algumas de suas descobertas nesses termos. Por exemplo, quando ele era jovem e interessado

33 Por exemplo, BOHRN, Isabel C.; ALTMANN, Ulrike; e JACOBS, Arthur M. "Looking at the Brains behind Figurative Language – a Quantitative Meta-Analysis of Neuroimaging Studies on Metaphor, Idiom, and Irony Processing". *Neuropsychologia* 50, no. 11 (Setembro de 2012): 2669-83.

nas propriedades da luz, ele se imaginava correndo junto de um raio de luz. Mais tarde, ele citou isso como inspiração para seu trabalho sobre a relatividade geral. Esses experimentos psicológicos também são formas úteis de explicar suas ideias.

O fato de a metáfora poder ser usada como um ato criativo é uma extensão natural do principal propósito da cognição, que é fazer previsões. Voltando ao nosso exemplo do animal perigoso visto perto de uma caverna, podemos imaginar o que poderia acontecer se fôssemos voltar para a caverna e prever que poderíamos ter um encontro desagradável com o animal. Naquela que talvez seja a mais famosa citação na história da ciência cognitiva, Kenneth Craik colocou da seguinte forma:

> Se o organismo carrega na cabeça um "modelo de pequena escala" da realidade externa e de suas próprias ações possíveis, ele é capaz de testar diferentes alternativas, concluir qual é a melhor delas, reagir a futuras situações antes que surjam, utilizar o conhecimento de acontecimentos passados para lidar com o presente e o futuro, e em todos os aspectos reagir de uma maneira muito mais completa, segura e competente às emergências que enfrenta.[34]

Em outras palavras, nossos modelos mentais nos permitem fazer experimentos em nossa cabeça de uma maneira análoga aos *Gedankenexperiments* de Einstein. É muito mais seguro fazer um experimento mental sobre um possível retorno à caverna, do que descobrir indo de fato até ela. Com os modelos mentais, podemos "assistir" em pensamento, com segurança, trocando diversos aspectos do modelo ou dos dados dele; por exemplo, você

---

34 CRAIK, Kenneth J. "The Nature of Explanation". *Journal of Philosophy* 40, no. 24 (1943): 661. Disponível em: https://doi.org/10.2307/2018933.61.

pode pensar: "e se eu voltasse para a caverna, mas dessa vez com um grupo de amigos?". As metáforas ampliam essa capacidade, permitindo que conectemos duas coisas que podem não ter sido conectadas anteriormente. Em outras palavras, nossas estruturas mentais são modelos, e as metáforas fornecem um mecanismo para mudar os dados para esses modelos. Uma vez que temos a estrutura mental de um lobo, por exemplo, podemos encaixar um homem nela. O incrível a respeito de nosso sistema cognitivo é que ele é capaz de ignorar as partes contraditórias que isso quase que necessariamente fomenta, e no lugar foca simplesmente nas partes que se encaixam.

Anunciantes e desenvolvedores de aplicativos usam essas habilidades para fazer com que as pessoas experimentem seus produtos, muitas vezes imaginando como seus produtos serão usados e as formas como eles deixarão o cliente feliz.

Implicações para o uso e a aquisição de significados

Por que as Metáforas são tão Eficientes e tão Onipresentes?

A regra de Hebb tem muitas implicações importantes para os tópicos deste livro. Primeiramente, que o aprendizado está sempre "ligado". Não escolhemos aprender, e temos pouco controle direto sobre isso. Imagine um mundo em que tivéssemos controle sobre nosso aprendizado. Como as crianças aprenderiam as coisas certas? E se cometêssemos erros no que escolhemos? O aprendizado é importante demais para organismos como os humanos, para que ele seja qualquer outra coisa que não automático. Segundo, a natureza estatística do aprendizado requer que ele normalmente seja bem lento. Tirar conclusões precipitadas com pouca experiência ou conhecimento pode ser fatal em um mundo perigoso. E, no entanto, parece que aprender coisas novas muitas vezes é fácil. Esse é o poder da metáfora.

Aqui lembramos o leitor de que usamos o termo "metáfora" de maneira vaga, para descrever um grande número de técnicas linguísticas que têm o aspecto em comum de se referir a algo como algo que não é.[35] O poder da metáfora é que ela nos permite construir novos conceitos, não experienciando-os repetidamente, mas aproveitando nossa experiência com outros conceitos que já aprendemos. Ao descrever a Julieta, Romeu não precisa listar todas as suas características e esperar que consigamos associá-las a ela; ele pode simplesmente descrevê-la como o Sol, um conceito que todos conhecem e que nos permite facilmente inferir suas características. O Facebook poderia ter escolhido um nome novo para um de seus recursos, e depois passado algum tempo tentando nos ensinar o que era e por que era útil. Mas era mais simples chamá-lo de "amigo" e ganhar todas as implicações positivas da palavra. Amigos são pessoas de quem gostamos, com quem queremos colocar a conversa em dia etc. Então, as metáforas são atalhos, que nos permitem desviar das regras costumeiras para aprender e aproveitar o aprendizado já feito previamente. Esses atalhos são tão úteis que representam uma porcentagem significativa de nossa comunicação, cerca de 20%, de acordo com estimativas.[36]

---

35 Deve-se notar também que estamos ignorando uma grande classe de metáforas que não são diretamente relevantes a este livro, no caso, as metáforas espaciais, como "sucesso é para cima", "o futuro está à frente" e muitas outras. Tais metáforas são discutidas de forma bastante detalhada em LAKOFF e JOHNSON, *Metaphors We Live By*; CHOWN, "Spatial Prototypes"; JOHNSON, Mark. *The Body in the Mind: The Bodily Basis of Meaning, Imagination, and Reason*. Chicago: University of Chicago Press, 1987.

36 STEEN, Gerard J. *et al.* "Metaphor in Usage". *Cognitive Linguistics* 21, no. 4 (Novembro de 2010): 765-96.

Além disso, as metáforas podem aproveitar outros aspectos da cognição que também ajudam no aprendizado, especialmente a emoção. Em geral, amigos são pessoas que nos trazem prazer, portanto a amizade é um conceito inerentemente prazeroso. Assim, as metáforas que se baseiam em amizade ou amor, ou qualquer outro conceito fortemente associado a emoções, automaticamente ganham essas associações. A ideia de conectar-se com amigos é prazerosa porque, em nosso próprio passado, conectar-se com amigos foi prazeroso. O Facebook e outras redes sociais não somente ganham uma associação livre com esse prazer, como o prazer de fato pode impulsionar o processo de aprendizado.

É claro, atalhos têm muitas vantagens em termos de eficiência, mas também podem ter desvantagens. Afinal, amizades de Facebook não são o mesmo que amizades na vida real. As metáforas também têm desvantagens em potencial como atalhos de aprendizado. Uma metáfora bem-sucedida depende de seu receptor ter o modelo certo, como na metáfora "o tempo é um mendigo", que pressupõe um modelo de que os mendigos sejam, ou pelo menos possam ser, "monstros de ingratidão". Quando alguém descreve outra pessoa como um lobo, provavelmente não quer dizer que ela uive para a lua à noite ou viva em uma caverna. Assim, não é suficiente meramente criar uma metáfora. É importante que o conjunto certo de características seja extraído. Ainda que a metáfora seja propriamente entendida, ela pode não ser de fato apropriada, o que pode levar às conclusões erradas. Mesmo metáforas comuns podem ter esse problema. Por exemplo, metáforas para descrever o mercado de ações como "escalar mais alto" ou "despencar" impactam a forma como as pessoas reagem a notícias da área financeira.[37] Na primeira, as ações são descritas como se fossem agentes, com a implicação de ter propósito e vontade. Essas consequências extras, por mais involuntárias que sejam, vêm como resultado da associação, com o resultado de que pessoas expostas à metáfora tendem a sentir que essas ações em escalada continuarão da mesma forma no dia seguinte. Em comparação, uma metáfora de objeto como "despencar" não implica tal agência, e assim não gera mais expectativas. É claro, o que é um problema em um domínio pode ser um aspecto valioso em outro. Voltando ao Facebook, o complexo implicativo que cerca a amizade é muito positivo, e portanto as associações desses sentimentos positivos tenderão a se refletir de volta no Facebook devido ao poder da associação como expressa através da transferência metafórica.[38]

Como vimos, as metáforas são muito úteis porque aproveitam estruturas cognitivas que já existem, na forma de associações. Isso também vale para emoções associadas a tais estruturas. A metáfora do "curtir" é um exemplo de como as redes sociais podem usar essas associações para guiar o comportamento do usuário. Em plataformas como o Facebook, curtir algo é um ato positivo que envia um sinal de volta à pessoa que posta, de que sua postagem foi apreciada. Isso cria um loop de feedback onde as pessoas ficam ansiosas para ganhar mais curtidas, e as emoções positivas que as acompanham, e assim provavelmente postarão com maior frequência. Mas esse loop também cria expectativas de que seus amigos curtam tudo que elas postarem – se nossos amigos curtiram nossas postagens

37 MORRIS *et al.*, "Metaphors and the Market".

38 LANDAU, MEIER, e KEEFER, "A Metaphor-Enriched Social Cognition".

antes, nosso modelo aprendido vai esperar que eles curtam no futuro. Essa situação beneficia as redes sociais, porque impulsiona o engajamento e incentiva novas postagens, por sua vez criando mais conteúdo para a rede. Voltaremos a esse exemplo com mais detalhes na última parte do livro.

Para uma pessoa ou um grupo que esteja desenvolvendo uma nova tecnologia com o desejo de criar novos significados, existe uma escolha. Fazer com que os usuários passassem pela contiguidade e pela repetição necessárias para construir uma estrutura cognitiva nova seria demorado e tedioso, o que não é uma situação propícia para conseguir adesão a um produto. As emoções oferecem uma alternativa, mas não que seja realisticamente escalável (o fenômeno dos vídeos de *unboxing* no YouTube mostra que essa abordagem funciona para algumas pessoas). Então, não surpreende que para cada produto os desenvolvedores optem por contar repetidamente com metáforas.

O ciclo cognitivo-hermenêutico revisitado

Muitas pessoas ouviram falar pela primeira vez na poeta Amanda Gorman durante a posse presidencial americana em 2021. Para essas pessoas, alguns aspectos podem ter chamado a atenção. Em primeiro lugar, o poema que ela recitou, que foi muito aclamado e desde então virou um livro best-seller. Além disso, suas roupas também causaram frisson e foram elogiadas por trazerem cores vibrantes a um palco em que os participantes costumam se vestir de um sem graça cinza e preto. Por fim, sua raça também se destacou em meio a um grupo predominantemente branco no palco, além de sua pouca idade, igualmente notável. Alguma combinação desses elementos se associaria à representação da poeta que começava a nascer na mente das pessoas, interligadas pela regra de Hebb, e que formariam um conjunto inicial de predicações. Notícias posteriores teriam consolidado algumas dessas predicações e introduzido outras – ela foi mentorada por Oprah, teve dificuldade de fala quando criança etc. Cada uma dessas descobertas serviu para fortalecer algumas das conexões existentes enfatizadas nos artigos, mais uma vez através da regra de Hebb, e para construir outras, tornando assim a estrutura cognitiva associada a ela mais profunda e mais rica. Mais tarde, surgiu uma série de artigos que descreviam as dificuldades envolvidas na tradução de seu trabalho para outras línguas e como a raça complicava esse trabalho.[39] Nas mídias sociais, Gorman anunciou que mesmo após seu discurso, ela havia sido parada pela polícia.[40] Qualquer um que lesse tais artigos acrescentaria profundidade e nuance à própria compreensão da autora e de sua obra. Assim, a regra de Hebb, e o fato de que qualquer descoberta sobre uma figura complexa só revelará parte do que está acontecendo, garante que o significado esteja sempre em fluxo, ganhando novos componentes e enfatizando outros a cada descoberta. Cada uma dessas descobertas é um arco

---

39 BHANOO, Sindya. "Who Should Translate Amanda Gorman's Work? That Question Is Ricocheting around the Translation Industry". *Washington Post*, 24 de março de 2021, disponível em: https://www.washingtonpost.com/entertainment/books/book-translations-gorman-controversy/2021/03/24/8ea3223e-8cd5-11eb-9423-04079921c915_story.html; MARSHALL, Alex. "Amanda Gorman's Poetry United Critics. It's Dividing Translators". *New York Times*, 26 de março de 2021, disponível em: https://www.nytimes.com/2021/03/26/books/amanda-gorman-hill-we-climb-translation.html.

40 GORMAN, Amanda (@TheAmandaGorman), Twitter Timeline, disponível em: https://twitter.com/TheAmandaGorman.

no ciclo (Figura 9). Entretanto, como neste exemplo, o mundo muda entre nossas descobertas. Nesse caso, Amanda Gorman tem uma presença nas mídias sociais, lançou outros trabalhos e reagiu de forma significativa à própria experiência de estar nesse palco. Essas ações, por sua vez, foram notadas pela mídia e divulgadas para o mundo. Essa mesma mídia presta atenção a quantas pessoas clicam em matérias sobre ela e usa essa informação para decidir se escreve outras. Outras predicações envolvidas, como o papel da raça na política norte-americana, também continuam a evoluir paralelamente.

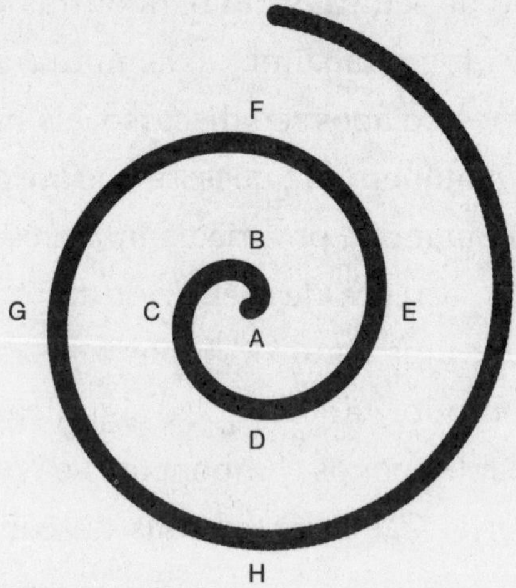

Figura 9. Uma visão simplificada de um modelo em espiral. Começando em A: Gorman lê seu poema na posse. B: A plateia assiste e reage. C: A mídia também assiste e reage produzindo novas matérias sobre ela, incluindo D, entrevistando-a, e depois E, publicando as matérias. F: O público consome essas matérias, descobrindo mais coisas sobre ela. G: A mídia nota a reação ao seu poema, as visualizações das matérias etc. H: Ela posta nas redes sociais, lança um novo livro etc.

Esse ciclo contínuo também acontece com as metáforas e a tecnologia, e pode até ser ampliado pelas conexões entre usuários e desenvolvedores. Primeiro, a metáfora e o artefato são associados em nossa mente durante nosso encontro inicial com a tecnologia. Depois, cada encontro subsequente vai fortalecer essa conexão metafórica e fornecer uma oportunidade para aprender com mais profundidade. Entretanto, a experiência de cada indivíduo com a tecnologia será diferente. Cada um a encontrará munido de um conjunto diferente de experiências de vida e de modelos cognitivos, e usará o artefato de forma diferente e em diferentes contextos. Inevitavelmente, algumas dessas pessoas aprenderão formas novas, inesperadas, de interagir com o artefato, ou ao menos encontrarão coisas a seu respeito que gostariam de mudar. Já a comunidade da tecnologia cria mecanismos eficientes para que esse feedback seja canalizado de volta aos desenvolvedores, que por sua vez podem usar essa informação para iterar na próxima versão da tecnologia, e o ciclo será renovado.

Falando em estrutura cognitiva

A cognição é centrada em fazer previsões, o que valoriza a descoberta de padrões e sequências recorrentes. O mecanismo primário para aprender tais padrões é conhecido como a regra de Hebb.

A estrutura cognitiva é associativa. Pensar em uma coisa que experienciamos com frequência na presença de outra naturalmente nos deixará propensos a pensar na segunda coisa. Isso também se aplica às emoções, que por sua vez podem ajudar a acelerar o aprendizado.

A atenção é crucial na escolha de qual cognição focará na próxima. A atenção pode ser pensada como dois sistemas: um sistema involuntário que automaticamente responde a estímulos intrinsecamente importantes, e um sistema voluntário e dirigido que pode ser empregado conscientemente. Esse sistema direcionado requer esforço e acabará se esgotando.

A linguagem fornece um meio de dimensionar o aprendizado para incluir elementos que não experienciamos diretamente. A metáfora pode acelerar o aprendizado aproveitando estruturas cognitivas existentes. Ela pode ou reconfigurar categorias existentes ou rapidamente construir novas.

PARTE III
Metáforas Digitais no Mundo

Agora vamos voltar nossa atenção para algumas das mais importantes metáforas digitais do mundo de hoje. Nossa tese é de que essas metáforas estão mediando cada vez mais quase tudo que fazemos. Começamos, então, com um capítulo que explora essa ideia; depois, seguimos com uma série de capítulos que examinam diferentes exemplos dessa mediação. Como notamos, as metáforas digitais existem dentro de uma hierarquia, e assim nossa coleção de capítulos começa com uma metáfora básica: tocar é selecionar. Esse é um exemplo de metáfora tão natural, que é fácil de esquecer tanto o fato de ela ser uma metáfora, quanto a complexidade dos softwares necessários para seu funcionamento. Em seguida, olhamos para as mídias sociais e para o fato de algumas metáforas, como a que o Facebook utiliza para o conceito de amizade, estarem remoldando a maneira como pensamos sobre relacionamentos, o que faz com que as empresas de mídias sociais disputem nossa atenção. Em seguida, revisitamos nosso exemplo das mensagens de texto e conversas, e examinamos a evolução das metáforas relacionadas à tecnologia das mensagens de texto. Nesse capítulo em especial, vemos como o ciclo cognitivo-hermenêutico pode impactar não somente os usuários, mas a própria tecnologia, uma vez que as mensagens de texto começaram com metáforas desajeitadas que remetiam a telegramas e cartas, e evoluíram para metáforas mais diretas e eficazes que remetem a conversas. A relação entre vídeos e fotos com recordações é explorada no capítulo seguinte. Nesse capítulo, vemos que não somente as empresas de tecnologia estão cada vez mais usando a memória como metáfora para seus produtos, como esses produtos também conseguem de fato mudar as próprias memórias que estão representando. Concluímos essa seção com um olhar para os smartphones. Nesse caso, a metáfora inicial – um telefone que não se prende a uma única localização – se tornou completamente inadequada para como usamos hoje esses dispositivos. Nesse capítulo, exploramos maneiras mais apropriadas de conceitualizar esses aparelhos, focando em ideias de identidade e em sua natureza onipresente.

7. MEDIANDO O MUNDO

A estrutura que estamos propondo nos permite tratar de uma questão fundamental a respeito da tecnologia: seríamos nós moldados pela tecnologia, ou nós é que a moldamos para que ela se adeque às nossas necessidades? Essa questão costuma ser formulada para sugerir que a resposta seja uma ou outra, mas, como mostramos, a linguagem escolhida para formular uma questão pode mudar a forma como pensamos a respeito de determinado tópico. Nesse caso, existe um espectro marcado por duas visões opostas da agência de uma tecnologia. Em um dos extremos desse espectro está o determinismo tecnológico, que enfatiza como as tecnologias digitais definem nossos hábitos pessoais e sociais de uma forma quase autônoma. Por essa teoria, a agência da relação entre usuários e tecnologia é totalmente da tecnologia. O usuário é retratado como passivo, alguém facilmente seduzido pelos dispositivos de tecnologia mais descolados do mercado. Os proponentes dessa visão enfatizam, por exemplo, como o smartphone determina a maneira como nos comunicamos e rompe formas tradicionais de conversa e engajamento social, de maneiras sobre as quais não temos controle. Segundo essa visão, o poder das tecnologias digitais é tamanho que os mecanismos pelos quais elas são criadas e as formas como o usuário as integra em sua vida são quase um detalhe, quando comparados ao poder dos próprios dispositivos.

Don Ihde ressalta que, nesse extremo de determinismo tecnológico, há duas bifurcações importantes.[1] Uma delas, associada a utopias, sugere que a tecnologia em si cria um mundo melhor, mais organizado e livre de dores e preocupações para os seres humanos. Por outro lado, há a bifurcação distópica. As novas tecnologias trazem consigo o presente dos gregos para os troianos e, quando totalmente acolhidas e integradas às nossas cidades, revelam-se como fontes inevitáveis de sofrimento e consequente destruição das sociedades e do meio ambiente.

Na outra ponta desse espectro, está uma visão que chamamos de neutralidade tecnológica. Segundo essa visão, o impacto das tecnologias seria determinado por seus usuários; por exemplo, o smartphone seria passivo, praticamente sem agência, e o quanto ele interfere em nosso mundo e nossas relações depende exclusivamente das escolhas que os usuários fazem, incluindo como, quando e em qual intensidade usá-lo. Por esse ponto de vista, as tecnologias digitais são eticamente neutras; em si, não são boas nem más. As implicações éticas desses dispositivos dependeriam inteiramente do uso.

Aqui faremos uma pausa para apontar que, na era digital, a agência de uma tecnologia pode variar muito. Como discutimos na Parte I, damos agência voluntariamente a alguns aplicativos. Não queremos correr o risco de perder uma reunião, então damos a um aplicativo o poder de nos interromper para trazer um lembrete. Outros aplicativos têm um tipo de agência através de sua conexão com outros usuários. Um aplicativo de mensagens de texto pode não tomar a decisão de

---

1 IHDE, Don. *Philosophy of Technology: An Introduction*. St. Paul, MN: Paragon House, 1998.

nos interromper, mas ele o fará ao ser acionado por mensagens enviadas por amigos e colegas. Isso sugere que o cenário dessa questão é muito mais rico e complexo do que sugerem as duas posições extremas do determinismo tecnológico e da neutralidade tecnológica.[2] E agora nos voltamos para uma exploração desse cenário de importantes tecnologias atualmente em uso, prestando uma atenção especial às teorias que recorrem a elementos de ambos os polos. A teoria do construcionismo social é um exemplo-chave, uma vez que postula uma relação de mão dupla e circular entre tecnologia e sociedade. Com base nessa posição mais nuançada, examinamos como os significados estão integrados em tecnologias que, por sua vez, mudam a forma como vivemos. Assim, há um puxa-empurra em um ciclo cognitivo-hermenêutico, que é mais baseado na teoria de aprendizado que discutimos no Capítulo Seis.

Assim como qualquer artefato cultural, as tecnologias se baseiam em um acúmulo de significados derivados da cultura, e por sua vez mudam a forma como vemos e interagimos com o mundo. As tecnologias digitais estão repletas de significado, e é exatamente por isso que elas são tão relevantes para entender a sociedade de hoje. É também por isso que acreditamos que a abordagem cognitivo-hermenêutica proposta aqui é necessária para investigar as formas mais profundas como as novas tecnologias impactam tudo, desde as identidades pessoais até as relações interpessoais, passando pelas instituições sociais.

Ao presumir essa abordagem cognitivo-hermenêutica, o poder transformador da tecnologia é revelado quando se analisa

---

2 A inteligência artificial tem sido um *enabler* vital para mudar os limites entre responsabilidade e agência humana e tecnológica. COECKELBERGH, Mark. *AI Ethics.* Cambridge, MA: MIT Press, 2020.

a relação entre sociedade e tecnologias digitais, uma vez que ela é particularmente impactada pelas metáforas digitais. As redes sociais não são meros aplicativos usados por milhões de jovens para passar o tempo; elas redefinem experiências humanas essenciais como a comunicação, a verdade e a amizade. Ademais, as formas como experienciamos as limitações físicas de tempo e espaço são fundamentalmente alteradas no "ciberespaço", através de metáforas que ressignificam as experiências humanas. Nesse caso, conceitos como "presença" e "simultaneidade" mudam seu significado em um contexto digital.

Vários estudos exploraram e enfatizaram o uso de metáforas para criar boas interfaces de usuários e experiências para artefatos digitais.[3] Embora esses estudos toquem no mesmo fenômeno subjacente que descrevemos neste livro, sua intencionalidade é bem diferente da nossa. Eles são amplamente inspirados por objetivos pragmáticos voltados a otimizar práticas de engenharia de software. Em nosso caso, queremos explorar não somente como as metáforas digitais podem ser usadas para vencer a brecha conceitual que aumenta o engajamento

3 Ver, por exemplo, GATSOU, Chrysoula. "The Importance of Metaphors for User Interaction with Mobile Devices". *In*: *Design, User Experience, and Usability: Users and Interactions*. Ed. Aaron Marcus. Cham: Springer International Publishing, 2015, p. 520-29; CARBONELL, Javier; SÁNCHEZ-ESGUEVILLAS, Antonio; e CARRO, Belén. "The Role of Metaphors in the Development of Technologies. The Case of the Artificial Intelligence". *Futures* 84 (Novembro de 2016): 145-53; ERICKSON, Thomas D. "Working with Interface Metaphors". *In*: *Readings in Human-Computer Interaction: Toward the Year 2000*. 2a ed. Ed. Ronald M. Baecker *et. al*. São Francisco: Morgan Kaufmann, 1995, p. 147-51; MORAN, Thomas P. e ZHUI, Shumin. "Beyond the Desktop Metaphor in Seven Dimensions". *In*: *Designing Integrated Digital Work Environments: Beyond the Desktop Metaphor*. Ed. Victor Kaptelinin e Mary Czerwinski. Cambridge, MA: MIT Press, 2007, p. 335-54.

do usuário, como também as profundas consequências que elas trazem para ambientes pessoais, interpessoais e sociais.

Nossa hipótese é de que a abordagem cognitivo-hermenêutica que desenvolvemos neste livro fornece novas formas de analisar camadas estruturais fundamentais do impacto das tecnologias digitais sobre a sociedade. Através de seu impacto sobre as associações cognitivas de seus usuários e horizontes semânticos, os dispositivos digitais são moldados pelas metáforas digitais que possam transformar radicalmente o modo como seus usuários veem o mundo, suas relações pessoais e fenômenos sociais, econômicos e políticos. Nosso foco não é somente na interação do usuário com o artefato digital, mas, mais importante, em como a interação de um usuário com o mundo é mediada e remoldada pelos artefatos digitais. Esses dispositivos não somente criam novas funcionalidades com um conjunto novo de possibilidades para agir no mundo, como também afetam os significados que atribuímos ao mundo, a nós mesmos e a nossas relações. As metáforas digitais reescrevem, no nível semântico e cognitivo, coisas tão fundamentais quanto a amizade, a comunicação, o engajamento social, a educação, o conhecimento e as relações econômicas e políticas. Elas nos fazem "ver como", transformando experiências humanas em seu nível mais básico.

Obviamente, a plasticidade das metáforas digitais pode levar a grandes consequências, tanto positivas quanto negativas. Por exemplo, as metáforas fundamentais das redes sociais relacionadas a conversas de amigos foram reformuladas com novas camadas de significado por usuários maliciosos, determinados a espalhar desinformação e manipular a opinião pública.

Portanto, a abordagem cognitivo-hermenêutica que propomos toca nas fundações das complexas relações entre sociedades e tecnologias digitais. Longe de ocupar um único ponto no espectro, dependendo do contexto, as manifestações e as aplicações das metáforas digitais se aproximam do determinismo tecnológico, mas suas formas extremamente flexíveis de uso e aplicação podem trazê-las mais perto dos argumentos da neutralidade tecnológica.

O ponto que queremos enfatizar é que a abordagem cognitivo-hermenêutica que propomos neste livro nos permite analisar as implicações mais radicais das tecnologias digitais à medida que elas transformam o mundo e os indivíduos ao mudarem os significados nos quais vivemos. Elas não são simples ferramentas passivas que usamos para aumentar a performance em certas áreas da experiência humana; elas redefinem essas experiências, às vezes conosco como participantes ativos. Como Ricoeur propõe em sua filosofia hermenêutica crítica, toda ação humana é mediada por significados.[4] Ações humanas básicas, como conversar, cooperar, namorar, casar, fazer negócios e brincar, sempre são "simbolicamente mediadas". Elas ocorrem dentro de uma estrutura conceitual dos significados que associamos a cada uma delas. Como vimos com as metáforas, os artefatos digitais afetam essas mediações simbólicas; eles as ressignificam, e assim afetam a forma como experienciamos e agimos no mundo.

Portanto, nossa abordagem nos permite ir além de uma análise funcional das tecnologias digitais, o que possibilita a exploração de seu papel em transformar as mediações simbólicas do significado que estrutura as sociedades e os indivíduos. Ao focar nos aspectos hermenêuticos e cognitivos das tecnologias

4 RICOEUR, Paul. "The Power of Speech: Science and Poetry". *Philosophy Today* 29, no. 1 (Fevereiro de 1985): 59-70.

digitais, tocamos em uma camada profunda da influência de tais artefatos. Ainda assim, não queremos excluir condições materiais que sejam dialeticamente relacionadas a esses aspectos. Nossas discussões sobre a espiral metafórica e os *enablers* tecnológicos ressaltam a importância de uma análise que reconheça as complexas interrelações entre as condições materiais-estruturais e cognitivo-hermenêuticas do desenvolvimento e do uso de tecnologias digitais.

Como veremos com mais detalhes no próximo capítulo, Coeckelbergh e Reijers exploraram, usando o conceito de tecnologias narrativas, as formas como os artefatos digitais constroem estruturas de significado que reorganizam as ações humanas.[5] As tecnologias digitais, em particular, podem reconfigurar o tempo humano e mediar como as pessoas se conectam com eventos cotidianos. Coeckelbergh e Reijers citam o exemplo de como as tecnologias monetárias eletrônicas redefiniram as mediações de significado em torno das operações no mercado financeiro.[6] As formas como entendemos e agimos sobre conceitos como *hedge funds*, opções, valores mobiliários, negociações de derivativos e *swaps* cambiais foram transformadas pelas tecnologias financeiras digitais. Os *traders* humanos, na esteira dessas tecnologias digitais, foram jogados em um novo universo de significados, no qual mediações simbólicas de ações são profundamente afetadas e, de muitas maneiras, redefinidas por artefatos e arquiteturas digitais.

Além disso, ecoamos a proposta de Johann Michel de que somos seres fundamentalmente interpretativos – *Homo*

5 COECKELBERGH; REIJERS, "Narrative Technologies".

6 COECKELBERGH; REIJERS, "Narrative Technologies".

interpretans.[7] As mediações simbólicas geradas pelas metáforas não afetam simplesmente um aspecto isolado de indivíduos e sociedades; elas interferem no mecanismo essencial de dar e interpretar significados para as experiências no mundo. Não tem a ver apenas com saber de forma diferente, mas viver diferente. As redes sociais não somente afetam o que queremos dizer com amizade, como reformulam mais a fundo esse fenômeno e, portanto, reestruturam as formas como criamos, mantemos, expandimos e até rompemos as estruturas interpessoais da amizade. Logo, não é somente um fenômeno epistemológico – o que sabemos sobre o mundo –, mas também um fenômeno ontológico – o que somos no mundo.

Nesta seção, vamos examinar algumas das mais importantes metáforas da tecnologia das duas últimas décadas.[8] Essas metáforas variam em sua eficácia, tanto em termos de como elas tornam a tecnologia compreensível para os usuários, quanto em como elas correspondem àquilo para o qual a tecnologia de fato é usada. Como veremos, a eficácia da metáfora impactará a velocidade com a qual ela é adotada, e também o quanto o ciclo hermenêutico é essencial. Contudo, todas elas mudaram significativamente nossas vidas, tanto o que fazemos quanto a forma como pensamos.

---

7 MICHEL, *Homo Interpretans*.

8 Os três capítulos seguintes são versões bem expandidas do trabalho que apareceu pela primeira vez em CHOWN, Eric; NASCIMENTO, Fernando. "Software and Metaphors: The Hermeneutical Dimensions of Software Development". *In*: REIJERS, Wessel; ROMELE, Alberto; COECKELBERGH, Mark (orgs.). *Interpreting Technology*. Lanham, MD: Rowman & Littlefield, 2021, p. 229-48.

Falando em mediar o mundo

O tanto de agência que os artefatos digitais possuem pode variar muito. Muitas vezes nós é que escolhemos voluntariamente dar agência a eles.

Usamos artefatos digitais para mediar um número cada vez maior de experiências humanas, como na comunicação e nos relacionamentos. Essas mediações alteram fundamentalmente fatores-chave dessas experiências, mudando assim seu significado.

8. ALICERCES METAFÓRICOS: TOCAR É SELECIONAR

Nosso primeiro exemplo é também uma das metáforas digitais mais altamente eficazes, e diz respeito àquela que talvez seja a mais importante inovação em softwares do século XXI, tão importante e tão onipresente que é fácil esquecer que ela existe, e é difícil de imaginar a vida sem ela: a interface de toque. Essa tecnologia ganhou destaque pela primeira vez quando a Apple lançou o iPhone em 2007. Em outubro de 2020, somente treze anos mais tarde, o analista da Apple Horace Dediu notou que "as interfaces de toque estão hoje possibilitando uma atividade econômica de um trilhão de dólares".[1] A interface de toque é provavelmente menos importante do que as outras metáforas que discutimos em termos de significado, mas foi fundamental para a ascensão da tecnologia móvel, uma vez que fornece uma base metafórica sobre a qual todas as outras metáforas móveis são construídas. Assim como a afirmação "discussão é guerra" é o que Lakoff chamava de uma "metáfora estrutural", que serve como estrutura para uma série de outras metáforas, as ações básicas do sistema de interface de toque podem ser usadas por outras metáforas digitais sem maiores explicações.

---

1 DEDIU, Horace (@asymco), "Touch UIs are now enabling $1 Trillion of economic activity. It's time to see what's next. Apple is about to launch a new iPhone", Twitter, 13 de outubro de 2020, disponível em: https://twitter.com/asymco/status/1316060094531072001.

Antes de 2007, a indústria do celular era dominada por empresas como Nokia, Motorola e RIM, que ou usavam teclados físicos ou uma combinação de um teclado numérico e vários botões dedicados. Esse era o mundo que a Apple tinha diante de si quando desenvolveu o iPhone. Por exemplo, em 2005 o Nokia N70 se tornou o primeiro "smartphone" a ter mais de um milhão de unidades vendidas, e sua interface de usuário consistia basicamente em um teclado numérico e alguns outros botões dedicados. Já o Motorola Q se tornou o primeiro telefone QWERTY, com um teclado inteiro, a vender um milhão de unidades em 2005. Esse mercado cresceu tão rapidamente, que em 2006 o Blackberry Pearl já havia vendido quinze milhões de unidades. Na época, a onipresente interface de usuário para celulares era a combinação de uma lista (por exemplo, uma lista de números de telefone em uma agenda de endereços ou uma lista de aplicativos) com as setas do teclado físico. O usuário usava as setas para navegar até o item que ele queria na lista e então selecionava sua escolha pressionando "enter". A função que tornou os primeiros smartphones "inteligentes" foi o e-mail, e o empurrão para os teclados completos veio em virtude da dificuldade de digitar e-mails em um teclado numérico, que era um processo lento e tedioso. Os teclados de celular em si eram essencialmente versões miniaturizadas dos teclados usados em computadores de mesa. A vantagem era que muita gente já tinha experiência com teclados por causa dos computadores, ou mesmo máquinas de escrever, e assim tinha um modelo mental de como eles funcionavam. Como Steve Jobs contou em sua palestra de apresentação para o iPhone, a Apple via esse modelo como um problema que precisava ser resolvido.[2] Fora os problemas mecâni-

---

2 WRIGHT, Mic. "The Original iPhone Announcement Annotated". *The Next Web*, 9 de setembro de 2015, disponível em: https://thenextweb.com/apple/2015/09/09/genius-annotated-with-genius/.

cos possíveis nesse tipo de hardware, que eram a necessidade de as pessoas saberem digitar e a dificuldade de digitar em teclados tão pequenos, o problema no qual Jobs focava era que os softwares modernos precisavam ser dinâmicos de uma maneira que as interfaces existentes não conseguiam lidar. Afinal, Jobs estava envolvido em uma missão de muitos anos para remover os periféricos dos computadores, uma missão que viria a culminar no design do MacBook, que incluía uma única porta USB-C. O iPhone oferecia uma oportunidade real de enviar um dispositivo sem os *drives* para memória externa, que pudesse ser atualizado sem a necessidade de discos físicos. Mas a atualização de softwares em um celular era atravancada pela correspondência existente com os botões disponíveis e o teclado. Se fosse acrescentada alguma nova funcionalidade de software, por exemplo, poderia não haver nenhum botão de hardware disponível que já não tivesse correspondência com outras funções.

Uma vez que a Apple decidiu se livrar do teclado físico, seus desenvolvedores passaram a ter muitos problemas para resolver, mas certamente entre os mais importantes estava simplesmente a questão de como deixar que o usuário escolhesse o que fazer em seguida. O sistema operacional que a Apple desenvolveu como parte desse processo, o iOS, é construído como uma série de camadas. Por baixo, está o que chamaríamos de sistema operacional central, ao qual a Apple se refere como Core OS. Cada camada subsequente constrói uma funcionalidade crescente para aqueles que queiram desenvolver softwares para iOS. É no topo dessa hierarquia que são tratadas as interações do usuário. Nas primeiras versões do iOS, essa camada se chamava Cocoa Touch. Os engenheiros da Apple tiveram de criar essa camada como uma ponte para os desenvolvedores que querem que seus aplicativos sejam interativos. Já que os desenvolvedores da Apple que escreveram o

Cocoa Touch não poderiam antecipar cada um dos tipos possíveis de interação que os desenvolvedores de softwares pudessem querer suportar, eles tiveram de criar um sistema que fosse o mais geral possível. A versão mais simples de tal interface é simplesmente criar um botão para cada interação possível. Por exemplo, com um número fixo de ações, um sistema operacional poderia simplesmente atribuir um botão a cada uma. Ou senão, teoricamente, com um teclado um usuário poderia digitar qualquer comando necessário, mas essa era uma solução ruim porque os teclados eram minúsculos. Na verdade, os comandos normalmente eram apresentados como uma lista de itens que os usuários navegavam com setas direcionais. Uma melhora em relação a esse sistema, empregado por celulares até então, era criar um *display* em lista que o usuário navegasse com setas. Uma vez que o usuário tivesse navegado até a ação apropriada, ele poderia então executar uma ação apertando a outra tecla apropriada. A metáfora empregada por esse sistema era: "ações são executadas pela digitação". Um sistema assim é fácil de implementar, uma vez que pode ser reutilizado para aplicativos ou ações dentro de um aplicativo. Por outro lado, ele não é amigável para iniciantes, pois requer habilidades que devem ser aprendidas, como a digitação, e os usuários só poderiam ver algumas das opções de uma vez, especialmente porque os teclados deixavam pouco espaço para os *displays*. Remover o teclado exigia uma nova forma de pensar essa camada.

O mais óbvio para os engenheiros encarregados de resolver esse problema era olhar para outros modelos. Na época, a Apple havia se reinventado em grande parte por causa do iPod, um produto bem-sucedido que não dependia de teclados, e usava uma interface mais intuitiva baseada em uma roda. Os usuários podiam escolher uma música entre centenas girando essa roda, que também podia ser usada para escolher aplicativos ou fazer seleções, assim como no iPod. (Nota: a Apple de fato fez protótipos do iPhone usando esse design.) Mas a roda tinha uma grande desvantagem: assim como os teclados físicos, ela interferia na tela. Se a tela tinha de ser um aspecto central do telefone, então aquilo não deixava muita escolha para os engenheiros que não fosse o uso da própria tela para a interface do usuário. Por acaso, por volta daquela época uma tecnologia de base tornou-se disponível: a tela tátil capacitiva. Com essa tela, era possível detectar os dedos de um usuário. Assim, a questão tornou-se como usar essa informação para permitir que usuários fizessem escolhas. Uma opção óbvia, que foi explorada pela Apple, era fazer uma roda virtual, tecnologia que ela até patenteou.[3] Em outras palavras, de diferentes maneiras a Apple poderia facilmente ter contado com o conhecimento que as pessoas já tinham ou do celular ou de seu próprio iPod. Mas a Apple passou a focar no usuário e perguntou como as pessoas escolhiam as coisas no mundo. A resposta é que elas usam as mãos para agarrar e os dedos para apontar. Como disse Jobs na palestra de apresentação do iPhone:

> Nós vamos usar o melhor dispositivo de apontamento do mundo. Vamos usar um dispositivo de apontamento com o qual todos nós nascemos – nascemos com dez deles. Vamos usar o dedo.[4]

---

3 "Virtual Scroll Wheel Patent Shows Alternate iOS Input Method", *AppleInsider*, 7 de agosto de 2012, disponível em: https://appleinsider.com/articles/12/08/07/virtual_scroll_wheel_patent_shows_alternate_ios_input_method.

4 WRIGHT, "The Original iPhone Announcement Annotated".

Juntar a tecnologia com a forma como os usuários fazem as coisas no mundo significava que um usuário poderia "apontar" para algo na tela, e a tela capacitiva conseguiria identificar onde ele tocava. É claro, a razão pela qual essa camada é chamada de Cocoa Touch é que o ato de tocar a tela se tornou uma força motriz para toda a interface. Assim, a metáfora "tocar é selecionar" é uma ponte entre as questões técnicas dos engenheiros, que cercam a conexão de ações do software, e as decisões do usuário e sua experiência em aprender a fazer coisas sem precisar de novos conhecimentos técnicos.

Antes, os botões físicos eram dedicados a ações específicas. Com o toque, foi possível criar botões virtuais para basicamente qualquer ação, que por sua vez significava que o software poderia mudar dinamicamente da forma que Jobs previu. Como já vimos, as atualizações frequentes de software são um marco das tecnologias digitais no mundo de hoje. Isso precisava de um novo paradigma de desenvolvimento no Cocoa Touch, para permitir que os desenvolvedores de apps colocassem seus próprios botões na tela e conectassem esses botões a ações arbitrárias. Em termos de software, esse paradigma é chamado de "programação orientada a eventos". O Cocoa Touch monitora a tela e consegue processar o que o usuário faz, o ponto na tela onde o usuário toca, por quanto tempo etc. Os desenvolvedores de aplicativos conseguem pegar os resultados desse processamento e usá-los para determinar a intenção do usuário. Logo, a ideia de Jobs de que o software deveria ser dinâmico e atualizável agora era realizável, porque a interface de toque geral conseguiria suportar qualquer tipo de interação de usuário que os desenvolvedores de aplicativos pudessem sonhar. A escolha da Apple de buscar inspiração no usuário em vez de nos engenheiros levou a um novo paradigma de software, e não coincidentemente o mais bem-sucedido produto de consumo na história – e, ao fazê-lo, eles usaram uma metáfora eficiente. Libertar o software da tirania dos botões dedicados tinha outras vantagens: os desenvolvedores ficariam livres para permitir que as interfaces de usuário de seu software tivessem a cara que eles quisessem. Em um celular, as atualizações poderiam ser realizadas sem o custo e o tempo exigidos para fabricar discos físicos; poderiam ser feitas com maior frequência e praticamente a um custo zero.

O veículo dessa metáfora é "selecionar" ou "escolher", e o teor é "tocar". Essa é uma metáfora de tecnologia eficaz porque, do ponto de vista das pessoas que precisam usá-la, ela quase nem é uma metáfora. Como Jobs observou em sua palestra, os dedos são o maior dispositivo de seleção já criado. A riqueza da metáfora não vem de uma grande reorganização cognitiva por parte do receptor, tampouco a requer; ela vem das maneiras como a tecnologia foi capaz de empregar a metáfora. Todas as camadas no iOS, e agora no Android, trabalham para esconder todos os detalhes necessários para fazer isso acontecer. A metáfora nos faz ver o ato de tocar como selecionar, e metáforas muito eficientes como essa remoldam a forma como vemos o mundo. Ao fazerem isso, elas se tornam transparentes.

Outra característica de metáforas altamente eficientes é que elas se tornam aquilo que Lakoff e Johnson chamam de metáfora estrutural, como a frase "discussão é guerra".[5] Tais metáforas não somente nos fazem ver discussões como guerra. Elas também

---

5 LAKOFF e JOHNSON, *Metaphors We Live By*.

criam uma região metafórica na qual outras expressões conectadas florescem, como "Suas afirmações são indefensáveis" e "As críticas dele foram certeiras". Em termos de interface de toque, "tocar é selecionar" levou a uma série de metáforas relacionadas, inclusive "agarrar é tocar e segurar", "deslizar é mover" e outras, criando uma constelação de metáforas relacionadas e oferecendo uma base para outras metáforas da tecnologia.

A metáfora da interface tátil tem outra camada que também contribuiu para seu sucesso. Tocar um objeto para selecioná-lo, ou tocar um objeto para "agarrar" e depois arrastá-lo com o dedo – essas são operações que têm análogos físicos. Nós tocamos em coisas para selecioná-las, mas também podemos usar o dedo para manipular objetos. A interface de toque permitiu que o software se comportasse da mesma forma. Quando Jobs mostrou pela primeira vez o "deslize para desbloquear" e "deslize para rolar", a plateia claramente ficou chocada. Eles podem não ter entendido nada a respeito de como essa tecnologia funcionava, em termos de telas capacitivas e softwares desenvolvidos, mas era evidentemente útil e um salto à frente daquilo com que eles estavam acostumados.

Sabendo o que se sabe hoje, é fácil sentir que o sucesso do iPhone era uma conclusão óbvia, já que a interface tátil é tão obviamente superior a teclados físicos e outras alternativas anteriores. E embora seja verdade que o iPhone era muito esperado, essa expectativa se construiu basicamente sobre o sucesso da Apple com o iPod. De fato, a interface tátil era vista como o maior obstáculo ao sucesso do iPhone. Em uma entrevista que ficou famosa, o CEO da Microsoft na época, Steve Ballmer, deu risada do dispositivo absurdamente caro, observando que sem o teclado ele "não era uma boa máquina de e-mails, e assim seria rejeitado pelos clientes empresariais". Notem como a visão de Ballmer sobre o sucesso de um smartphone se baseava em seu uso como uma máquina de e-mails. Para usar uma metáfora do hóquei de que Jobs gostava, Ballmer estava patinando em direção ao disco, nesse caso o e-mail, enquanto o iPhone estava patinando na direção em que o disco estava indo. Na verdade, choveram previsões de malogro do iPhone quando este foi lançado, com todos os veículos de notícias declarando que ele estava fadado ao fracasso.[6] Mesmo em 2009, ainda havia artigos sendo escritos sobre o "calcanhar de Aquiles" do iPhone e como deveriam acrescentar um teclado a ele. De muitas maneiras, a reação da imprensa da tecnologia ao iPhone revela a desconexão entre as pessoas dentro da indústria da tecnologia e o público geral. As pessoas dentro da indústria são "usuários avançados" e, portanto, não representam o público, já que seus modelos mentais de tecnologia são muito mais desenvolvidos que os da pessoa comum. Esse tipo de usuário tem interesse em truques e atalhos, e quer maximizar a eficiência. O público, por outro lado, só quer algo que seja divertido e fácil de usar, que não exija um processo lento de aprendizado. O iPhone se tornou o mais bem-sucedido produto de consumo na História ao atender a essas necessidades e muito mais. Vale notar que esse padrão se repetiu inúmeras vezes com os produtos da Apple; o iPad, o Apple Watch e o AirPod foram todos ridicularizados pela imprensa da tecnologia quando lançados, e todos passaram a dominar seus mercados, em grande parte por se basearem em metáforas que os tornavam fáceis de usar e entender.

---

6 Para um resumo, ver FIEGERMAN, Seth. "The Experts Speak: Here's What People Predicted Would Happen When the iPhone Came Out". *Business Insider*, 29 de junho de 2012, disponível em: https://www.businessinsider.com/iphone-predictions-from-2007-2012-6.

O iPhone vendeu seis milhões de unidades em 2007, e o impacto da interface tátil sobre o resto da indústria foi imediato. Em 2008, quando ele vendeu 25 milhões de unidades, já havia dois outros telefones que usavam *touchscreens* e venderam mais de 10 milhões de unidades, um da Nokia e outro da Samsung. Em 2009, começaram a aparecer no mercado telefones que usavam Android, o sistema operacional do Google que era um concorrente do iOS, mas que também usava um sistema de interface tátil. A Nokia conseguiu continuar lançando telefones com botões físicos que vendiam na casa das centenas de milhões até 2015, mas àquela altura o mercado dos smartphones já havia sido completamente tomado pelo iOS e pelo Android. No primeiro trimestre de 2011, a Apple obteve mais lucros no mercado de telefones do que todo o resto da indústria somado, enquanto o Android era descrito como um "bote salva-vidas" para o resto.[7] A interface tátil levou pouco mais de três anos para dominar completamente o mercado de smartphones. Essa transição pôde acontecer tão rápido em parte por causa do ciclo cognitivo-hermenêutico. O iPhone era, e ainda é, um produto de luxo. Ainda em 2013, a Nokia escrevia em seu blog sobre a importância de se fabricar smartphones baratos.[8] Mas empresas como a Samsung conseguiram assumir parte do mercado

---

7 Daniel P. "Four Years of Disruption: Cell Phone Industry Financials 2007-2011". *PhoneArena*, 14 de julho de 2011, disponível em: https://www.phonearena.com/news/Four-years-of-disruption-cell-phone-industry-financials-2007-2011_id20153.

8 Phil B. "Importance of First – Why Nokia Cares about Super Afordable Mobile Phones". *Nokia Conversations: The Official Nokia Blog*, 16 de setembro de 2013, disponível em: https://web.archive.org/web/20130916190754/http://conversations.nokia.com/2013/09/13/importance-of-first-why-nokia-cares-about-super-afordable-mobile-phones.

porque o Android permitiu que elas fizessem telefones melhores de forma barata também. O Android era basicamente gratuito, e seu software tornava os celulares que o adotavam capazes de um número quase infinito de coisas.

Enquanto isso, a metáfora "tocar é selecionar" se tornou familiar a todos que tenham usado smartphones ou tablets na última década, inclusive uma nova geração de crianças que nunca aprenderam qualquer outra forma de interagir com eles. São muitos os relatos de crianças que tentam tocar e deslizar em outros dispositivos como a televisão, à medida que os usuários foram se tornando cada vez mais ignorantes das camadas de tecnologia necessárias para seu funcionamento.

Vale notar que a metáfora permanece praticamente intocada mais de uma década depois de sua introdução. Houve melhorias incrementais em como a metáfora é implementada, mas não no tipo de ciclo hermenêutico total que discutimos ao longo deste livro. Por exemplo, há novos gestos táteis adicionados periodicamente tanto ao Android quanto ao iOS, mas a maioria desses gestos são úteis principalmente para usuários avançados. A grande maioria das interações de usuários com telefones consiste em tocar, arrastar, deslizar, todos gestos introduzidos no primeiro iPhone. Houve experimentos para modificar a experiência, como a introdução do Force Touch da Apple, onde o nível de força aplicado pelo usuário pode diferenciar a operação selecionada. Mas tais complicações não melhoram a metáfora; elas a bagunçam, e nenhuma delas encontrou um uso *mainstream*. É razoável supor que muitas dessas variações não encontraram um uso generalizado porque simplesmente não correspondem à fisicalidade da metáfora original. Usuários do primeiro iPhone achariam simples se adaptar aos telefones mais recentes de qualquer fabricante. Isso se deve basicamente à força da metáfora original e ao nível de correspondência com a tecnologia envolvida.

Contudo, a verdadeira importância da interface tátil é o fato de ela ser uma tecnologia de base que fornece uma camada de fundação para outros aplicativos móveis. Em 2021, a publicação *Inc.* chamou o e-mail em que Steve Jobs deu aos desenvolvedores a aprovação para escrever aplicativos usando o software de interface tátil da Apple de "o mais importante e-mail da história dos negócios".[9] Pensem nos navegadores. A força vital da internet vem dos hyperlinks embutidos nas páginas web. Um usuário que esteja num site de comércio eletrônico como a Amazon pode facilmente rolar uma página usando o dedo e depois tocar e selecionar qualquer item que queira comprar, ou clicar em qualquer link para outras páginas só encostando neles. É quase impossível imaginar como isso funcionaria em um telefone sem interface tátil. Ao mesmo tempo, já que todos os aplicativos usam interface tátil em sua própria interface, eles são livres para se basear nela, explorando o fato de que o usuário saberá como funciona. Os aplicativos normalmente não precisam ensinar o usuário a selecionar e deslizar porque ele já está acostumado, mas a generalidade da interface tátil também é tão ampla, que um gesto como um deslizar pode ser facilmente adaptado individualmente por cada aplicativo, como o Tinder fez quando criou seu famoso mecanismo de seleção em torno do deslizar para a direita ou a esquerda, para mostrar a preferência do usuário.

---

9 ATEN, Jason. "14 Years Ago, Steve Jobs Sent the Most Important Email in the History of Business". *Inc.*, 5 de junho de 2021, disponível em: https://www.inc.com/jason-aten/14-years-ago-steve-jobs-sent-most-important-email-in-history-of-business.html.

Falando em tocar é selecionar

A interface tátil talvez seja o exemplo mais puro do valor e do poder da metáfora na tecnologia. "Tocar é selecionar" é algo fácil de entender, portanto é transparente mesmo para um novo usuário. Entretanto, a metáfora esconde um conjunto complexo de tecnologias das quais os usuários não precisam ter ciência. Como mediadora primária entre telefones e usuários, a interface tátil também serve como base metafórica para os aplicativos.

9. MEDIANDO RELAÇÕES: MÍDIAS SOCIAIS

Outras inovações importantes que vieram com a introdução do iPhone foram a loja de aplicativos e a decorrente "economia de aplicativo". Nos primeiros estágios da revolução do computador pessoal, os softwares eram caros e difíceis de atualizar. Eles vinham em discos físicos e exigiam um investimento significativo de tempo e dinheiro, tanto por parte dos produtores da atualização quanto do consumidor. Quando o iPhone foi introduzido em 2007, isso estava começando a mudar, uma vez que os aplicativos de computador podiam ser baixados pela internet. Era uma imensa vantagem para os desenvolvedores, porque reduzia os custos das atualizações a praticamente zero, e para os consumidores, porque conseguiam obter softwares mais baratos, não precisavam ir até uma loja ou esperar chegar pelo correio, e podiam atualizar o software a qualquer momento pela internet. Mas mesmo com a possibilidade de atualizar remotamente o software (atualizações *over-the-air*), somente fabricantes de dispositivos podiam usar essa funcionalidade. Então, todos os softwares de aparelhos móveis eram criados por um grupo limitado de desenvolvedores associados a fabricantes de hardwares. Esse ecossistema limitava tanto a criação de novos aplicativos quanto a diversificação de experiências. Como veremos no Capítulo Doze, mesmo hoje empresas como a Apple, que lucraram muito com lojas de aplicativos, ainda relutam em abrir completamente seu ecossistema.

A loja de aplicativos representava o passo seguinte nessa revolução. Do ponto de vista dos desenvolvedores, um novo aplicativo que eles criassem poderia automaticamente ir para a mesma "loja" que qualquer outro aplicativo, e todos os clientes do mundo poderiam obtê-lo. Do ponto de vista do consumidor, os aplicativos poderiam ser baixados por impulso. Com o tempo, o fato de que não existem custos marginais para aplicativos depois que eles são desenvolvidos levou a uma queda no custo dos softwares. Enquanto um aplicativo típico de computador antes custava pelo menos cinquenta dólares, e muitas vezes centenas de dólares, o preço típico de um aplicativo no mercado de celulares logo se tornou "gratuito". Isso levou os desenvolvedores a procurarem outras formas de ganhar dinheiro e naturalmente os levou a considerarem a publicidade.

Com a proliferação de aplicativos na era do celular e a consequente queda no preço que os consumidores estão dispostos a pagar por eles, a maior parte do dinheiro ganho pelos desenvolvedores na economia moderna de aplicativo vem dos anúncios.[1] Então, para ter sucesso, o desenvolvimento de um aplicativo precisa chamar e reter a atenção do usuário. Para desenvolvedores de softwares que participam dessa "economia da atenção",[2] esse problema pode ser visto como "de que forma podemos manter as pessoas engajadas (online) o máximo possível?". Desse ponto de vista, o software que compete nessa economia da atenção está tentando suplantar indústrias anteriores

---

1 A exceção são jogos onde economias de "compra *in-app*" prosperam. Muitos jogos são feitos de modo que os usuários possam pagar para torná-los mais fáceis de jogar, ou obter novas habilidades ou mesmo deixar de ver anúncios.

2 GOLDHABER, "Attention Economy and the Net".

que também competiam pela atenção ao fornecer entretenimento, como filmes e televisão. Na verdade, a televisão em si é construída sobre a metáfora "uma janela para o mundo",[3] e, de forma geral, os aplicativos estão de fato trabalhando para substituir a televisão como essa janela. A solução anterior de reter a atenção do público, como incorporada pela indústria da televisão, era para a indústria em si produzir o máximo de conteúdo possível. É claro, criar tal conteúdo é caro e arriscado – depois de gastar grandes quantias de dinheiro desenvolvendo um programa, as redes de televisão basicamente esperariam que esse programa fosse o que os consumidores queriam, e muitos desses programas eram abandonados depois de apenas alguns episódios exibidos. Assim, a dimensão temporal do modelo antigo era longa; criar um novo programa, roteirizá-lo, produzi-lo e por fim exibi-lo poderia levar um ano ou mais. No entanto, o poder desse modelo é tão grande que não somente a indústria da televisão ainda o usa, como também a Netflix e concorrentes digitais mais recentes como Amazon Prime, Disney+ e HBO Max, porque o controle sobre o conteúdo *premium* é uma forma de reter a atenção do usuário.

A ascensão das redes sociais representa um modelo alternativo, no qual o conteúdo de fato vem dos usuários (observamos aqui que a indústria dos games permite um outro modelo ainda). Isso resolve dois grandes problemas de uma só vez: os desenvolvedores de aplicativos não são mais responsáveis pela criação de todo o conteúdo exigido para manter os usuários engajados, e o conteúdo provavelmente será interessante e

---

3 HUTCHINSON, Thomas H. *Here Is Television, Your Window to the World*. Nova Iorque: Hastings House, 1950.

envolvente para os usuários por eles mesmos serem os criadores. Tal conteúdo também pode ser muito mais sensível ao que está acontecendo no mundo, já que ele pode ser gerado muito rapidamente. Em outras palavras, onde a televisão era uma metáfora de uma janela para olhar o mundo, as mídias sociais são uma metáfora em que o mundo pode olhar para dentro da janela do indivíduo. Para que isso funcione, essas redes precisam do maior número possível de pessoas conectadas umas às outras para manter alto o fornecimento de conteúdo. Então, é do interesse dos desenvolvedores que trabalham em redes sociais desenhar um software que incentive as pessoas a se conectarem umas com as outras, mesmo sem uma relação no mundo real. As conexões coletivas entre os usuários às vezes são chamadas de "grafo social", e a ideia da perspectiva do desenvolvedor é que esse grafo seja densamente condensado. Assim, nessa reconfiguração, usuários de redes sociais são encorajados a formar relações com pessoas que nunca viram. "Amigos" de Facebook podem nunca ter estado sequer no mesmo ambiente. "Conversas" com celebridades e pessoas do outro lado do mundo são igualmente possíveis. Além disso, a dimensão temporal da criação de conteúdo encolheu até quase sumir – o conteúdo é consumido quase imediatamente depois de criado, e as consequências de um conteúdo ruim são mínimas.

Mas as redes sociais vão além da simples metáfora da "tela como entretenimento". O grafo social é construído em torno do contexto semântico dos relacionamentos e assim refina a metáfora geral do "entretenimento" para ser mais especificamente a respeito de relacionamentos, sejam amizades, românticos ou outros. (Por quererem manter o usuário engajado, redes como o Facebook cresceram e passaram a incorporar outras funções também.) Esses relacionamentos são expressos de formas um tanto diferentes de acordo com a rede, mas no geral as redes sociais tentam capturar o espírito envolvido em "pôr o papo em dia" com um amigo existente, fazer possíveis novos amigos ou começar novos relacionamentos. No mundo pré-digital, os amigos interagiam encontrando-se pessoalmente, algo que exigia que se estivesse no mesmo lugar ao mesmo tempo. Quando as pessoas se encontravam com amigos, parentes e conhecidos, elas inevitavelmente passavam tempo trocando informações, ou "colocando a conversa em dia", contando o que aconteceu em suas respectivas vidas desde a última vez que se encontraram. Em uma rede social, uma "postagem" é uma metáfora para esse processo. Uma postagem, seja por *tweet*, foto ou vídeo, informa ao mundo sobre o que o autor da postagem estava fazendo ou pensando. Em uma situação do mundo real ou pré-digital, nossos amigos reagiriam às nossas notícias criando uma conversa e dando apoio. Em uma rede social, a metáfora transforma essas conversas em comentários na postagem, e o apoio é expresso e coletado na forma de "curtidas". Assim, a metáfora completa é: "colocar a conversa em dia com amigos é postar, comentar e curtir".

Uma determinada rede social contém "feeds", que mais uma vez se baseiam na fundação fornecida pelo construto básico da lista de softwares. Toda vez que você acessa uma rede social, ela lhe apresenta as postagens que foram feitas desde a última vez que você entrou. A estrutura organizacional mais simples para tais *feeds*, e que é facilmente implementada, é uma lista ordenada pelo tempo – uma linha do tempo. E, de fato, muitas redes sociais, como o Twitter, são organizadas em torno desse conceito. No entanto, uma linha do tempo bruta romperia a metáfora do "pôr a conversa em dia", e poderia ficar confusa à medida que o número de postagens fosse crescendo. Por exemplo, em 2018 um comentarista de questões de tecnologia, Benedict Evans, estimou que o usuário médio do Facebook receberia entre 1.500 e 2.000 itens em seu *feed* a cada dia, com base em 150 amigos que postassem ou colocassem links para 10 a 20 itens por dia.[4] Isso mostra como o Facebook resolveu bem o problema da geração de conteúdo, mas também por que o *feed* precisa de uma organização adicional. Então, as interfaces de usuário nas mídias sociais, em geral, são concebidas como uma combinação de tempo com conversas. O resultado é um sistema mais coerente e significativo do que se os usuários simplesmente vissem uma lista de itens ordenados cronologicamente. Essa estrutura adicional é uma necessidade, porque a tecnologia removeu as restrições prévias sobre as conversas que são fixas no tempo e no espaço. A estrutura extra também fornece ao usuário um modelo mental que lhe permite entender o que normalmente poderia ser um fio de trechos de conversas aparentemente desconexas, e superar a distância semântica do conceito de conversa cara a cara. A metáfora da conversa também permite que os usuários tenham a ilusão de ver pessoas com quem estão conectados como amigas. Assim, a refiguração do conceito de relação sob essa metáfora não somente rompe limites temporais e espaciais, como até amplia a definição de relacionamento para incluir pessoas que talvez nunca tenham se encontrado.

---

4 EVANS, Benedict (@benedictevans), "O usuário médio do Facebook pode ver 1500-2000 itens por dia. Isso soa absurdo, mas são somente 150 amigos postando, curtindo, compartilhando dez vezes por dia cada um. E três segundos x 1500 itens são 75 minutos. Sempre haverá um filtro – a única questão é de que tipo", Twitter, 23 de janeiro de 2018, disponível em: https://twitter.com/benedictevans/status/955625564945096709.

A metáfora dos "amigos pondo a conversa em dia" é um ponto inicial útil para uma empresa de mídia social. Ela é familiar a todos, aproveita a estrutura conectada da intenet e – com o conceito de um *feed* organizado por uma combinação de tempo, pessoas e conversas – é facilmente entendida mesmo por usuários não técnicos, que não precisam aprender comandos especializados ou usar interfaces complicadas. Entretanto, ao expandir a metáfora além dos amigos mais próximos e parentes para incluir até pessoas que o usuário pode nunca ter conhecido, as redes sociais expandiram o campo semântico do que significa colocar a conversa em dia. Por um lado, as pessoas podem se conectar com um número arbitrário de outras pessoas, conhecendo-as diretamente ou não. Por outro, a informação que elas optam por compartilhar com os outros pode ser cuidadosamente curada, se assim desejarem. A intimidade de um compartilhamento próximo com alguns amigos pode ser alterada para um compartilhamento com o público geral, com quantas pessoas desejar. Além disso, colocar a conversa em dia com amigos normalmente ocorre em contextos e locais específicos, em momentos pré-determinados, que fazem com que o conteúdo compartilhado fique restrito ao contexto do receptor e ao momento em que isso acontece. Ao reconfigurar o "colocar em dia", as linhas do tempo das mídias sociais rompem esses limites temporais e físicos, criando o que danah boyd chamou de "colapso de contexto", que altera profundamente a dinâmica da autoexpressão.[5] Esse enfraquecimento do que significa ser um amigo beneficia diretamente as redes sociais, uma vez que

---

5 BOYD, danah. *It's Complicated: The Social Lives of Networked Teens.* New Haven, CT: Yale University Press, 2014, p. 47-49.

as ajuda a resolverem seu problema de criação de conteúdo na economia da atenção.

Enquanto isso, o ciclo cognitivo-hermenêutico continua conforme as redes sociais competem entre si. No momento em que este livro está sendo escrito, a grande tendência do momento é o TikTok, e mesmo redes mais novas baseadas em áudio como o Clubhouse. À primeira vista, pode parecer que o TikTok é só mais uma rede social onde os usuários criam o conteúdo, mas essa visão ignora um fator crucial no sucesso do TikTok. A restrição de uma rede social pura é o fato de que, embora os usuários criem o conteúdo, você ainda está relativamente limitado por ver somente o conteúdo das pessoas que segue – seus amigos. As redes sociais continuam a ajustar essa ideia; por exemplo, o Twitter permite que os usuários retuítem os outros, o que seria uma versão de "um amigo me disse...", aproveitando assim o poder da rede. O TikTok remove essa restrição de uma vez, em prol de seu algoritmo de compartilhamento. Agora os usuários essencialmente têm acesso ao conteúdo criado por todos os outros usuários. Isso é possível de forma geral nas redes sociais para itens que têm um alcance viral suficiente, mas o TikTok remove a fricção no processo que vem da rede. De modo geral, pode-se dizer que o TikTok faz sucesso por remover a fricção dessa forma, e também por reduzir a fricção da criação de novos vídeos, o que por sua vez ajuda a garantir um grande suprimento de conteúdos em vídeo.

Os *feeds*, seja o *feed* algorítmico de vídeos do TikTok ou o *feed* de notícias do Facebook, evoluíram para um tipo de corrida armamentista onde o objetivo é o engajamento de usuários. Afinal, por causa dessa competição, os aplicativos exigem altos volumes de conteúdo que eles tentam customizar para desejos individuais. Como disse o comentarista de tecnologia Benedict Evans, "todos os aplicativos de redes sociais crescem até que você precisa de um *feed* de notícias. Todos os *feeds* de notícias crescem até que você precisa de um *feed* algorítmico".[6] O TikTok e o Facebook não escondem o fato de que seus algoritmos são pensados para otimizar o engajamento, que aqui é um substituto da atenção. Lembrem-se do que foi dito no Capítulo Seis: nós, como indivíduos, experienciamos uma espécie de constante cabo de guerra entre nossas inclinações e nossas intenções através da atenção voluntária e involuntária. A atenção voluntária é associada à vontade, e é empregada para nos ajudar a alcançar nossos objetivos. Os *feeds* das redes sociais são pensados para distrair o usuário a ponto de frustrar sua vontade de fazer algo diferente ou ser produtivo. Sempre existe mais um vídeo fofinho de gato ou outra história política pensada para provocar revolta. Como existe um ecossistema desses aplicativos, sua solução inevitável é empregar o aprendizado de máquina para determinar exatamente quais são suas necessidades e então recorrer ao seu vasto estoque de postagens para fornecer isso para o usuário. Em outras palavras, esses aplicativos estão aprendendo a como frustrar sua força de vontade, e cada vez que você clica no botão de "curtir" ou no ícone de coração, você está lhes ensinando como. Assim como sugere o título do livro de Adam Alter, as linhas do tempo se tornam "irresistíveis", uma vez que exploram o vício comportamental, e metáforas digitais efetivas podem ser um componente crucial de tal engenharia comportamental. Alter menciona o comentário de Tristan Harris, de que

---

6 EVANS, Benedict. "Death of the Newsfeed". *Benedict Evans* (blog), 3 de abril de 2018, disponível em: https://www.ben-evans.com/benedictevans/2018/4/2/the-death-of-the-newsfeed.

não são as pessoas que carecem de força de vontade, mas que "existem mil pessoas do outro lado da tela cujo trabalho é minar a autorregulação que você tem".[7]

Boa parte dos textos sobre o tema da informação acerca dos usuários que essas empresas estão adquirindo normalmente é formulada em termos de publicidade, e de fato é importante, já que gera receita, mas não haverá ninguém para quem anunciar se eles tiverem trocado seu aplicativo pelo do concorrente. Embora seja verdade que os usuários não são os clientes desses aplicativos, estes precisam do maior número possível de usuários engajados para sobreviver.

Antes das escolhas praticamente infinitas da internet e dos algoritmos de aprendizado de máquina empregados para reter nossa atenção, em 1985 Neil Postman escreveu um livro profético, chamado *Amusing Ourselves to Death* [algo como "Morrendo de se Entreter", em tradução livre], no qual ele descrevia como o meio da televisão foi pensado para reter nossa atenção e as consequências bastante catastróficas (pelo menos do ponto de vista dele) de uma nação que buscava e encontrava entretenimento constante enquanto a televisão enfraquecia todas as outras formas de comunicação. No prefácio, ao discutir as diferenças entre *1984* e *Admirável Mundo Novo*, ele observou:

> Orwell temia aqueles que nos privariam de informação. Huxley temia aqueles que nos dariam tanta informação, que seríamos reduzidos à passividade e ao egoísmo. Orwell temia que a verdade seria escondida de nós. Huxley temia que a verdade fosse se afogar em um mar de irrelevância.[8]

---

7 ALTER, *Irresistible*, p. 3.

8 POSTMAN, Neil. *Amusing Ourselves to Death: Public Discourse in the Age of Show Business*. Nova Iorque: Penguin, 1985, p. 5.

Postman observou que seu livro era sobre a possibilidade de que o *Admirável Mundo Novo* de Huxley estivesse certo. Existe pouca razão para acreditar que as décadas seguintes desde que o livro foi publicado fariam Postman mudar de ideia. Quando ele estava escrevendo, a maioria das pessoas só tinha quatro opções de canais de televisão. O mundo digital, por outro lado, possibilita uma escolha quase infinita, inclusive muitos produtos que refinaram incansavelmente a arte de capturar e reter a atenção. Como observamos no Capítulo Três, Herb Simon, escrevendo mais ou menos na mesma época que Postman, disse que a atenção era um "recurso precioso" em um mundo rico em informações.[9] Cinquenta anos depois, a expressão "rico em informações" é dramaticamente modesta, dentro de um mundo em que existe mais informação do que nunca, mas também onde as conexões humanas estão sendo cada vez mais diluídas.

Falando em mídias sociais

Os aplicativos de mídias sociais procuram mediar como nos relacionamos uns com os outros através de metáforas baseadas em conceitos como amizade, namoro e grupos sociais.

O objetivo dos desenvolvedores é conquistar e reter a atenção dos usuários. Sua metodologia depende basicamente do desenvolvimento constante de conteúdo pelos próprios usuários. As metáforas de cunho positivo, como os botões de "curtir", ajudam nessa tarefa.

Os usuários são capazes de manter relações sem as restrições de distância e tempo impostas por uma interação pessoal.

---

9 HE, "Introducing New Like and Share Buttons".

Esses aplicativos estão aprendendo a como frustrar a força de vontade do usuário, e cada vez que este clica em "curtir" ou em um ícone de coração, está lhes ensinando como fazê-lo.

Tabela 1: Diferentes aspectos das relações com e sem mídias sociais

Características das relações	**Direta**	**Mediada pelas mídias sociais**
Conhecer	Pode ser fortuito, pode ser através de amigos em comum	Pode ser descoberto, pode ser procurado
Pôr a conversa em dia	Falar pessoalmente	Postar, ler postagens
Apoio	Aconselhar, incentivar	Curtir e comentar postagens
Intimidade	Varia de acordo com o nível de amizade, mas tende para interações mais pessoais	Pode variar, mas tem uma forte atração pelo público

10. MEDIANDO A COMUNICAÇÃO: MENSAGENS DE TEXTO

Uma propriedade comum dos aplicativos móveis é que eles fornecem a habilidade de romper limites espaciais e temporais para atividades que antes eram limitadas em uma das dimensões ou em ambas. O fato de os smartphones ainda serem chamados de "telefones" dá primazia ao seu papel como telefones que não são mais atrelados a um único local. Dado esse fato, é natural que o telefone móvel tenha começado uma era de evolução em como as pessoas se comunicam. Algumas alternativas de comunicação ao smartphone-como-telefone-móvel surgiram na esteira da revolução do celular, sendo as mensagens de texto talvez a mais importante. Os aplicativos de chamada nos celulares removeram o espaço como uma limitação sobre a comunicação, mas não o tempo. Para fazer uma chamada, não era mais necessário estar em um lugar específico, preso a um fio. No entanto, para falar com alguém em um telefone móvel, você ainda precisa usar o aplicativo de chamadas no mesmo momento que a outra pessoa – vocês devem estar temporalmente em sincronia. Isso sugere que os aplicativos que removem a restrição temporal teriam alta demanda. Os antecedentes que fazem isso, os aplicativos de mensagem de texto, são simples – telegramas e cartas. Ambos removiam restrições temporais e espaciais sobre a comunicação; não era necessário estar perto nem em tempo, nem em espaço, para se comunicar com alguém por telegrama ou carta. É possível até mesmo ver que os telegramas, e especialmente as cartas, foram uma forte influência sobre o desenvolvimento das mensagens de texto na iconografia de muitos aplicativos de texto, que lembram envelopes de cartas.

As mensagens de texto surgiram em 1984 com um sistema chamado "SMS", que significa "short message service" ["serviço de mensagens curtas", em português] e inicialmente limitava as mensagens a 160 caracteres, para poderem caber em formatos existentes de sinalização.[1] Em outras palavras, a versão original do SMS era moldada quase inteiramente por uma combinação das formas pré-existentes de comunicação que removiam restrições temporais e espaciais, juntamente com limitações tecnológicas presentes na época. Assim, o SMS não começou como uma reimaginação da comunicação, mas sim como um casamento muito direto entre tecnologia e uma metáfora existente. Mais tarde, o formato viria a levar o Twitter a adotar o mesmo limite de caracteres para os *tweets*. A metáfora original "mensagens de SMS são telegramas" é um tipo de metáfora de segunda ordem, no sentido de que um telegrama é uma metáfora em si para a comunicação, e portanto não ressoa tão facilmente quanto uma metáfora como "tocar é selecionar".[2] Em comparação, "tweet" tem um valor próprio e captura a natureza breve das mensagens

---

1 MILIAN, Mark. "Why Text Messages Are Limited to 160 Characters". *Los Angeles Times Blog*, 3 de maio de 2009, disponível em: https://latimesblogs.latimes.com/technology/2009/05/invented-text-messaging.html.

2 É intrigante que a ideia subjacente de distorção espacial esteja refletida na etimologia grega dessas três tecnologias: televisão, telegrama e telefone. Essas tecnologias pedem que os usuários as vejam como "ver", "escrever" e "falar", mas de longe. Juntas, elas formam um "agrupamento" de metáforas em torno da telecomunicação.

no Twitter. Observe que usamos o telegrama na metáfora original basicamente por causa da limitação de espaço. Os telegramas eram escritos para serem curtos; a vantagem das cartas é que elas podem ter o tamanho que o autor desejar. A escolha pelo uso de cartas na iconografia dos primeiros aplicativos de SMS certamente está ligada ao fato de que praticamente todo mundo tem experiência com e-mails, mas o uso de telegramas é relativamente raro na era moderna.

As fortes ligações entre a formulação original do SMS e a tecnologia impediram sua adoção. Para um usuário sem conhecimento especializado, o limite de 160 caracteres é desconcertante, misterioso e completamente antinatural em relação às formas familiares de comunicação. E também havia os problemas de se criar de fato uma mensagem. Como vimos no Capítulo Oito, os primeiros telefones não tinham teclados completos, então digitar uma mensagem envolvia um processo trabalhoso que não era intuitivo para usuários não-técnicos, o que os impedia de adquirir completamente a metáfora.

Com o tempo, muitos dos limites tecnológicos originais do SMS e de seu uso foram caindo um a um, em um ciclo técnico-hermenêutico contínuo – os teclados foram introduzidos, a tecnologia do *autocomplete* foi adicionada, as mensagens de texto passaram a permitir mais de 160 caracteres, as mensagens passaram a incluir áudio e vídeo etc., em um tipo de constante reformulação da tecnologia. Conforme isso acontecia, os desenvolvedores trabalhavam para incorporar as mudanças em seus sistemas para melhorar o software e torná-lo mais útil. Essas mudanças naturalmente romperam a tosca metáfora original, que por fim evoluiu para as "mensagens instantâneas". Embora as cartas removam um tipo de restrição temporal sobre a comunicação, elas não são nada instantâneas. Ao enfatizar a velocidade do SMS, os desenvolvedores foram capazes de reformular a metáfora original.

A nova metáfora se tornou "mandar mensagem de texto é conversar". Essa foi uma melhoria em relação à metáfora original em muitos sentidos, sendo um dos principais o fato de que ela não era mais uma metáfora de segunda ordem. Diferentemente das redes sociais, onde as postagens são feitas para todos que sejam seguidores, em um fio de mensagens de texto as conversas acontecem entre pessoas selecionadas e assim são mais focadas. E, diferente das cartas, um fio de mensagens de texto entre duas pessoas que estejam ao mesmo tempo online pode ser em tempo real, como uma conversa de verdade. Existem até mesmo algumas formas em que a mensagem de texto não simplesmente recria a conversa através da tecnologia, mas até melhora a experiência original. Nós já observamos que conversas por texto não têm as mesmas restrições espaciais e temporais que as conversas presenciais. Além disso, as conversas por texto reduziram as exigências de atenção, o que pode permitir a realização de múltiplas tarefas (ou mesmo ter várias conversas simultaneamente). Se for o desejado, essas conversas podem até mesmo deixar um vestígio concreto. Elas não precisam ser lembradas, podem ser relidas; podem também ser deletadas, e alguns aplicativos fazem isso automaticamente, de forma que não existam "rastros de papel". Por fim, elas não exigem que se fale, o que significa que elas podem acontecer mesmo em lugares onde falar em voz alta atrapalharia outras pessoas ao redor, embora o advento das mensagens de áudio permita o envio de textos falados. Assim, a mensagem de texto ampliou o sentido do que pode ser uma conversa.

Em 2010, o SMS já havia se tornado o aplicativo mais usado no mundo, onipresente a ponto de não fazer mais sentido chamar os aparelhos móveis de "telefone", algo que vamos explorar no Capítulo Dez.[3] (O uso de SMS especificamente não é mais tão frequente, uma vez que foi sendo substituído por sistemas similares como WhatsApp e iMessage da Apple, que acrescentam suas próprias funcionalidades.) Mostramos no Capítulo Dois como a metáfora "texto é conversa" se tornou tão profundamente inserida entre os jovens. Ademais, a mensagem de texto, especialmente quando evoluiu para além do SMS, continua a desamarrar ainda mais as regras da conversa. Originalmente, os textos eram enviados a um número de telefone, que por sua vez era conectado a um dispositivo específico, da mesma forma que chamadas telefônicas funcionaram por tanto tempo. Agora com o iMessage, por exemplo, as mensagens de texto podem ser enviadas a uma pessoa e podem aparecer em qualquer um de seus dispositivos registrados. Isso, por sua vez, até mesmo permitiu que as empresas modificassem os aplicativos de chamada de forma que eles funcionassem da mesma maneira; assim, a pessoa pode receber chamadas no laptop ou no tablet. A metáfora viveu mais do que a tecnologia original para a qual foi desenvolvida, e evoluiu para além dela. Esse é um exemplo de como uma metáfora digital pode ser mais importante do que a tecnologia específica à qual ela é inicialmente associada.

---

3 GAYOMALI, Chris. "The Text Message Turns 20: A Brief History of SMS". *The Weekly Law Reports*, 2012, disponível em: https://theweek.com/articles/469869/text-message-turns-20-brief-history-sms; ERICKSON, Christine. "A Brief History of Text Messaging". *Mashable*, 21 de setembro de 2012, disponível em: https://in.mashable.com/tech/9551/a-brief-history-of-text-messaging

É interessante considerar o impacto das mensagens de texto sobre as demandas por nossa atenção. Pode parecer que essa forma de comunicação exige menos atenção do que uma conversa cara a cara, mas olhando melhor, não parece nada claro que isso seja verdade. Por exemplo, para muitas pessoas, novas mensagens de texto costumam vir acompanhadas de notificações, que já têm um custo significativo em termos de atenção, como já observamos. Responder a essas mensagens também costuma dividir o fluxo de atividades de uma pessoa em segmentos cada vez menores, o que exige um constante deslocamento de atenção de uma coisa para outra. Cada um desses deslocamentos costuma vir acompanhado de uma necessidade de reorientar e refocar na atividade anterior da pessoa. Esse não seria o caso na maioria das conversas cara a cara, pois tanto pessoas quanto conversas estimulam a atenção involuntária. Normalmente não é necessário muito esforço de atenção para se conversar com outras pessoas, porque somos programados para achar outras pessoas interessantes. Por outro lado, digitar requer uma atenção focada. É claro que existem variações, dependendo das circunstâncias, mas conversas informais presenciais não esgotam a atenção de forma significativa.

Muitas pessoas relatam um problema ainda maior quanto à atenção e às mensagens de texto – o fato de elas sentirem ansiedade na espera por mensagens. Em *Alone Together* [algo como "Sozinhos Juntos", em tradução livre], Sherry Turkle conta sobre sua pesquisa com muitos adolescentes que esperam com ansiedade por respostas para suas mensagens de texto, especialmente quando envolvem conteúdo emocional.[4] Essa an-

4 TURKLE, *Alone Together*.

siedade é perturbadora e estressante, e pode até mesmo causar distanciamento de pessoas que estejam junto e notem os olhares furtivos constantes na direção do celular. Em conversas cara a cara, você raramente precisa esperar pela resposta da pessoa com quem está conversando. É claro, existem aqueles silêncios desconfortáveis ocasionais, mas em geral esse mesmo desconforto incentiva as pessoas a falarem. Em uma conversa por texto, na qual os participantes ficam livres de olhar para um rosto com expectativas, tais silêncios podem se estender por longos períodos de tempo. E o silêncio pode significar praticamente qualquer coisa, porque, como acabamos de observar, as pessoas podem facilmente executar várias tarefas ao mesmo tempo enquanto mandam a mensagem de texto, e assim podem simplesmente estar envolvidas em alguma outra coisa. As mensagens de texto têm muitos benefícios em potencial para a dimensão espacial das conversas, mas a perda da presença do outro e da imensa quantidade de contexto que vem junto às expressões faciais e aos gestos não deve ser minimizada.

Falando em mensagem de texto

As mensagens de texto começaram como uma metáfora tecnologicamente limitada, baseada em um híbrido de telegramas e cartas. Com o avanço da tecnologia e a expansão do uso, essa tecnologia evoluiu e deixou para trás as metáforas originais. A nova metáfora é: enviar mensagem de texto é conversar.

Assim como as mídias sociais, as mensagens de texto eliminam as limitações anteriores de tempo e espaço sobre as conversas. Parte da evolução dessa forma de comunicação envolve tentar superar os limites do texto. Entre os exemplos estão a capacidade de incluir mídia e o desenvolvimento contínuo de *emojis*.

Tabela 2: Diversos aspectos de uma conversa presencial versus mensagem de texto

Aspectos da conversa	Direta	Mediada pelas mensagens de texto
Capacidade de discernir intenção	Excelente, pode usar a inflexão, expressões faciais, gestos	Depende da habilidade da pessoa que está escrevendo a mensagem. Pode usar abreviações padrão, *emojis*, *gifs* etc. para complementar
Escopo	Normalmente dura enquanto os participantes estiverem juntos	Pode acontecer durante longos períodos de tempo
Permanência	Assim como com qualquer lembrança, se deteriora com o tempo	Pode ser efetivamente permanente ou efêmero com base na escolha do usuário
Convenções	Aprendidas ao longo de uma vida de prática	Podem variar muito
Ritmo	Os participantes se revezam. As pausas normalmente indicam que é a vez de outra pessoa falar	Às vezes, uma mensagem assinala que é a vez da outra pessoa. Às vezes não. As pausas podem indicar praticamente qualquer coisa
Privacidade	Depende do local	Dependo do app

11. MEDIANDO A MEMÓRIA: FOTOS E VÍDEOS

Praticamente todos os aspectos da fotografia foram afetados pela indústria do telefone móvel, e o motivo parece ser o velho aforismo atribuído a Chase Jarvis: "a melhor câmera é aquela que você carrega consigo". Não é mais preciso planejamento, nem espaço extra, nem filme ou outros equipamentos para carregar uma câmera consigo – ela vem integrada em um dispositivo que a maioria das pessoas já tem no bolso. Em outras palavras, a câmera de celular é conveniente, e a indústria dos smartphones mostrou claramente que conveniência tem peso na preferência do consumidor. Além disso, as câmeras de celular conseguem cada vez mais competir em termos de qualidade com quase todos os modelos de câmeras muito caros, especialmente porque a ascensão da fotografia digital tem melhorado suas capacidades. A qualidade das câmeras se tornou um diferencial para quem compra um celular novo. O conceito de se ter um telefone com câmera é uma ideia antiga baseada nas limitações do telefone fixo. Como discutimos no capítulo anterior, embora os telefones tenham removido as restrições espaciais sobre nossa capacidade de ter conversas, eles vieram com o custo de não se ver a pessoa com quem se conversa. Assim, era fácil imaginar o acréscimo de um componente de vídeo a chamadas telefônicas, que mitigaria essa perda. Por muito tempo, a ideia pareceu tanto uma evolução natural do telefone, que até Dick Tracy começou a fazer chamadas de vídeo com o relógio nos quadrinhos a partir de 1946 (aliás, essa tecnologia hoje também se tornou comum).

À medida que o celular foi se popularizando, as câmeras desses telefones melhoraram, assim como o armazenamento, e tornou-se cada vez mais possível para as pessoas registrarem suas vidas. Isso coincidiu com a popularização da "selfie", uma foto que a pessoa tira de si mesma e que virou "palavra do ano" no *Oxford English Dictionary* de 2013. A evolução da *selfie* está intimamente associada às mídias sociais, onde a palavra começou como uma *tag* para marcar o tipo de foto. Como discutimos no Capítulo Nove, uma função das mídias sociais é atualizar os amigos. *Selfies* são um meio simples e natural de melhorar esse processo, um modo fácil de mostrar o que se está fazendo e onde. Se uma imagem de fato vale por mil palavras, então algumas *selfies* podem ser usadas para criar uma narrativa eficiente sem o tempo e o esforço da digitação.

Em nossa discussão sobre o significado no Capítulo Um, notamos que mesmo as funções mais básicas de nossas vidas, como comer e acasalar, são mediadas e interpretadas de forma simbólica. Isso também vale para nossas lembranças. Como vimos no Capítulo Dois, o aprendizado é impactado pela repetição, pelas emoções e outros fatores. Como a memória é somente um tipo específico de aprendizado, é lógico que a memória tenha as mesmas características. Ademais, como vimos com o aprendizado de forma mais geral, as lembranças serão impactadas pela regra de Hebb e assim mudarão com o tempo, por exemplo, como quando contamos histórias do passado para amigos, essas repetições de fato afetarão as memórias. Acontece que, quando as lembranças de nossos amigos são diferentes das nossas, essas diferenças impactam nossas próprias lembranças também.[1] No Capítulo Dois, nós classificamos o aprendizado basicamente como algo que serve para nos ajudar a fazer previsões, mas também é importante no sentido de que fornece um elo para nosso passado. Assim, muitas cerimônias em torno da morte envolvem lembranças daqueles que se foram, entre outras razões, sinal de que também seremos lembrados depois que partirmos.

De muitas maneiras, a história da tecnologia é a história da oferta de formas cada vez melhores de capturar nossos eventos e momentos de vida. Provavelmente um dos primeiros usos da tecnologia, o desenho nas paredes de cavernas, era uma tentativa de capturar e comunicar uma lembrança. A invenção da escrita representou outro marco na preservação de nossas histórias e lembranças. Com o desenvolvimento da tecnologia, nossa capacidade de fazer isso melhorou proporcionalmente, e esse processo de melhora teve um salto exponencial na última década.

As pessoas vêm "registrando" suas vidas por meio de diários, cartas e afins há séculos. Assim como tantas outras coisas, a tecnologia digital só tornou o ato mais fácil. Um diário, por exemplo, requer tempo e disciplina. Por outro lado, tirar uma *selfie* com um dispositivo que está o tempo todo com você só requer alguns segundos. Uma das primeiras respostas da economia de aplicativo à popularização das *selfies* foi criar serviços de mídias sociais, como o Instagram e o Snapchat, que focam em fotos. De repente, os diários passaram a não precisar mais de texto. Ao mesmo tempo, esses serviços e outros forneciam maneiras fáceis de editar e manipular fotos, uma habilidade que

1 REESE e FIVUSH, "Development of Collective Remembering".

antes era relegada a quartos escuros, formação e equipamentos especializados. Assim, especialmente no contexto das mídias sociais, a vida que estava sendo registrada poderia de fato ser melhorada. O rosto que as pessoas começaram a mostrar para o mundo poderia ser alterado digitalmente. Para pessoas ávidas por obter mais curtidas nas mídias sociais, as *selfies* evoluíram de fotos informais para fotos cuidadosamente curadas e editadas, pensadas mais para projetar uma imagem desejada do que para refletir com precisão a realidade.

Portanto, havia um tipo de ciclo tecnológico-hermenêutico em escala industrial entre telefones e usuários. As possibilidades que o celular propiciava faziam com que os desenvolvedores de aplicativos respondessem com novas tecnologias digitais. Essas novas tecnologias, por sua vez, começaram a mudar o comportamento do usuário; como no caso das *selfies*, que levaram a economia de aplicativo para novas direções. Um momento importante desse ciclo ocorreu em 2013, quando o Snapchat introduziu uma nova função chamada "Stories" (inglês para "histórias"), onde os usuários podiam incluir uma série de fotos em uma única postagem. Assim como "tocar é selecionar", olhando hoje a ideia dos *stories* parece tão natural, que é quase difícil imaginar a vida sem eles. Também como "tocar é selecionar", "uma série de fotos conta uma história" praticamente nem é uma metáfora. Desde seu início, o conceito de *stories* foi emprestado ou roubado por praticamente todas as empresas de tecnologia que lidam com fotos. O Instagram essencialmente o copiou, lançando sua versão dos *Stories* em 2016. Serviços de armazenamento de fotos, como os da Apple e do Google, que claramente não iam manter o aspecto efêmero dos *stories* (no Snapchat e no Instagram, um *story* desaparece depois de vinte e quatro horas), transformaram a ideia em "Recordações", a partir de um serviço chamado Timehop. A ideia do Timehop era lembrar periodicamente o usuário do que estava acontecendo na sua vida em outros anos, ao mostrar suas postagens nas mídias sociais. Foi natural combinar essa ideia com fotos. O Google mencionou que, ao acompanhar o comportamento do usuário em seu serviço de fotos, notou que vários usuários nunca olhavam para muitas delas. Portanto, as funções do Recordações são pensadas para serem ostensivas: colocar fotos na frente do usuário, tendo ele pedido ou não. Então, o Recordações, assim como o Timehop antes dele e das notificações de calendário, é mais um exemplo da intrusividade da tecnologia, não importa que a motivação seja benigna.

O uso metafórico da memória fica claro na forma como esses aplicativos explicam sua funcionalidade básica para o usuário. Por exemplo, a página de ajuda do Google Photos diz: "As Recordações são coleções de algumas de suas melhores fotos e vídeos, seja de anos atrás ou das últimas semanas". Ela acrescenta a observação (que se torna quase irônica, quando pensamos metaforicamente) de que "as Recordações estão disponíveis em dispositivos Android, iPhones e iPads".[2]

Tanto a Apple quanto o Google constroem o Recordações algoritmicamente, ao fazerem uma seleção de fotos e vídeos com base em data e local, e também nos padrões de qualidade determinados pelo computador. A ideia, como é comum acontecer, é fazer com que os usuários interajam mais com o produto. Para o usuário, o atrativo é a conveniência. A facilidade de se tirar fotos

---

2 "Watch & Manage Your Memories", Google Photos Help, *Google*, acessado no dia 6 de agosto de 2021, disponível em: https://support.google.com/photos/answer/9454489?co=GENIE.Platform%3DAndroid&hl=en.

e vídeos também aumenta o volume de conteúdo a ser armazenado e organizado. Afinal, de que vale uma foto incrível se você nunca a vê ou não consegue encontrá-la quando quer vê-la? Essa é mais uma variação do problema da linha do tempo enfrentado pelas redes sociais, e mais uma vez a solução é o algoritmo. É claro, assim como ocorre com as redes sociais, os algoritmos podem ser problemáticos. Capturar recordações e nos lembrar de experiências dolorosas foi um dos primeiros efeitos colaterais que duram até hoje, amplificado pela pandemia da COVID-19.[3]

Existe mais uma questão, essa mais sutil, com as lembranças intrusivas: elas podem mudar a forma como nos lembramos de nossas experiências, e de fato o fazem. Em um artigo da *The Atlantic*, a psicóloga Robyn Fivush observa:

> Nós usamos a memória em parte para criar um senso contínuo do eu, uma "identidade narrativa" que atravessa os altos e baixos da vida: *Eu sou uma pessoa cuja vida tem sentido e propósito. Sou mais do que o objeto de forças brutas. Existe uma História de Mim.*[4]

Mais do que nunca, essa história é sujeita a mudanças e edições, seja pela seleção e alteração de fotos digitais e vídeos, seja pelo fato de que empresas de tecnologia escolhem quais recordações destacar, e a forma como ordená-las. No entanto, esses encontros digitais de fato alteram nossa memória. Como

---

3 GOODE, Lauren. "I Called Off My Wedding. The Internet Will Never Forget". *Wired*, 6 de abril de 2021, disponível em: https://www.wired.com/story/weddings-social-media-apps-photos-memories-miscarriage-problem/.

4 GREENE, Melissa Fay. "You Won't Remember the Pandemic the Way You Think You Will". *The Atlantic*, 6 de abril de 2021, disponível em: https://www.theatlantic.com/magazine/archive/2021/05/how-will-we-remember-covid-19-pandemic/618397/.

vimos no Capítulo Seis, a memória é intimamente associada à repetição, então as fotos que vemos repetidas vezes vão naturalmente se tornando cada vez mais familiares para nós, e passam a ocupar o primeiro plano da lembrança que temos de uma experiência, talvez à custa de outros detalhes. Mesmo as lembranças mais intensas, as chamadas "memórias de lampejo" [do inglês "flashbulb memory"], associadas a eventos traumáticos, são alteradas quando relembradas.[5] Esse é mais um efeito colateral da regra de Hebb e do fato de que ela funciona, seja porque estamos experienciando algo pela primeira vez, seja porque estamos relembrando a experiência.

Com o Recordações, tanto o Google quanto a Apple fornecem agência para o usuário motivado, mas removem a necessidade de agência para todos os demais. Ambos os serviços permitem que o usuário edite o Recordações criado ou crie um novo ele mesmo, mas, ironicamente, o Recordações gerado algoritmicamente só reduz a motivação para tal entre a maioria dos usuários. Esse é um efeito razoavelmente típico da tecnologia; ao tornar tantas coisas tão fáceis e convenientes, ela torna menos atraente qualquer coisa que seja menos conveniente. Somado às mídias sociais, isso pode se tornar uma combinação potente. Um pequeno número de usuários altamente motivados, os chamados "influenciadores", podem mostrar a seus seguidores seu estilo de vida após uma profunda curadoria e edição. Esses seguidores, por sua vez, acabam comparando o que veem nas mídias sociais com suas próprias vidas.

---

5 NEISSER, Ulric e HARSCH, Nicole. "Phantom Flashbulbs: False Recollections of Hearing the News about Challenger". *In*: WINOGRAD, Eugene e NEISSER, Ulric (orgs.). *Affect and Accuracy in Recall: Studies of "Flashbulb" Memories*. Cambridge: Cambridge University Press, 1992, p. 9-31.

Falando em memória

As fotos e os vídeos começaram como uma simples extensão para os celulares. Como parte da espiral metafórica, e especialmente em conjunção com as mídias sociais, o uso de câmeras evoluiu para fornecer uma espécie de registro da vida de uma pessoa.

Ultimamente, as empresas de tecnologia têm conectado fotos e vídeos aos conceitos de histórias e recordações. Essas narrativas podem ser criadas com facilidade e têm sido feitas cada vez mais automaticamente, através de inteligência artificial. Elas também podem ser editadas.

É da natureza da memória que, toda vez que interagimos com nossas lembranças, nós ao mesmo tempo a alteremos. Assim, nossas lembranças digitais estão alterando nossas lembranças reais.

Tabela 3: Características da memória com e sem mediação digital

Aspectos da memória	Sem mediação digital	Com mediação digital
Fidelidade	Entre fraca e boa; os detalhes vívidos em geral são preenchidos, mais do que lembrados.	Excelente.
Escopo	Entre pequeno e grande, dependendo da singularidade e da importância da lembrança.	Limitado ao que é capturado.
Permanência	Se degrada em sua maior parte com o tempo.	Não se degrada com o tempo, mas pode se tornar inacessível com perda de suporte, dependendo do formato.
Maleabilidade	As recordações mudam a cada vez que nos lembramos delas, ainda mais se houver outras pessoas envolvidas.	Pode ser ajustada conforme o desejado.

12. MEDIANDO O EU: SMARTPHONES

No mundo da tecnologia, por muito tempo houve uma obsessão com uma metáfora que é ligeiramente diferente da maioria que discutimos neste livro. A metáfora envolve encontrar o "killer app" [ou "aplicativo matador", em português], um aplicativo que é tão obviamente útil e necessário, que torna indispensável um novo dispositivo ou serviço. O termo apareceu pela primeira vez na revista *PC Week* em 1988, que explicava que "todo mundo tem somente um *killer app*. A secretária tem um editor de texto. A gerente tem uma planilha". De fato, o editor de texto e/ou a planilha são amplamente considerados os primeiros *killer apps* para os primeiros computadores, especialmente por terem acelerado a adoção de computadores em contextos comerciais. Os primeiros computadores domésticos eram basicamente voltados àqueles que hoje seriam chamados de "makers", aquelas pessoas que gostam de montar coisas.

Quando Steve Jobs apresentou o iPhone, ele estava bem ciente da necessidade de um *killer app*, dada sua experiência na fundação e administração da Apple Computer Company (hoje Apple Inc.). No discurso de apresentação do iPhone, Jobs disse: "O *killer app* é a capacidade de fazer chamadas". Seu uso de "killer app" era voltado para a imprensa, que costumava usar a metáfora como um dispositivo de enquadramento na época; o lembrete de que "este dispositivo é um telefone" era uma metáfora para o público. Jobs certamente sabia melhor do que ninguém que a capacidade de um iPhone de fazer chamadas não era o que o tornava um dispositivo incrível. Mas ele também entendia que para fazer com que as pessoas comprassem um iPhone, ele precisava convencê-las de que o aparelho era indispensável em termos que elas já conhecessem. Esse já deve ser um refrão familiar para os leitores deste livro a esta altura. E como observamos ao longo do livro, a escolha inicial de uma metáfora pode ter sérias consequências de longo prazo. Ao escolher um enquadramento centrado na capacidade do dispositivo de fazer chamadas telefônicas, Jobs construiu uma narrativa que ainda tem consequências, mais de uma década depois. Pouquíssimas pessoas hoje argumentariam que fazer chamadas telefônicas seja um *killer app* do iPhone; muitas argumentariam que ela sequer seja importante.[1] Isso se deve principalmente ao fato de que há muitas alternativas disponíveis, tanto no dispositivo quanto fora dele. Por um lado, aplicativos para e-mails, mensagens de texto e outras comunicações tornaram as chamadas telefônicas menos importantes. Por outro, serviços de internet permitem que os usuários façam chamadas telefônicas em praticamente qualquer dispositivo, como tablets, computadores e relógios. Além disso, não é mais necessário enviar uma mensagem de texto para um número de telefone, você pode no geral enviar mensagens para indivíduos, e seu ecossistema as encaminhará para o dispositivo apropriado – os números de telefone se tornaram um detalhe para o que os telefones fazem. Em 2014, quando Jeff Bezos apresentou o novo smartphone da Amazon, o Amazon Fire, ele passou uma hora

1 Por exemplo, KINGSLEY-HUGHES, Adrian. "Who Do I Pay to Get the 'Phone' Removed from My iPhone?". *ZDNet*, 12 de abril de 2021, disponível em: https://www.zdnet.com/article/who-do-i-pay-to-get-the-phone-removed-from-my-iphone/.

e meia o descrevendo e nunca mencionou que ele tinha a capacidade de fazer telefonemas.[2] Outros países não se apegaram a essa convenção de associar os dispositivos aos telefonemas – no Reino Unido, são chamados de "mobiles" e na Alemanha de "Handys", nomes que enfatizam algum aspecto essencial do dispositivo. Enquanto isso, em 2019 já se estimava que o iPhone médio tinha mais de oitenta aplicativos instalados, sendo que nove destes, em média, eram usados todos os dias.[3] O *killer app* do smartphone moderno é sua generalidade. No entanto, ainda os chamamos de smartphones [ou "telefones inteligentes"], e a ideia desses aparelhos como telefones persiste e continua a impactar a forma como pensamos sobre eles.

Talvez pareça que isso não tem importância; talvez um smartphone seja aquilo que a pessoa decide que é. Há quase uma década se veem debates na internet sobre se tacos mexicanos podem ser considerados sanduíches, e algo tão complexo quanto um smartphone parece ainda mais difícil de se encaixar em categorias nítidas, então para quê tentar? Acontece que, entre outras coisas, existem fortes implicações legais e, como veremos em breve, outras consequências também. Um exemplo da importância disso surgiu em 2020, quando a Microsoft quis expandir seu sistema de jogos online para incluir o iOS. A Microsoft queria que seus clientes de Xbox pudessem começar um jogo em um Xbox e depois

---

2 ROOSE, Kevin. "Why Are We Still Calling the Things in Our Pockets 'Cell Phones'?". *Intelligencer*, 24 de junho de 2014, disponível em: https://nymag.com/intelligencer/2014/06/why-are-we-still-calling-them-cell-phones.html.

3 AHMAD, Irfan. "60+ Fascinating Smartphone Apps Usage Statistics for 2019". *Social Media Today*, 23 de março de 2019, disponível em: https://www.socialmediatoday.com/news/60-fascinating-smartphone-apps-usage-statistics-for-2019-infographic/550990/.

retomá-lo em outro dispositivo. Em outras palavras, a Microsoft queria remover a localização como restrição para se jogar jogos de Xbox, e, como vimos tantas vezes, remover restrições de localização é uma grande vantagem dos dispositivos móveis. A Apple, por sua vez, bloqueou o aplicativo da Microsoft em sua loja de apps, com a alegação de que ela não seria capaz de avaliar todos os jogos que poderiam ser jogados através do aplicativo. A Microsoft e seus clientes reagiram com revolta. A forma como uma pessoa vê essa situação provavelmente reflete o modelo que essa pessoa tem do que seria de fato um smartphone. Se você o vê como um pequeno computador, então a estratégia da Apple não faz sentido. Para a maioria de nós, os computadores são dispositivos que controlamos e podemos configurar como quisermos, instalando qualquer software que desejarmos. Já o Xbox é um console. Os usuários entendem que sua função é jogar jogos. Mas por dentro da caixa, a parte interna de um Xbox é praticamente impossível de distinguir de qualquer outro computador. De fato, um Xbox roda até uma versão do sistema operacional Windows da Microsoft. Seria relativamente simples para a Microsoft fazer um Xbox que rodasse praticamente qualquer jogo, não somente jogos feitos para seu próprio sistema. Mesmo assim, há pouquíssimas queixas do fato de que ninguém consegue jogar jogos de PlayStation da Sony em Xboxes. Então, por que a Microsoft deveria reclamar que seus próprios jogos não podem ser jogados em um dispositivo da Apple? Como um dispositivo iOS é diferente de um Xbox? De fato, estima-se que, em 2020, 72% da receita das lojas de apps, tanto da Apple quanto do Google, tenham vindo de jogos, em um valor de cerca de 80 bilhões.[4] Considerando o dinheiro envolvido, é fácil

---

4 CHAN, Stephanie. "Global Consumer Spending in Mobile Apps Reached a Record $111 Billion in 2020, up 30% from 2019". *Sensor Tower*, 4 de

ver por que é do interesse da Apple tratar seu dispositivo como um console. As dúvidas permanecem. Seria o iPhone um pequeno computador ou um console? Ou seria outra coisa ainda? Mesmo que o dispositivo não mude, a escolha de palavras usadas para descrevê-lo tem um grande impacto sobre como as pessoas reagem a ele e o que esperam dele. Ele tem até implicações legais – a Epic Games processou a Apple por suas políticas em torno da App Store. A ação judicial incluía questões como o quanto de controle a Apple poderia exercer sobre aplicativos de terceiros. Essas discussões pragmáticas revelam a função retórica das metáforas, que é usada para enfatizar alguns aspectos da tecnologia (faz chamadas como um telefone), e escondem e minimizam outros (mas é também um dispositivo computacional de uso geral).

A Apple alega que sua loja de apps é um "jardim murado", uma metáfora idílica que sugere conforto e segurança. Esse enquadramento é bom para a Apple, uma vez que as associações a tal jardim são quase uniformemente positivas. O enquadramento da Apple é de proteção, já que coisas ruins não conseguem entrar no jardim para arruinar a experiência. Em um artigo para o *Wall Street Journal*, Joanna Stern explorou algumas das implicações da metáfora e das regras da Apple que não são tão idílicas, como o impedimento à inovação e a manutenção das pessoas presas no jardim.[5] Ampliando um pouco o tema, o blogueiro de tecnologia John Gruber sugeriu uma metáfora

---

janeiro de 2021, disponível em: https://sensortower.com/blog/app-revenue-and-downloads-2020.

5 STERN, Joanna. "iPhone? AirPods? MacBook? You Live in Apple's World. Here's What You Are Missing". *Wall Street Journal*, 4 de junho de 2021, disponível em: https://www.wsj.com/articles/iphone-airpods-macbook-you-live-in-apples-world-heres-what-you-are-missing-11622817653.

alternativa. Nessa metáfora, Gruber comparou a loja da Apple a um parque temático, onde os usuários pagam entrada, mas por um parque "divertido, seguro, que fornece uma experiência elaborada". Ele comparava essa metáfora com os parques públicos, que têm um conjunto diferente de pontos fortes e fracos.[6] Em reação a isso, Dieter Bohn da *The Verge*, em uma exploração de metáforas de tecnologia, sugeriu uma metáfora completamente diferente: de que a Apple seria como uma operadora de telefonia.[7] O enquadramento de Bohn é muito mais negativo, uma vez que compara as políticas da Apple com as mesmas empresas de telefonia que ela combateu desde o lançamento do primeiro iPhone. Tais operadoras são famosas por forçar seu próprio software aos dispositivos, exatamente como a Apple faz. Essa discussão mostra como é difícil entender algo tão complexo quanto a loja de apps, mas também como as metáforas são importantes. A metáfora dentre as três que um leitor acontece de encontrar pode ter um grande impacto sobre como ele pensa sobre a App Store.

A onipresença de CPUs e GPUs em muitos dispositivos torna difícil definir e classificar uma ampla gama de objetos. Temos lavadoras, refrigeradores e televisões "inteligentes", a maioria com mais poder computacional do que os computadores que enviaram os primeiros humanos para a Lua. Com a introdução do Apple Watch Series, o analista Horace Dediu observou que o

---

6 GRUBER, John. "Theme Parks and Public Parks". *Daring Fireball*, 6 de junho de 2021, disponível em: https://daringfireball.net/linked/2021/06/06/theme-parks-and-public-parks.

7 BOHN, Dieter. "Apple Isn't Just a Walled Garden, It's a Carrier". *The Verge*, 7 de junho de 2021, disponível em: https://www.theverge.com/2021/6/7/22521476/apple-walled-garden-carrier-app-store-innovation.

Apple Watch conseguia agora medir níveis de oxigênio no sangue, medir a frequência cardíaca, gerar um eletrocardiograma, detectar quando os ruídos podem prejudicar a audição, detectar quedas e às vezes notificar os serviços de emergência se o usuário parecer estar inconsciente, detectar altitude, monitorar lavagem de mãos, pagar compras de supermercado e mais. Ele consegue fazer todas essas coisas por ter um computador interno, e mesmo assim nenhuma das coisas listadas são coisas que qualquer computador de mesa consiga fazer. Ele certamente pode mostrar as horas, mas seria um relógio? Mostrar as horas não é mais um *killer app* quando todos têm um smartphone no bolso, e muitos dos dispositivos em nossa casa ou no escritório mostram a hora constantemente.

Como observamos na introdução, algumas tecnologias existem basicamente para permitir que outras tecnologias possam, por sua vez, mediar nossas atividades com o mundo. Os exemplos neste capítulo sugerem que os chips que movem os smartphones e outros dispositivos são os *enablers* que tornam as atividades dos smartphones possíveis, mas não os diferenciam de outras tecnologias. Os tablets, em especial, tornam difícil ver a singularidade dos smartphones. A diferença óbvia entre os tablets e os smartphones é o tamanho, mas os smartphones continuam crescendo em tamanho. Ao mesmo tempo, as diferenças entre os tablets e os laptops também continuam a ficar menos claras, uma vez que há cada vez mais laptops dotados de interfaces táteis e os tablets podem ser usados com teclados físicos e mouses.

Da mesma forma, é tentador argumentar que o que diferencia os dispositivos móveis de outras classes de tecnologias é o fato de que eles são de uso geral. Cory Doctorow vem escrevendo e falando sobre "a guerra contra a computação de uso geral" há mais de uma década.[8] Resumidamente, essa guerra está acontecendo porque, quanto mais capaz um dispositivo se torna, mais danos ele é capaz de cometer, e diferentes partes interessadas têm definições muito diferentes para dano. Por exemplo, objetos digitais podem essencialmente ser copiados *ad infinitum*. Nos primórdios da internet, um aplicativo chamado Napster se aproveitou desse aspecto para permitir que as pessoas compartilhassem músicas livremente. A indústria do entretenimento viu o fato como uma evidente ameaça e se empenhou em fechar o Napster e obrigar os tocadores de mídia a seguirem sistemas de Digital Rights Management (DRM). "Ser dono" de uma música ou filme não significa que você pode fazer o que quiser com ele, uma vez que é limitado por leis e regulações. Com o tempo, o número dessas regulações e restrições continuou a crescer. Afinal, quanto mais um dispositivo conseguisse fazer, mais coisas ruins também poderiam ser feitas com ele. Como Doctorow observou, "não sabemos como fazer um computador que consiga rodar todos os programas que podemos compilar, exceto por qualquer um que irrite uma agência reguladora, obstrua um modelo de negócios ou ajude um criminoso".[9]

Então, inevitavelmente, voltamos às predicações e às associações. Uma predicação dos smartphones não compartilhada por tablets é o fato de eles caberem no bolso. Relógios não são telefones porque são usados no pulso. Quando óculos inteligentes fizerem seu inevitável retorno, eles deverão ser usados na cabeça. Assim, parece que predicações espaciais, assim como

---

8 DOCTOROW, Cory. "The Coming Civil War over General Purpose Computing". *Boing Boing*, 23 de agosto de 2012, disponível em: https://boingboing.net/2012/08/23/civilwar.html.

9 DOCTOROW, "Coming Civil War".

tamanho e local onde são usados, provavelmente são centrais em como definimos e pensamos os smartphones. Isso sugere que dispositivos como iPods provavelmente são mais parecidos com smartphones por causa de suas características espaciais. Ao mesmo tempo, a predicação primária dos smartphones que sempre faltou nos iPods é o fato de os smartphones terem conexão celular. Por fim, a interface tátil discutida no Capítulo Oito é um divisor claro entre o que a maioria das pessoas entende hoje como smartphone e a geração de telefones que o antecedeu. Em termos de formação de um protótipo cognitivo, um bom conjunto de predicações pode ser um dispositivo que caiba no bolso, use interface tátil e tenha pelo menos uma CPU e uma conexão celular. Todas essas predicações são importantes, mas uma delas ressoa mais de perto com os temas deste livro, e pode ser surpreendente: o fato de que os smartphones cabem no bolso, de forma que eles podem estar conosco o tempo todo.

Com um smartphone, temos um dispositivo útil que é capaz de mediar uma ampla gama de atividades e que conseguimos carregar conosco o tempo todo. Somados, esses fatores tornam a conveniência uma característica superior dos dispositivos. Para quê carregar uma máquina fotográfica, se seu smartphone vem com uma câmera de qualidade? Para quê levar CDs por aí, quando seu smartphone tem acesso a praticamente todas as músicas já gravadas no mundo? Para quê assinar um jornal, se seu smartphone pode lhe mostrar as notícias literalmente assim que elas acontecem? Além disso, esses dispositivos continuam a crescer em termos de utilidade, disponibilidade de aplicativos, velocidade, novos sensores e outras funções, ano após ano. Isso significa que nossa conexão com eles só cresce à medida que os usamos e dependemos cada vez mais deles. De acordo com a plataforma App Annie, em 2021 o usuário comum passou quase cinco horas por dia usando o smartphone, quinto ano seguido em que o uso cresceu em cerca de trinta minutos ao dia.[10] Nós o usamos para trabalho e lazer, para fazer compras, registrar o que fazemos e lembrar do que está por vir – quanto mais atividades ele assume, mais ele se entrelaça com quem nós somos. Com um aparelho como esse no bolso, podemos nos comunicar com pessoas do mundo todo, acessar uma porção imensa de conhecimento humano e estender nossas capacidades normais como indivíduos de muitas outras maneiras.

A ação da Epic Games contra a Apple também revelou, através de uma série de e-mails e depoimentos da Apple, um fato pouco surpreendente a respeito da antiga estratégia da Apple: o objetivo dela era fazer com que os usuários se engajassem o máximo possível em seu ecossistema para mantê-los comprando seus produtos. Um Apple Watch, por exemplo, poderia funcionar bem sozinho, mas ele funciona muito melhor quando combinado com um iPhone. No julgamento, foi revelado que a Apple não transferiu o iMessage para o Android simplesmente porque facilitaria a migração entre dispositivos para os usuários. Nada disso surpreende, afinal a Apple é um negócio. Mas o objetivo final dessa estratégia é essencialmente amarrar o usuário a um ecossistema. Você pode enviar iMessages para as pessoas em vez de dispositivos específicos justamente por causa dessa abordagem. Por ora, o usuário do iPhone associa intimamente sua identidade a seu telefone, mas a Apple está tentando simultaneamente fortalecer esse vínculo e ampliá-lo.

10 WAKEFIELD, "People Devote Third of Waking Time to Mobile Apps".

Outras empresas também querem fortalecer sua ligação com nossa identidade. Enquanto a Apple ainda é principalmente uma empresa de hardware, muitas outras empresas de tecnologia criam softwares. Para uma empresa como o Facebook ou o Google, é um tanto mais difícil associar a identidade com seus produtos porque eles não controlam o dispositivo. Na verdade, eles dependem de rastreamento. Tais empresas demonstraram ter uma habilidade notável de controlar nossas atividades, basicamente para formar perfis nossos para uso em anúncios. Assim, um novo campo de batalha foi criado quando a Apple trouxe ferramentas pensadas para limitar a capacidade de uma empresa fazer esse rastreamento. Isso impulsionaria a necessidade das empresas de software de encontrarem maneiras de identificar usuários. Não surpreende que o Facebook tenha supostamente gasto mais de um bilhão de dólares no desenvolvimento de um relógio inteligente até meados de 2021.[11] Outro exemplo é o TikTok, que anunciou em 2021 que começaria a coletar dados biométricos de usuários. Por exemplo, se um usuário posta um vídeo no TikTok, a plataforma poderia analisar o vídeo para determinar quem está nele, onde ele está etc.[12] Empresas de software argumentam que tal informação as ajudará a servir melhor os usuários. Tal argumento é hermenêutico, mas depende de as empresas agirem em boa-fé quanto aos usuários. Por exemplo, surgiu uma

---

11 HEATH, Alex. "Facebook Plans First Smartwatch for Next Summer with Two Cameras, Heart Rate Monitor". *The Verge*, 9 de junho de 2021, disponível em: https://www.theverge.com/2021/6/9/22526266/facebook-smartwatch-two-cameras-heart-rate-monitor.

12 NEELY, Amber. "TikTok Can Collect Users' Biometric Data According to Its New Privacy Policy". *AppleInsider*, 4 de junho de 2021, disponível em: https://appleinsider.com/articles/21/06/04/tiktok-can-collect-users-biometric-data-according-to-its-new-privacy-policy.

preocupação a respeito do TikTok e da privacidade de dados, já que ele pertence a uma empresa chinesa, o que o levou a ser banido temporariamente pelo governo Trump.

Ao longo de todo este livro, usamos o ciclo cognitivo-hermenêutico para examinar como os usuários e os desenvolvedores de aplicativos agem e reagem uns aos outros em uma espiral interpretativa contínua. Tal espiral também se dá no nível do aparelho. A evolução dos smartphones pode parecer pequena e gradual de ano para ano, mas ao longo de vários anos, ela foi inegavelmente grande. Do lado dos hardwares, os processadores estão mais rápidos, as telas ficaram maiores e melhores, as baterias estão durando mais, as câmeras fazem fotos e vídeos mais nítidos, e mais. Do lado dos softwares, alguns aplicativos são melhorados e outros recebem novas funcionalidades. Enquanto isso, os usuários estão motivando muitas dessas mudanças ao mostrar suas preferências em suas escolhas de compra. Uma pesquisa de 2019 mostrou que os cinco maiores desejos do consumidor eram: 1) maior armazenamento; 2) bateria/carregamento melhor; 3) processamento mais rápido; 4) maior durabilidade; e 5) câmeras melhores.[13] Os quatro primeiros podem ser resumidos como "Quero que meu telefone esteja sempre pronto para qualquer coisa", e o quinto como "especialmente como câmera". A importância desses cinco itens pode ser vista nos ecossistemas que se desenvolveram em torno deles. A "nuvem" está tornando o armazenamento no dispositivo cada vez menos importante, e também está disponível para processamento. Há um grande ecossistema de empresas que fabricam soluções móveis para

---

13 BUCKLE, Chase. "Which Smartphone Features Really Matter to Consumers?". *GWI*; 9 de janeiro de 2019, disponível em: https://blog.gwi.com/chart-of-the-week/smartphone-features-consumers/.

carregar baterias esgotadas e outro grande ecossistema de capinhas e protetores de tela projetados para fornecer proteção. Em termos de câmeras, há os tripés portáteis, "paus de *selfie*" e uma série de outros dispositivos que podem ser usados em conjunto com a câmera; você pode até transformar seu telefone em um microfone, com a combinação certa de hardware e software.

No capítulo anterior, argumentamos que as fotos digitais ajudaram a remoldar nosso senso de "eu" ao mediar nossas lembranças, nossas comunicações e nossos relacionamentos. Essas são somente algumas maneiras, embora claramente importantes, como nossos dispositivos estão remoldando nosso senso de identidade e nossa autoimagem. Para muitas pessoas, a ideia de ficar sem o celular é aterrorizante, porque muito do que elas fazem depende desse único aparelho.

Falando de smartphones

A era do smartphone começou pegando carona na metáfora básica dos telefones. A evolução de sua espiral metafórica foi tão rápida, que o uso do aparelho como telefone é mínimo, comparado com as muitas outras funções.

Nenhuma metáfora óbvia surgiu para substituir a metáfora do telefone. Os smartphones são como computadores, mas claramente são algo diferente. Da mesma forma, eles também são como tablets ou mesmo iPods. Existem grandes implicações legais para qualquer que seja a definição acordada.

Talvez a característica que define o smartphone seja o fato de que ele está sempre conosco. Combinando essa característica com as inúmeras maneiras como ele medeia nossas experiências, pode-se dizer que a metáfora definitiva dos smartphones é que eles são nós.

O *killer app* do smartphone moderno é sua generalidade.

Tabela 4: Uma lista parcial e crescente de aspectos importantes do "eu" que podem ser mediados através do uso do smartphone

Aspecto do Eu	**Exemplos de mediação**
Comunicação	Mensagem de texto, e-mail, telefone.
Relacionamentos	Mídias sociais, aplicativos de namoro.
Memória	Fotos, vídeos, software de edição.
Propósito	Calendários, aplicativos de agenda.
Saúde	Monitoramento de atividade física, aplicativos de *fitness*.
Conhecimento	Navegadores.
Entretenimento	Vídeos, navegadores, jogos, mídias sociais, leitores.

PARTE IV
As metáforas estão mudando o mundo

Esta parte final do livro está dividida em quatro capítulos. Os três primeiros dizem respeito ao resultado dos processos descritos até o momento. Esses capítulos não são detalhados, já que em muitos casos há literatura abundante sobre os tópicos individuais abordados, mas eles servem para fornecer uma estrutura comum que une as diferentes questões. O primeiro capítulo lida com questões originadas de metáforas que fracassaram. Esses fracassos podem se dar porque a metáfora escolhida não é uma correspondência natural para a tecnologia, ou por razões culturais ou éticas. Tais questões culturais e éticas dão origem ao tópico do Capítulo 14, que examina quem exatamente está criando essas tecnologias e metáforas. Não será surpresa para a maioria dos observadores de tecnologia que a resposta seja basicamente homens brancos que vivem em um pedacinho dos Estados Unidos. Com isso em mente, o capítulo seguinte lida com as ramificações das metáforas bem-sucedidas, metáforas que são capazes de engajar os usuários com a tecnologia. Contudo, nem sempre o sucesso significa que os resultados sejam positivos. O capítulo final é mais futurista e oferece algumas maneiras de tomar a agência de volta da tecnologia.

13. QUANDO AS METÁFORAS FALHAM

Falhas cognitivas

Apesar de todos os exemplos positivos de metáforas que funcionam, elas não são uma panaceia. A comunidade da criptografia tem alertado para o tipo de coisas que podem dar errado.[1] De fato, há cada vez mais evidências dentro dessa comunidade de que suas metáforas escolhidas são ativamente danosas, por classificar questões críticas de maneira errada e na verdade tornando menos provável que a tecnologia tenha uma adaptação geral.[2] Por exemplo, a metáfora mais básica na criptografia é provavelmente o cadeado com a chave, onde dizem que criptografar algo é como trancar essa coisa em uma caixa, e descriptografar é equivalente a destrancar a caixa e obter acesso ao seu conteúdo. Essa metáfora pode ter funcionado como uma descrição de sistemas criptográficos antigos, mas infelizmente ela não é uma boa associação para a maioria dos sistemas criptográficos modernos, que são baseados em "criptografia

---

1 WHITTEN, Alma; TYGAR, J. D. "Why Johnny Can't Encrypt: A Usability Evaluation of PGP 5.0". *In*: CRANOR, Lorrie Faith; GARFINKEL, Simson (orgs.). *Security and Usability: Designing Secure Systems That People Can Use*. Sebastopol, CA: O'Reilly, 2005, p. 679-702.

2 DEMJAHA, Albese *et al*. "Metaphors Considered Harmful? An Exploratory Study of the Effectiveness of Functional Metaphors for End-to-End Encryption". *In*: *Proceedings of 2018 Workshop on Usable Security (USEC)*. Reston, VA: Internet Society, 2018.

de chave pública". Nesses sistemas, os usuários têm tanto uma chave pública quanto uma privada, e cada chave tem funções muito diferentes. Como Whitten e Tygar apontam, "cadeados normais usam a mesma chave para trancar e destrancar, e a metáfora da chave levará as pessoas a esperarem o mesmo para a criptografia e a descriptografia, se não for visualmente esclarecido de alguma forma. Uma intuição deficiente nesse caso pode levá-las a presumir que sempre podem descriptografar qualquer coisa que tenham criptografado, uma suposição que pode ter consequências perturbadoras".[3]

Portanto, escolher as metáforas adequadas pode ser uma tarefa difícil com consequências de longo prazo significativas. Essas consequências podem ser boas ou ruins, dependendo da perspectiva de quem as está julgando. Ademais, a escolha inicial pode ser sólida, mas conforme a tecnologia vai sendo atualizada, a metáfora pode se revelar uma escolha infeliz. E, como mostra o exemplo da criptografia, os problemas que resultam de uma metáfora ruim podem ser difíceis de superar. Por outro lado, como vimos com o SMS, às vezes o ciclo cognitivo-hermenêutico pode acabar mudando a metáfora subjacente com o tempo. Ainda que o exemplo da criptografia possa ser só o caso de uma metáfora óbvia que não é a certa para a função, ele de fato traz o receio de que metáforas possam ser escolhidas para serem deliberadamente enganosas. De fato, a comunidade da criptografia fornece outro exemplo em que uma metáfora problemática levou a uma espécie de batalha entre diferentes grupos com diferentes intenções. Jenner, em uma postagem de blog provocativamente intitulada "Backdoor: Como uma metáfora vira uma arma",

3 WHITTEN e TYGAR, "Why Johnny Can't Encrypt", p. 684.

examina as múltiplas dimensões dessa metáfora e as diferentes predicações que podem ser interpretadas. Por um lado, os governos, que querem tais "*backdoors*", tentam enfatizar algumas dessas predicações, enquanto as pessoas no TI, que alertam contra elas, enfatizam um conjunto diferente, no que Jenner chama de "disputa de poder em torno de seu significado".[4]

Falhas técnicas

O mundo da cibersegurança permite outro exemplo ainda de fracasso metafórico, desta vez de uma perspectiva ética. Nesse mundo, existem dois tipos de hackers. Hackers com intenção maliciosa são conhecidos como hackers "chapéu preto", ao passo que pessoas que hackeiam sistemas para melhorar a segurança são conhecidos como hackers "chapéu branco". Essas metáforas se baseiam em uma constelação de metáforas onde o branco representa a pureza e a bondade, ao passo que o preto representa a ausência e a falta de moralidade.[5] Observamos em todo o livro que existe uma relação próxima entre metáfora e pensamento, onde a metáfora tanto reflete como pensamos quanto enquadra a maneira como recebemos informações. Entretanto, ao longo de décadas um grande número de pesquisadores vem trabalhando com dados coletados do Teste de Associação Implícita (TAI), que testa as associações que uma

4 JENNER, Leontine. "Backdoor: How a Metaphor Turns into a Weapon". *Digital Society Blog*, Alexander von Humboldt Institute for Internet and Society, 2018, disponível em: https://www.hiig.de/en/backdoor-how-a-metaphor-turns-into-a-weapon/.

5 YIN, Rong; YE, Haosheng. "The Black and White Metaphor Representation of Moral Concepts and Its Influence on Moral Cognition". *Acta Psychologica Sinica* 46, no. 9 (Setembro de 2014): 1331.

pessoa faz através da medição do tempo de reação.[6] Embora o TAI tenha sido criticado por não ter a acurácia necessária para indivíduos, existem várias evidências de que ele é preciso em grupos grandes de pessoas, e existem outros testes que também confirmam isso.[7] Os dados apontam coletivamente para uma situação em que as associações do branco com a bondade e do preto com a maldade transferem, ainda que inconscientemente, para atitudes raciais. Isso não deveria surpreender, dada a literatura sobre transferência metafórica.[8]

Não estamos sugerindo que as metáforas do "chapéu preto/chapéu branco" sejam qualquer coisa além de um reflexo de vieses culturais mais amplos. Contudo, isso não significa que essas metáforas não devam ser reavaliadas e possivelmente substituídas. Abre-se ainda a possibilidade de que algumas metáforas sejam criadas por propósitos nada éticos, e, por essa razão e muitas outras, acreditamos que seja importante examinar as possíveis implicações de qualquer metáfora digital que conquiste um uso corrente. Nós esboçamos algumas abordagens possíveis para essa tarefa no Capítulo Dezesseis.

Falhas culturais

Os desenvolvedores de artefatos digitais também precisam considerar como os significados evocados por metáforas

---

6 "Project Implicit". Harvard University, acessado em 5 de agosto de 2021, disponível em: https://implicit.harvard.edu/implicit/index.jsp.

7 Para uma discussão, ver PAYNE, Keith; NIEMI, Laura; e DORIS, John M. "How to Think about 'Implicit Bias'". *Scientific American*, 27 de março de 2018, disponível em: https://www.scientificamerican.com/article/how-to-think-about-implicit-bias/.

8 LANDAU, MEIER, e KEEFER, "A Metaphor-Enriched Social Cognition".

são diferentes entre seus possíveis usuários. As tecnologias que cada vez mais miram em uma audiência global precisam "traduzir" metáforas se seu significado levar a interpretações indesejadas dentro de uma determinada esfera cultural. Por exemplo, uma bandeira específica pode ser considerada um símbolo de patriotismo dentro de uma cultura ou país, mas em outra cultura ou país o mesmo símbolo pode ser considerado ofensivo. Portanto, uma empresa com alcance global pode ter problemas ao decidir se determinado conteúdo que inclua tal símbolo se enquadra em sua definição de aceitável. Ademais, um objeto comum em uma cultura, como uma bandeirinha em uma caixa de correio, usada para sinalizar que o dono da casa quer que o carteiro recolha a correspondência, pode ser completamente ausente em outras culturas. Portanto, uma metáfora digital que inclua tal ícone pode não ser entendida pelo público pretendido. Essa questão é cada vez mais preocupante quando o mundo da tecnologia dos smartphones ainda é dominado por homens brancos que trabalham no Vale do Silício. Se a tecnologia tem um impacto especialmente grande sobre como entendemos o mundo, então deveria ser preocupante que essas mudanças sejam guiadas por um grupo tão pequeno.

Falando em falhas metafóricas

Metáforas podem fracassar de diversas maneiras, podendo ser interpretadas de formas que fundamentalmente distorçam a maneira como uma tecnologia deve funcionar. Isso pode ser resultado de uma escolha infeliz de uma metáfora inicial, de escolhas éticas ruins por parte de um desenvolvedor, ou de diferenças entre culturas.

14. QUEM ESTÁ NO COMANDO?

Antes de passarmos para os problemas associados a metáforas que funcionam bem demais, vale olhar para o grupo mais responsável tanto pelos sucessos quanto pelos fracassos das metáforas da tecnologia: os criadores.

Como os criadores de tecnologias digitais têm um impacto tão significativo sobre o mundo hoje, e também sobre como pensamos o mundo, vale que eles sejam examinados. Não é segredo que a maioria das empresas que constroem e moldam o ambiente digital de hoje está localizada em um único lugar, o Vale do Silício, e que foram todas fundadas por homens brancos. O mercado de ações é dominado pelo chamado FAANG (Facebook, Apple, Amazon, Netflix e Google).[1] A Microsoft não entra nesse grupo porque, apesar de ser uma das cinco maiores empresas do mundo em termos de *market cap*, ela não é considerada uma ação de "crescimento". A Tesla quase que certamente será incluída nesse grupo. Os fundadores dessas empresas – Mark Zuckerberg, Steve Jobs, Steve Wozniak, Jeff Bezos, Reed Hastings, Larry Page, Sergei Brin, Bill Gates e Elon Musk – são todos homens brancos, e homens brancos dominam as engrenagens em todo o Vale do Silício. Somente cerca de 4% dos profissionais do Vale do Silício são negros, enquanto cerca

---

1 Eles correspondem a 15% da S&P e 30% da Nasdaq. Ver LEVY, Adam. "Investing in FAANG or MAMAA Stocks". *The Motley Fool*, atualizado em 21 de julho de 2022, disponível em: https://www.fool.com/investing/stock-market/market-sectors/information-technology/faang-stocks/.

de um terço das empresas não tem nenhum executivo que seja uma mulher não branca.[2] Portanto, temos uma situação em que um grupo pouco representativo de pessoas, que vive em um cantinho do mundo, exerce um impacto imenso sobre praticamente todos os aspectos da vida moderna. Enquanto isso, a arquitetura do mundo digital dá a esses líderes, através do ciclo cognitivo-hermenêutico digital que estamos descrevendo, uma capacidade sem precedentes de exercer e manter o poder.

A urgência dessa questão pode ser vista nos experimentos feitos em 2012 pelo Facebook, voltados a manipular diretamente as emoções dos usuários.[3] A escala de uma empresa como o Facebook é tão grande que ele pode realizar tais experimentos para afinar como os usuários reagem, essencialmente manipulando como eles pensam e sentem ao escolher o que aparece para eles. Desde esse experimento, o Facebook operacionalizou o teste A/B, fazendo dele um aspecto essencial para os anunciantes. Esse é mais um exemplo de como o ciclo hermenêutico normal foi acelerado através das tecnologias digitais, e como as empresas estão trabalhando para determinar como elas podem otimizar o aproveitamento de nosso pensamento da forma mais eficaz possível.

Os desenvolvedores também podem usar essas ideias de forma oposta. Às vezes, o desenvolvedor e o designer voluntariamente não tentam reduzir a lacuna semântica entre o técnico

---

2 CAWLEY, Conor. "10 Stats That Prove Silicon Valley Hasn't Fixed Its Diversity Problem". *Tech.co*, 25 de junho de 2018, disponível em: https://tech.co/news/stats-silicon-valley-fixed-diversity-problem-2018-06.

3 KRAMER, Adam D. I.; GUILLORY, Jamie E.; HANCOCK, Jefrey T. "Experimental Evidence of Massive-Scale Emotional Contagion through Social Networks". *Proceedings of the National Academy of Sciences of the United States of America* 111, no. 24 (17 de junho de 2014): 8788-90.

e o cultural, e sim optam por explorá-la. Em geral, isso é feito dificultando ao usuário fazer algo que ele possa querer fazer. No mundo do software, tais designs são conhecidos como "dark patterns" [ou "padrões obscuros"].[4] Por exemplo, o usuário pode achar fácil se inscrever em um serviço que seja grátis inicialmente, mas quase impossível de cancelar quando ele começa a ser cobrado, porque o software foi cuidadosamente projetado para tornar obscuros esses detalhes. Os designers poderiam resolver esse problema com uma metáfora simples – um sinal de saída, por exemplo –, mas escolhem não fazê-lo, porque ajudar o usuário não atende a uma meta específica. Em 2021, um grupo de defesa dos direitos do consumidor na Europa entrou com uma ação contra a Amazon exatamente por essa prática.[5] Já o *New York Times* foi criticado, no mesmo ano, por publicar um artigo que denunciava os *dark patterns* ainda que seu próprio site usasse alguns deles.[6]

Portanto, o nível de controle e a velocidade de mudança possível com as tecnologias digitais colocam um poder sem precedentes nas mãos de empresas digitais e do grupo pouco representativo de pessoas que as comandam.

---

4 MONTEIRO, Mike. *Ruined by Design: How Designers Destroyed the World, and What We Can Do to Fix It* (publicação independente, 2019), p. 125.

5 KWAI, Isabella. "Consumer Groups Target Amazon Prime's Cancellation Process". *New York Times*, 14 de janeiro de 2021, disponível em: https://www.nytimes.com/2021/01/14/world/europe/amazon-prime-cancellation-complaint.html.

6 EYAL, Nir. "The *New York Times* Uses the Very Dark Patterns It Derides". *Nir and far* (blog), 30 de maio de 2021, disponível em: https://www.nirandfar.com/cancel-new-york-times/.

15. QUANDO AS METÁFORAS FUNCIONAM BEM DEMAIS

Nossa argumentação neste livro foi de que as metáforas começam como uma forma útil de conectar pessoas a novas tecnologias, mas devido à natureza das metáforas e a como nós as processamos cognitivamente, o processo de aprendizado não para por aí. As metáforas continuam a mudar a forma como categorizamos e, portanto, como pensamos. Em relação à tecnologia que a metáfora serve, isso pode ser um resultado predominantemente positivo. Cinquenta anos depois que um protótipo em um laboratório foi chamado de "mouse", o nome já foi totalmente incorporado à cultura, ainda que as ligações óbvias com a origem da palavra "rato" em inglês estejam sendo extintas. Contudo, existem muitos outros casos em que as metáforas têm ramificações muito mais extensas, e o poder da metáfora pode ser tão grande que os efeitos devem ser considerados em qualquer discussão sobre os custos ou benefícios da tecnologia.

As metáforas digitais podem nos dividir

Começamos este livro com a ideia de que as metáforas são um jeito ideal de comunicar em termos relativamente simples algo que normalmente seria um tópico complexo. As metáforas formam um tipo de atalho cognitivo que pode nos permitir construir novas categorias usando as existentes como base. Essas categorias são aprendidas muito rapidamente, aceleradas por uma combinação potente da metáfora com o ritmo no qual a tecnologia avança e o tanto de tempo que as pessoas passam no celular. Um efeito importante desse processo é o de que ele pode dividir o mundo em um número crescente de grupos: aqueles cujos modelos cognitivos foram alterados por uma metáfora e aqueles que não foram. Isso poderia ser minimizado com o pensamento de que "todo mundo" tem um smartphone, ou de que "todo mundo" está no Facebook, mas a verdade é que muita gente não tem smartphone e um número ainda maior de pessoas não participa de qualquer atividade particular. Estima-se, por exemplo, que o Facebook, indiscutivelmente o maior serviço de mídia social do mundo, tinha quase 3 bilhões de usuários ativos em 2020. Poderíamos tentar descontar os perfis que seriam corporações ou *bots*, mas mesmo sem isso, os usuários do Facebook correspondem a menos de 40% da população do mundo. Na América do Norte, onde o uso dessa rede social é maior, estima-se que cerca de 69% da população esteja nela.[1] Nem todos foram transformados pelo modelo de amizade do Facebook, já que seu número de usuários não é especialmente próximo da população mundial.

É claro, tudo isso já aconteceu antes. No passado, o mundo foi transformado pela tecnologia muitas vezes, se pensarmos no exemplo da lâmpada ou do telefone; a diferença é a velocidade com a qual ela acontece no mundo digital de hoje. Como apontamos no Capítulo Quatro ao discutir a espiral metafórica, o TikTok alcançou dois bilhões de usuários em questão de poucos anos, ao passo que mesmo tecnologias

---

1 GRAMLICH, John. "10 Facts about Americans and Facebook". *Pew Research*, 1 de junho de 2021, disponível em: https://www.pewresearch.org/fact-tank/2021/06/01/facts-about-americans-and-facebook/.

transformadoras como lâmpadas e telefones levaram décadas para alcançar porcentagens tão grandes da população. Durante essas décadas, a sociedade teve uma chance de lidar com os efeitos que as tecnologias vinham tendo sobre o mundo. Mas vale apontar que, também no caso dessas tecnologias, a sociedade se dividiu entre os grupos dos que as tinham e dos que não as tinham.

Como já vimos, as diferenças no significado de uma palavra podem ter consequências reais. Como no caso da palavra "assinar". No mundo pré-digital, coisas que se assinavam, como jornais ou revistas, custavam dinheiro. Mas o mundo digital passou a ser movido por anúncios, então é possível assinar coisas como podcasts e canais do YouTube de graça. Por outro lado, existem muitos outros serviços que se pode assinar no mundo digital e que decididamente não são gratuitos. O resultado é que existem múltiplos significados para a palavra "assinar". Para algumas pessoas, significa pagar dinheiro, para outras significa não pagar, e para outras ainda pode ser ou pode não ser isso. De qualquer forma, em 2021 a Edison Research divulgou os resultados de uma pesquisa segundo a qual 47% das pessoas que eram familiarizadas com podcasts presumiam que assiná-los sempre custava dinheiro, o que levou o fato a ser chamado de "a pedra no sapato" dos podcasts.[2] Em 2021, a Apple mudou a linguagem em seu próprio aplicativo de podcasts e passou a usar a palavra "seguir" em vez de assinar, levando o *Podnews* a descrever a decisão como "uma pequena mudança com um

---

2 WEBSTER, Tom. "Subscription Confusion, and the State of Podcasting Data". *I Hear Things* (blog), 26 de fevereiro de 2021, disponível em: https://tomwebster.substack.com/p/subscription-confusion-and-the-state-of-podcasting-data.

grande impacto", porque "o termo 'assinar' vem confundindo ouvintes em potencial há mais de quinze anos".[3]

A única maneira de se comunicar efetivamente com uma pessoa é tendo significantes em comum. Quando os dois autores deste livro conversam, nós temos um acordo implícito a respeito da maior parte das palavras que usamos, com exceções ocasionais devido ao fato de que um de nós não é um falante de inglês nativo. Esse acordo vem da sobreposição geral em nossos horizontes de significado. Quando um de nós usa uma palavra como "justiça", é verdade que nossas experiências pessoais afetam o sentido da palavra de diferentes maneiras, mas também entendemos o que o outro está expressando e perguntamos quando não temos certeza. Muitas vezes nossas perguntas refletem o fato de que fomos criados em culturas diferentes. Em grande parte – e isso vale para qualquer um –, nossa capacidade de nos comunicar com sucesso vem do fato de que habitamos o mesmo mundo e de que os objetos que compõem esse mundo são os mesmos. Se um de nós tivesse baixa visão ou fosse daltônico, poderíamos ver as árvores de uma forma diferente, mas ainda assim concordaríamos quanto ao significado da palavra "árvore". Contudo, com o advento da tecnologia digital, agora é facilmente possível habitar ao menos parcialmente mundos virtuais que outros não habitam, ou habitar partes do mundo que antes eram inacessíveis. Embora essas coisas de fato permitam muitas oportunidades e experiências empolgantes, elas também têm um custo.

---

3 CRIDLAND, James. "'Follow Our Podcast': Apple Podcasts to Stop Using 'Subscribe'". *Podnews*, 9 de março de 2021, disponível em: https://podnews.net/update/follow-not-subscribe.

Acentuando divisões existentes

Outra consequência importante tem a ver com a maneira como as metáforas digitais e os algoritmos foram implementados. Agora já foi bem estabelecido que o mundo digital tem problemas com raça,[4] gênero,[5] classe[6] e idade,[7] o que não surpreende. Como demonstramos ao longo deste livro, tecnologistas se esforçaram para imitar o mundo "real" ao criar o mundo digital, e o mundo real é repleto de racismo, sexismo etc. Algoritmos não são nenhum tipo de proteção contra esses problemas. Muitas vezes, eles só os pioram, especialmente porque algoritmos são saudados como objetivos e, portanto, supostamente imunes a tais questões.[8] Os algoritmos também tiveram muito trabalho para mitigar discursos problemáticos online.[9]

---

4 NOBLE, Safiya Umoja. *Algorithms of Oppression: How Search Engines Reinforce Racism*. Nova Iorque: New York University Press, 2018; BENJAMIN, Ruha. *Race After Technology: Abolitionist Tools for the New Jim Code*. Medford, MA: Polity Press, 2019.

5 PEREZ, Caroline Criado. *Invisible Women: Data Bias in a World Designed for Men*. Nova Iorque: Abrams, 2019.

6 BLANK, Grant. "The Digital Divide Among Twitter Users and Its Implications for Social Research". *Social Science Computer Review* 35, no. 6 (Dezembro de 2017): 679-97.

7 ROSALES, Andrea; FERNÁNDEZ-ARDÈVOL, Mireia. "Ageism in the Era of Digital Platforms". *Convergence* 26, no. 5-6 (Dezembro de 2020): 1074-87.

8 O'NEIL, Cathy. *Weapons of Math Destruction: How Big Data Increases Inequality and Threatens Democracy*. Nova Iorque: Crown, 2016.

9 Ver, por exemplo, JOHNSON, Khari. "This New Way to Train AI Could Curb Online Harassment". *Wired*, 4 de agosto de 2021, disponível em: https://www.wired.com/story/new-way-train-ai-curb-online-harassment/. Para uma visão mais acadêmica, ver SAP, Maarten *et al*. "The Risk of Racial Bias in Hate Speech Detection". *In*: NAKOV, Preslav; PALMER,

Uma razão para essa dificuldade é o fato de que no loop cognitivo-hermenêutico os usuários, especialmente grandes grupos de usuários, têm agência. Por exemplo, os grupos anti-vacina, que queriam evitar a repressão do Facebook contra a desinformação sobre a vacina durante a pandemia do coronavírus, se comunicaram através de frases codificadas, pensadas para driblar algoritmos do Facebook. Então, os grupos passaram a referir-se a si mesmos por nomes como "dance party" e a pessoas vacinadas por termos como "swimmers" [nadadores].[10]

Os algoritmos podem ainda se tornar racistas (ou sexistas etc.) de pelo menos três maneiras. Primeiro, eles podem não ser nada objetivos, no final das contas; eles podem simplesmente codificar o privilégio. Segundo, qualquer algoritmo é o modelo de um processo, e se o processo em si for racista, então ele simplesmente implementará esse sistema racista. Na ciência computacional, esse princípio é conhecido como "entra lixo, sai lixo", que reflete o fato de que qualquer algoritmo é limitado pela qualidade de seus dados. Por fim, os algoritmos que aprendem começarão a refletir seu ambiente. Houve várias tentativas notáveis de embutir algoritmos de aprendizado na internet que logo aprenderam a ser *trolls* racistas e sexistas.[11] Todos esses são problemas graves

---

Alexis (orgs.). *Proceedings of the 57th Annual Meeting of the Association for Computational Linguistics*. Florença, Itália: Association for Computational Linguistics, 2019, p. 1668-78.

10 COLLINS, Ben; ZADROZNY, Brandy. "Anti-Vaccine Groups Changing into 'Dance Parties' on Facebook to Avoid Detection". *NBC News*, 22 de julho de 2021, disponível em: https://www.nbcnews.com/tech/tech-news/anti-vaccine-groups-changing-dance-parties-facebook-avoid-detection-rcna1480.

11 Ver, por exemplo, SCHWARTZ, Oscar. "In 2016, Microsoft's Racist Chatbot Revealed the Dangers of Online Conversation". *IEEE Spectrum*, 25 de novembro de 2019, disponível em: https://spectrum.ieee.org/

para o mundo digital, que pioram ainda mais com os ciclos hermenêuticos que descrevemos neste livro. Como mostramos, o ambiente digital é otimizado para o aprendizado – as comunicações são simples e repetitivas, e muitas pessoas passam boa parte da vida em seus aparelhos. Como explica Sara Wachter-Boettcher, "quanto mais a tecnologia se insere em todos os aspectos da vida, mais importância tem saber se essa tecnologia é preconceituosa, alienadora ou danosa".[12] O resultado é que "o Novo Jim Code", como Ruha Benjamin diz,[13] está sendo amplamente assimilado em toda parte, mesmo por crianças pequenas. Pior, está sendo exportado para o mundo inteiro.

A cultura como grupo digital

Como vimos na Parte III, os smartphones têm o poder de remover barreiras de tempo e espaço. Em um ponto da História, só era possível falar com outra pessoa se vocês estivessem no mesmo lugar ao mesmo tempo, mas agora é possível conversar com alguém independentemente da localização, e, ao usar mensagem de texto, a conversa nem síncrona precisa ser. Da mesma forma, em boa parte da história humana, os grupos aos quais pertencemos – nossa cultura – foram definidos basicamente por uma combinação de tempo e lugar. Agora não é mais assim; somos livres para escolher nossos grupos, e o mundo digital oferece mais escolhas do que nunca.

---

in-2016-microsofts-racist-chatbot-revealed-the-dangers-of-online-conversation.

12 WACHTER-BOETTCHER, Sara. *Technically Wrong: Sexist Apps, Biased Algorithms, and Other Threats of Toxic Tech.* Nova Iorque: W. W. Norton, 2017, p. 10-11.

13 BENJAMIN, *Race After Technology.*

No passado, um dos papéis da cultura era propiciar a indivíduos a sabedoria do grupo, escalando e melhorando dessa forma o aprendizado individual. Por exemplo, um alerta religioso para não comer determinado alimento poderia se basear em lições duramente aprendidas sobre os riscos desse alimento. Em seu melhor momento, a cultura digital pode exercer o mesmo papel. Os usuários podem encontrar tutoriais de como fazer praticamente qualquer coisa no YouTube, ou aprender matemática em sistemas de aprendizado online, como Khan Academy. Essa é a promessa da era digital, de que todos tenham acesso ao conhecimento coletivo e que possamos nos conectar em qualquer tempo e espaço. No entanto, há desvantagens nessa liberdade. Entre elas, está o fato de que nem todo conhecimento online é aprendido com esforço ou sequer é real. Estamos substituindo a cultura, com sua ênfase na sabedoria coletiva testada pelo tempo, por coisas mais efêmeras, algumas das quais não muito bem conectadas com a realidade. A desinformação e a propaganda não são nenhuma novidade no mundo, mas elas também ganham poder ao amplificarem os efeitos das metáforas digitais e do alcance da internet.

O digital conecta e distancia as pessoas

O fato de estarmos focando nas maneiras como as metáforas digitais aumentam as divisões vai contra a grande promessa do mundo digital, que é a de que ele pode nos conectar, não importa a distância. A pandemia do coronavírus revelou tanto a verdade quanto as limitações dessa promessa. As metáforas digitais estão removendo barreiras de espaço e tempo em conceitos como conversas e encontros, mas elas estão ao mesmo tempo removendo outros aspectos desses conceitos, sobretudo aqueles relacionados com a presença física. Uma conversa que aconteça pelo Zoom, e não por mensagem de texto, pode restaurar alguns elementos físicos da conversa no sentido de que podemos pelo menos ver o rosto do outro, mas também cria demandas incomuns para nossa atenção e não capta a linguagem corporal da mesma maneira que acontece em conversas presenciais. O sentimento desconfortável que isso gera é tão comum que já tem um nome, "fadiga do Zoom", e artigos acadêmicos foram escritos sobre isso mesmo antes do fim da pandemia.[14] Como espécie, a vasta maioria de nossa evolução foi centrada em torno da comunicação entre indivíduos em estreita proximidade, e com o aprendizado e uso de vários sinais físicos para tal. A comunicação remota não é igual e nunca será, não importa o quanto se faça. A conexão digital é um substituto para a conexão física, mas está longe de ser um substituto perfeito.

Aceleração algorítmica

Neste livro, mostramos que a combinação de metáforas com tecnologia digital é um eficaz acelerador de aprendizado que pode acelerar drasticamente o ciclo cognitivo-hermenêutico. A tecnologia digital pode tornar essa combinação ainda mais potente com o uso de algoritmos. Embora desenvolvedores de tecnologia consigam iterar rapidamente em comparação com tecnologias antigas, eles ainda são limitados pela velocidade na qual os humanos conseguem trabalhar. Os algoritmos não têm tais limitações. Eles podem responder de imediato aos

---

14 BAILENSON, Jeremy N. "Nonverbal Overload: A Theoretical Argument for the Causes of Zoom Fatigue". *Technology, Mind, and Behavior* 2, no. 1 (2021). Disponível em: https://doi.org/10.1037/tmb0000030.

usuários, basicamente sobrecarregando o ciclo cognitivo-hermenêutico em sua velocidade máxima. Os possíveis efeitos disso puderam ser vistos nos tumultos do Capitólio dos Estados Unidos, em janeiro de 2021.

No dia 6 de janeiro de 2021, o Capitólio dos Estados Unidos foi invadido por insurgentes revoltados. Neste momento em que escrevemos este livro, ainda há incertezas quanto ao que aconteceu exatamente e quem foi responsável. Parte dessa incerteza foi criada por grupos que buscavam se esquivar da culpa. Como afirmamos anteriormente, grupos digitais como o *QAnon* substituíram grupos culturais para muitas pessoas. Em 14 de janeiro, o *New York Times* publicou um artigo que examinava o papel das mídias sociais no comportamento da turba.[15] O artigo não usava a terminologia deste livro, é claro, mas era um correspondente quase perfeito para a espiral cognitivo-hermenêutica e seus resultados que descrevemos. O artigo traça a vida online, ou mais precisamente a vida no Facebook, de um par de indivíduos, aparentemente pessoas normais que postavam fotos de família e amigos e, em geral, estavam de acordo com as metáforas intrínsecas do Facebook. A espiral cognitivo-hermenêutica deles mudou logo depois da eleição presidencial em novembro de 2020, quando eles fizeram postagens que geraram um número incomum de curtidas e comentários. Assim começou uma espiral acelerada. Do ponto de vista do Facebook, as postagens que impulsionam o engajamento são uma solução para o problema que é reter a atenção de usuários; os algoritmos sugerem essas postagens para outros usuários, impulsionando ainda mais

---

15 THOMPSON, Stuart A.; WARZEL, Charlie. "Opinion: How Facebook Became a Tool of the Far Right". *New York Times*, 14 de janeiro de 2021, disponível em: https://www.nytimes.com/2021/01/14/opinion/facebook-far-right.html.

curtidas e comentários. Enquanto isso, o Facebook também está analisando algoritmicamente as postagens e usando-as para sugerir artigos e grupos para os autores delas, tudo isso enquanto a pessoa que fez a postagem original também obtém um feedback – na forma de curtidas e comentários, que são a estrutura de recompensa das redes sociais. O papel da recompensa no aprendizado é provavelmente a área mais antiga de estudo no campo, desde o cão de Pavlov até hoje, com o aprendizado de máquina. Ao serem apresentados a um ambiente que contenha recompensas, os aprendedores otimizarão seu comportamento para maximizar essas recompensas. Em 2021, pesquisadores de Yale, ao olharem para postagens que expressavam "revolta moral" no Twitter, encontraram exatamente esse padrão.[16] Para os indivíduos no artigo do *New York Times*, isso significa otimizar o comportamento em relação ao tipo de postagem que impulsiona curtidas e comentários. O Facebook coopera de bom grado, juntando pessoas que pensam parecido em grupos e recomendando conteúdos similares. Esse tipo de comportamento é tão antigo quanto a internet, que remete a quando as primeiras empresas de internet aprenderam a como otimizar seus sites tirando vantagem do algoritmo original do Google, o "PageRank". Em um sistema como esse, os aceleradores são tão potentes, que pessoas aparentemente "normais" podem ser radicalizadas em um período de somente dois meses.

O outro lado da espiral de aprendizado são as empresas, que modelam o comportamento do usuário para mantê-lo engajado. Em 2021, o *Wall Street Journal* realizou um experimento

---

16 BRADY, William J. *et al*. "How Social Learning Amplifies Moral Outrage Expression in Online Social Networks". *Science Advances* 7, no. 33 (Agosto de 2021), disponível em: https://doi.org/10.1126/sciadv.abe5641.

que mostrou como isso funciona bem.[17] Eles programaram alguns *bots* – personas artificiais online – com interesses específicos e depois fizeram contas para os *bots* no TikTok. Eles descobriram que o algoritmo do TikTok conseguia identificar rapidamente do que os *bots* gostavam. Não era nem necessário usar curtidas ou *hashtags* para isso. Só o tanto de tempo gasto olhando para diferentes vídeos era suficiente para o algoritmo customizar os *feeds* dos *bots* e enviá-los para "rabbit holes" especializados. Os autores descobriram que se eles programassem um *bot* para preferir, por exemplo, conteúdos depressivos, em questão de horas o algoritmo do TikTok customizaria até 93% do *feed* do *bot* para esse conteúdo. E por que não 100%? Como discutimos anteriormente ao olharmos para o aprendizado, os sistemas de aprendizado precisam trocar a exploração como aproveitamento, neste caso mostrando outro vídeo do qual o usuário certamente gostará, pela exploração como experimentação, mostrando vídeos de outros gêneros de forma que outros gêneros possam ser descobertos. Afinal, um determinado usuário pode ficar cansado de um gênero depois de algum tempo.

Fadiga da atenção dirigida

Como observamos ao discutir a espiral metafórica, uma das coisas que acontecem com as metáforas digitais é que elas estão todas competindo por nossa atenção – para capturá-la e depois retê-la. Com o tempo, essa competição invariavelmente leva a maneiras melhores e mais eficazes de os aplicativos nos manterem engajados. Isso se reflete em métricas de uso

---

17 STERN, Joanna. "Investigation: How TikTok's Algorithm Figures out Your Deepest Desires". *Wall Street Journal*, 21 de julho de 2021, disponível em: https://on.wsj.com/3hR6GzA.

para dispositivos digitais. Existe um custo para além do tempo envolvido, e esse custo é sobre nossa atenção. Existe uma literatura crescente e robusta, que revisamos no Capítulo Seis, e que detalha como a atenção dirigida é um recurso limitado que pode ser usado em excesso e fatigado.[18] O resultado da fadiga desse sistema é a perda das capacidades de "função executiva", que foi associada a uma diminuição do funcionamento cognitivo, das tomadas de decisão, da saúde e outros fatores. Uma reação comum à evidência da fadiga de atenção é supor que atividades como assistir a vídeos engraçados na internet possa de fato ajudar a aliviá-la. No entanto, Berman e Kaplan argumentavam que a televisão, um substituto razoável para esse tipo de atividade, "é um meio contraproducente de restaurar a atenção dirigida".[19] Isso foi defendido mais recentemente por Basu e colegas, que observaram que atividades restaurativas tipicamente permitem que a mente divague.[20]

O fenômeno da fadiga do Zoom é mais uma evidência de que passar tempo online só esgota a atenção. Os tipos de atividade que efetivamente aliviam a fadiga da atenção normalmente envolvem contextos naturais, caminhadas e uma desconexão da tecnologia. Assim, a natureza viciante de nossos dispositivos digitais resulta em um tipo de ciclo vicioso em que os usamos demais, o que leva a uma fadiga cognitiva, que por sua vez prejudica nossa capacidade de decisão e nos deixa mais ansiosos para realizar atividades que parecem cognitivamente fáceis, o que por sua vez nos leva a passar mais tempo conectados. Uma

---

18 Para uma crítica e uma perspectiva teórica, ver KAPLAN e BERMAN, "Directed Attention as a Common Resource".

19 KAPLAN e BERMAN, "Directed Attention as a Common Resource".

20 BASU, DUVALL e KAPLAN, "Attention Restoration Theory".

queixa comum do mundo moderno é de que estamos perdendo nossa capacidade de prestar atenção. Na verdade, é mais provável que estejamos simplesmente mantendo nosso sistema de atenção em um constante estado de exaustão.

Falando em sucesso metafórico

O que é bom para uma tecnologia individual pode não ser bom para pessoas como indivíduos, ou mesmo para a sociedade como um todo. O poder amplificador da tecnologia é tão grande, que muitas metáforas dela constroem simultaneamente novos grupos e tornam os grupos resultantes mais desconectados.

Uma forma em que o casamento da tecnologia com a metáfora impactou fortemente os indivíduos foi sobre nossa atenção. À medida que os aplicativos foram ficando cada vez melhores em atrair e reter nossa atenção, nossa capacidade de empregar a atenção dirigida para atingir nossos objetivos foi sendo enfraquecida.

16. A CRÍTICA METAFÓRICA

A ambiguidade das metáforas é ao mesmo tempo uma bênção e uma maldição. Por um lado, ela permite novas possibilidades de expressão, mas por outro, abre as portas para a manipulação e a dissimulação através de associações indiretas ou simplesmente por meio de interpretações indesejadas. Wyatt, entre outros, argumentou repetidas vezes que as metáforas não têm somente uma dimensão cognitiva, mas também normativa. Ela defendia uma análise e crítica cuidadosas de como as metáforas são usadas na tecnologia, e de muitas maneiras nós vemos nosso livro como uma resposta para seu apelo.[1]

Blavin e Cohen também ressaltaram as implicações das metáforas para o modo como os legisladores deliberam sobre novos tópicos, especialmente em relação a novas tecnologias. Eles resumiram de uma forma perspicaz sua visão sobre a ambivalência intrínseca das metáforas, ao dizer que, "embora as metáforas ajudem o humano a compreender conceitos abstratos e doutrinas legais, elas também podem limitar a compreensão humana ao ressaltarem seletivamente diversos aspectos de uma questão enquanto suprimem e marginalizam outros".[2]

---

1 WYATT, "Danger! Metaphors at Work"; WYATT, Sally. "Metaphors in Critical Internet and Digital Media Studies". *New Media & Society* 23, no. 2 (Fevereiro de 2021): 406-16.

2 BLAVIN e COHEN, "Gore, Gibson, and Goldsmith".

Nós sugerimos, em consonância com Ricoeur, que uma análise de metáforas requer dois movimentos complementares e interpretativos.[3] O primeiro movimento deve ser de abertura, que abrace as novas possibilidades sugeridas pelas metáforas. Tal movimento pode enfatizar e explorar as características positivas que a metáfora tem de desvendar novas experiências e fenômenos através de predicações inovadoras, capazes de romper o cânone consolidado das expressões lexicais. A premissa fundamental desse primeiro movimento se baseia na onipresença dos fenômenos metafóricos que, como exploramos extensamente, é seminal e intricadamente associada à natureza maleável e abrangente das linguagens naturais.

Robert Frost disse que:

> A menos que você tenha tido sua educação poética formal na metáfora, você não está seguro em lugar nenhum. Porque você não se sente à vontade com valores figurativos; você não conhece a metáfora em seus pontos fortes e fracos. Você não sabe até onde pode esperar contar com ela e quando ela pode deixá-lo na mão. Você não está seguro com a ciência; você não está seguro na história.[4]

Nessa palestra, ministrada na Amherst College em 1931, o poeta de New England convidou a comunidade acadêmica a

---

3 Esse movimento duplo é análogo aos aspectos complementares da interpretação (hermenêutica) como proposta por Paul Ricoeur. "A hermenêutica apareceu a partir dali como um campo de batalha atravessado por duas tendências opostas, sendo que a primeira tendia para uma explicação reducionista e a segunda para uma recordação ou resgate do sentido original do símbolo". *Rule of Metaphor*, p. 376.

4 FROST, Robert. "Education by Poetry". *In*: COX, Hyde e LATHEM, Edward Connery (eds.). *The Selected Prose of Robert Frost*. Nova Iorque: Holt, Rinehart and Winston, 1966, p. 35.

olhar para as metáforas como um mecanismo fundamental para compreender o significado – não somente para discursos poéticos, mas também científicos e históricos. Frost sugere ainda que a metáfora é todo o pensamento e, portanto, aprender sobre metáforas é aprender sobre o pensamento.[5] Duas décadas depois, essa ideia ganhou nova vida no trabalho de Lakoff e Johnson. Também incluiríamos de bom grado discursos tecnológicos na lista de Frost – feitos em palavas, símbolos e artefatos digitais.

No entanto, esse primeiro movimento de abertura precisa ser equilibrado por um segundo movimento crítico, no qual as ambiguidades das metáforas sejam exploradas de forma que suas deficiências e possivelmente sentidos enganosos possam ser expostos, criticados e, em alguns casos, denunciados e combatidos. As metáforas podem ser arriscadas e manipuladoras. É necessário reconhecer que existe um ponto de ruptura em afirmações metafóricas, no qual elas deixam de ser produtivas e se tornam mecanismos de ilusão e manipulação. As metáforas sempre mostram e escondem aspectos da realidade que descrevem, e muitas vezes é necessário expor não somente o que é dito de inovador pela metáfora, mas também o que é deixado de fora, e às vezes intencionalmente escondido.

Em *Leviatã*, Hobbes, imbuído do espírito do Iluminismo europeu, criticou a ambiguidade das afirmações metafóricas e propôs um ideal alternativo produzido por uma linguagem precisa, livre de ambiguidades. Assim, ironicamente ele rejeitava metáforas usando a metáfora do *ignes fatui* ou fogo-fátuo. Ele sugeria que, assim como os flashes de luz que ocorrem em pântanos e brejos – os fogos-fátuos – e que produzem somente fontes de luz evanescente, mas fornecem combustão para

5 OSTER, "Frost's Poetry of Metaphor".

matéria orgânica em decomposição, as metáforas não são bons guias para um pensamento racional.[6]

Mais recentemente, vários acadêmicos dedicaram atenção a um uso manipulador das metáforas, voltado à manutenção do poder.[7] Por exemplo, Andrew Goatly fez um amplo estudo sobre como os temas metafóricos – como "importante é grande", "status é alto/conquista", "bom é puro/branco" e "tempo é dinheiro" – são usados em discursos ideológicos para justificar estruturas de poder e dominação.[8] Mais diretamente conectado com este livro, o Instituto Alexander Humboldt para a Internet e a Sociedade organizou uma série de ensaios escritos por diversos autores sob o tema geral "como as metáforas moldam a sociedade digital".[9] Cada postagem examina diferentes metáforas de tecnologia e a forma como a escolha da metáfora impacta a sociedade.

No entanto, os séculos que nos separam dos objetivos modernos de uma linguagem inambígua dominada exclusivamente pela racionalidade científica nos ensinaram que o pensamento

---

6 "Concluindo, a luz das mentes humanas são palavras perspicazes, mas é primeiro limpa e depois expurgada de qualquer ambiguidade por definições exatas; a razão é a paz; o aumento da ciência, o caminho; e o benefício da humanidade, o fim. E pelo contrário, as metáforas, e as palavras sem sentido e ambíguas, são como fogo-fátuo; e argumentar em cima delas é errar entre inúmeros absurdos; e seu fim é a contenção, a sedição, ou o desprezo [indiferença]". HOBBES, Thomas. *Leviathan*. Ed. J. C. A. Gaskin. Oxford: Oxford University Press, 1998, p. 32.

7 Por exemplo, ver MUSOLF, Andreas. *Metaphor and Political Discourse: Analogical Reasoning in Debates about Europe*. Basingstoke: Palgrave Macmillan, 2004; CHARTERIS-BLACK, J. *Politicians and Rhetoric: The Persuasive Power of Metaphor*. Londres: Palgrave Macmillan, 2011.

8 GOATLY, Andrew. *Washing the Brain: Metaphor and Hidden Ideology*. Amsterdã: John Benjamins Publishing, 2007.

9 KATZENBACH e LARSSON, "How Metaphors Shape the Digital Society".

humano é intrinsecamente metafórico. Expurgar a metáfora é expurgar o potencial criativo e imaginativo que impulsiona novas descobertas, abre novas perspectivas e nos mantém individual e coletivamente vivos. Não existe um lugar de não-metáfora. Contudo, o alerta de Hobbes deve ressoar em nossas mentes como um alarme sobre o perigo constante e iminente que vem com o uso da linguagem natural e a forma como pensamos metaforicamente. Isso também vale para a análise das metáforas usadas e implementadas em artefatos digitais.

À luz dessa ordem para uma interpretação crítica das metáforas digitais, nós reexaminamos, através de uma lente interpretativa crítica, duas metáforas digitais populares relacionadas a interações sociais e a dados digitais.

Para estruturar essa crítica metafórica, devemos lembrar alguns conceitos-chave que nos ajudam a entender aspectos específicos das metáforas. Na relação entre *fonte/veículo* de uma metáfora e seu *alvo/teor*, existe um processo de correspondência de predicações e associações cognitivas baseado em similaridades. Tais correspondências são delineadas pelo *contexto do uso* da metáfora, ao qual nos referimos como o *domínio*. Sendo assim, algumas, mas não todas, associações e predicações relevantes para a fonte são aplicadas ao alvo. Nesse processo, uma predicação impertinente e inesperada é criada dentro do escopo das regras lexicais estabelecidas que sugerem um possível novo significado. No entanto, nem todas as predicações típicas da fonte têm a mesma ênfase em termos da metáfora. O contexto da afirmação metafórica ressalta algumas predicações da fonte, as quais chamaremos de *explícitas*, mas ele deixa de fora outras, que chamaremos de *latentes*. Da mesma forma, as metáforas trarão à mente algumas das características e associações do alvo enquanto deixam outras intocadas pela predicação. Chamaremos as primeiras de *aspectos explorados do domínio-alvo*, em comparação com os *aspectos inexplorados do domínio-alvo* dentro dos domínios estabelecidos pela declaração metafórica.

Por fim, há muito a dizer a respeito das relações entre metáforas, mas vamos destacar somente duas delas propostas por Goatly. A primeira relação é a *diversificação* (ver Figura 10), na qual múltiplas fontes se referem ao mesmo alvo. A segunda é a *multivalência* (ver Figura 11), onde a mesma fonte refere-se a múltiplos alvos.[10]

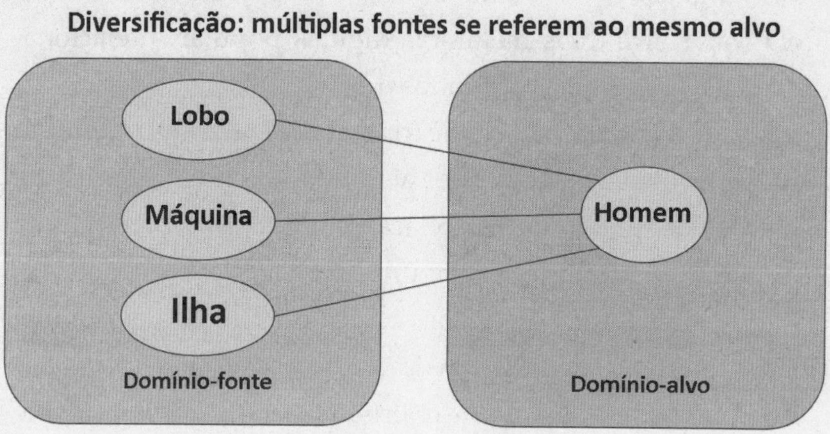

Figura 10. O mesmo objeto pode ser o alvo de diferentes fontes. Exemplo: "o homem é um lobo", "o homem é uma máquina" e "o homem é uma ilha".

10 GOATLY, *Washing the Brain.*

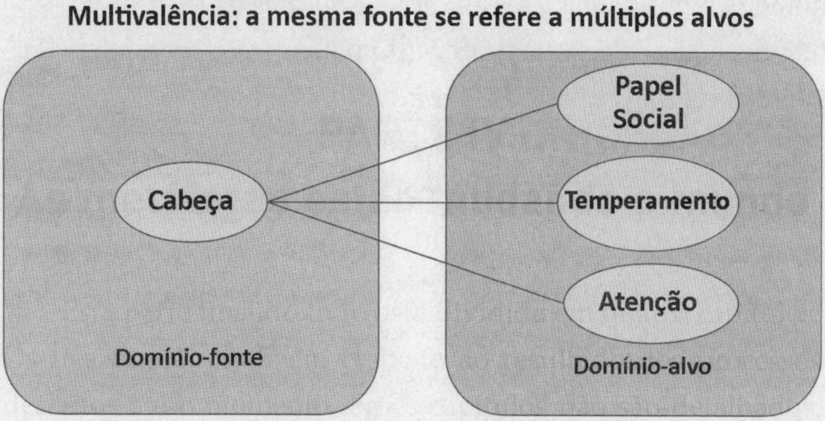

Figura 11. Em metáforas multivalentes, a mesma fonte pode ser usada para diferentes alvos. Exemplo: "ela é a cabeça do grupo", "ele estava de cabeça quente" e "minha cabeça estava em outro lugar".

Antes de usar esses conceitos para descrever algumas estratégias de crítica a metáforas digitais, talvez um exemplo literário do monólogo de Shakespeare, "O Mundo é um Palco", na comédia pastoral *Do Jeito que Você Gosta*, esclareça um pouco mais a estrutura conceitual.

> O mundo inteiro é um palco
> E todos os homens e mulheres, meros atores;
> Eles têm suas saídas e entradas,
> E um homem em seu tempo faz vários papéis.[11]

Nesse excerto, uma das metáforas pede ao leitor que veja o *alvo/teor* "homens e mulheres" como a *fonte/veículo* "atores". O contexto da metáfora é fornecido pela comédia que delimita os *domínios* dela, abarcando mudanças no tempo de vida de

11 *As You Like It*. Ed. Alan Brissenden. Oxford: Oxford University Press, 1993, 2.7.145-149.

homens e mulheres. As *predicações explícitas da fonte* neste segmento são as saídas e entradas (do palco) e a representação de vários papéis. Algumas das *predicações latentes da fonte* – que não são sugeridas na afirmação metafórica – são os atores que usam figurinos e os atores que recebem um salário.

A respeito do alvo metafórico, alguns *aspectos explorados do alvo* são o processo de envelhecimento e os diferentes papéis sociais que homens e mulheres assumem em suas vidas. Entre os inúmeros *aspectos inexplorados do alvo*, poderíamos destacar o fato de que homens e mulheres podem ficar doentes e morrer prematuramente. Através do conceito de *diversificação*, poderíamos considerar outras *fontes* para o mesmo *alvo*, por exemplo, uma marionete que sugeriria a metáfora "homens e mulheres são marionetes", da qual poderíamos explorar outros *aspectos do alvo*. Por fim, o conceito de *diversificação* nos leva a considerar outros *alvos* para "atores", como os funcionários de uma corporação, o que revelaria outras possíveis predicações de atores não exploradas pela metáfora inicial.

Uma vez equipados com esses conceitos sobre metáforas, sugerimos algumas estratégias básicas que podem ser aplicadas em críticas a metáforas digitais.

(1) Identificar claramente a metáfora na forma de *ver X como Y* é um passo inicial importante. Isso requer a definição clara de fonte e alvo, uma vez que eles podem ser confusos ou não ser mencionados explicitamente quando a metáfora é proposta pela tecnologia digital. Como as metáforas convencionais podem se tornar transparentes devido ao seu uso constante, a simples identificação de uma metáfora subjacente pode levar a importantes percepções e

considerações críticas a respeito da tecnologia digital – estaria eu realmente falando com alguém ao digitar caracteres no teclado do meu celular?

(2) Em seguida, no fluxo proposto pela análise crítica, está uma exploração do potencial heurístico e inovador das metáforas. Nesse momento interpretativo inicial, uma descrição detalhada das *predicações explícitas da fonte* joga luz sobre o escopo da metáfora, e uma análise refinada dos *aspectos explorados do alvo* esclarece os aspectos do fenômeno capturado pela metáfora e como a predicação impertinente fornece acesso cognitivo a tais elementos.

(3) No momento analítico subsequente, adotamos uma abordagem mais crítica e exploramos limitações, insuficiências e riscos da metáfora proposta. Nesse estágio (3a), é necessário discutir as *predicações latentes da fonte* que não estejam explicitamente exploradas no contexto metafórico, mas que possam influenciar e distorcer a compreensão e a avaliação do fenômeno subjacente mediado pela metáfora. Elas apontam para associações cognitivas e emocionais da metáfora que são sugeridas apenas subliminarmente, mas que têm efeitos relevantes sobre os valores e as ações moldados pela metáfora. (3b) Também é crucial investigar *aspectos inexplorados do alvo*, porque eles podem revelar características positivas ou problemáticas das tecnologias digitais que não sejam adequadamente capturadas pela afirmação metafórica. (3c) A análise de outras interações metafóricas através dos conceitos de *multivalência* e *diversificação* permite a exploração de outras associações evocadas pela fonte e pelo alvo e a identificação de outros *aspectos inexplorados*

do alvo. É também possível propor fontes alternativas para captar as nuances do alvo, e o conflito entre a interpretação proposta por diferentes metáforas para a mesma tecnologia digital amplia o entendimento do fenômeno subjacente.

Esse método interpretativo deve oferecer uma perspectiva mais profunda e mais equilibrada dos ganhos cognitivos e dos possíveis riscos de manipulação que surgem do emprego de metáforas nas tecnologias digitais. No mínimo, essa análise deve promover uma discussão sobre as implicações de se usar certas metáforas, e por fim estimular a substituição ou a remoção de metáforas inadequadas e enganosas em que associações ruins ou maldosas obscureçam ganhos heurísticos, inovadores e cognitivos. Nas próximas duas seções, vamos aplicar esse método à análise da metáfora da curtida do Facebook e de algumas metáforas relacionadas aos dados digitais.

O botão de curtir

Começamos com a metáfora aparentemente ingênua e inofensiva do botão de curtir para expressar aprovação a uma postagem no Facebook. O famoso ícone de *curtir* teve um reinado exclusivo na interface do aplicativo de 2010 a 2017, quando outras "reações" foram acrescentadas, embora com visibilidade reduzida em comparação com a curtida. O conteúdo metafórico implícito do botão de curtir é relativamente simples e nos permite expressar sentimentos de aprovação a ideias e informações compartilhadas por nossos "amigos" de Facebook. Nesse sentido, como mencionamos anteriormente, essa metáfora era um meio eficaz de implementar uma função pensada para promover um engajamento positivo entre as pessoas. Da perspectiva do Facebook, o afeto positivo associado a isso é um benefício extra, uma vez que esse afeto naturalmente será transferido para a metáfora e ao próprio Facebook.

No entanto, no segundo passo crítico dessa análise, devemos considerar as outras associações e possíveis motivações por trás da escolha que o Facebook faz dessa metáfora específica. Se pensarmos sobre o domínio-alvo desse tema metafórico – a relação de amizade –, devemos encarar o fato de que amigos expressam muito mais do que sentimentos positivos. Amigos muitas vezes são as pessoas que procuramos quando precisamos de um feedback sincero. Uma das possíveis razões subjacentes para o Facebook ter ignorado isso está associada à intenção fundamental da empresa como um negócio: aumentar o número de usuários e seu engajamento. Logo, um ambiente positivo de relacionamento tende a aumentar a satisfação do usuário com interações dentro do aplicativo, e por associação com o aplicativo em si. Mas outras camadas de intencionalidade por trás da metáfora ainda podem – e devem – ser exploradas. Em setembro de 2015, a *MIT Technology Review* publicou o plano do Facebook de que os botões de curtir e compartilhar adicionados às suas páginas e aplicativos móveis começariam a encaminhar dados sobre os hábitos de navegação das pessoas para seus sistemas de anúncios direcionados.[12] Além disso, com sistemas de recomendação reforçados com o aprendizado de máquina, toda curtida em uma postagem (mesmo não comercial) se torna um sinal de preferência do usuário que é usado para perfilamento

---

12 SIMONITE, Tom. "Facebook's Like Buttons Will Soon Track Your Web Browsing to Target Ads". *MIT Technology Review*, 16 de setembro de 2015, disponível em: https://www.technologyreview.com/2015/09/16/166222/facebooks-like-buttons-will-soon-track-your-web-browsing-to-target-ads/.

e publicidade direcionada. Esses modelos de usuário também podem ajudar a afinar os *feeds*, o que ajuda a manter os usuários engajados. Outra dimensão problemática por trás da metáfora da curtida e de outras metáforas similares é a preocupação, especialmente grande quando pensamos nos adolescentes, de uma cultura que enfatiza a dependência de feedbacks positivos de amigos em redes sociais, com repercussões psicológicas e comportamentais significativas.[13]

Fundamentalmente, a metáfora da curtida faz parte do pacote metafórico para "amizade" proposto e implementado pelo Facebook. Curtidas indiscriminadas e listas infinitas de "amigos" achatam o próprio conceito de amizade, o que afeta e redescreve uma das relações mais fundamentais nas sociedades contemporâneas.[14] A crítica metafórica aqui proposta deveria nos levar a refletir, em nível pessoal e coletivo, sobre até que ponto queremos abraçar esse novo conceito de amizade. A metáfora dos amigos, usada originalmente para criar e explicar conceitos computacionais, agora funciona na direção oposta, o que muda o próprio significado de amizade, amigos, aprovação, conversa etc. As metáforas digitais são repletas de significados que afetam o modo como vemos e valorizamos nossas experiências, nossas relações e nós mesmos.

É possível dar mais um passo e pensar em outras metáforas que podem ser e são implementadas em redes sociais para evocar e incitar outras relações. Como sempre, essas novas

---

13 YAU e REICH, "Buddies, Friends, and Followers".

14 De acordo com Roberto Simanowski, essa nova descrição do conceito de amizade foi uma das ideias básicas do Facebook. *Facebook Society: Losing Ourselves in Sharing Ourselves*. Nova Iorque: Columbia University Press, 2018, p. 6.

metáforas também terão suas limitações, e elas também precisam ser criticadas e colocadas em diálogo com outras metáforas. Através do amplo conjunto de significados revelados por esse conflito de interpretações, novas ideias e possibilidades podem surgir para que as tecnologias digitais usem metáforas mais propícias a inspirar valores éticos e sociais.

Um exemplo de um tema metafórico distinto para aplicativos de redes sociais pode ser encontrado no aplicativo Junto. De acordo com seus designers, a Junto pretende "inspirar autenticidade e reequilibrar nossa relação com a tecnologia".[15] Uma das estratégias explícitas do aplicativo para alcançar esse objetivo é selecionar novas metáforas digitais para reenquadrar a experiência da rede social. Primeiro, é interessante notar que o nome do aplicativo em si é uma metáfora expressa em espanhol e português sem um termo lexicalmente similar em inglês, o que muda o viés interpretativo da metáfora para falantes de outras línguas e se afasta da centralidade da língua inglesa nas metáforas tecnológicas, como mencionado nas seções anteriores.[16]

Os designers da Junto também propõem um conjunto de metáforas inovadoras para suas funções essenciais. A metáfora "expressão" substitui a metáfora da "postagem", e há um espaço público virtual para troca de expressões com todos chamado "coletivo". Outra metáfora fundamental que o aplicativo implementa é a dos "packs" ["matilhas"]. De acordo com os designers, um *pack* é "um grupo de amigos próximos (e/ou família) que evoca a versão mais honesta e sem filtro de você mesmo e

15 "Welcome to Junto". *Junto*, acessado em 5 de agosto de 2022, disponível em: https://learn.junto.foundation/.

16 O equivalente em inglês seria "together", o que desencadeia associações de participação equitativa e engajamento colaborativo.

com quem você pode compartilhar de forma privada".[17] Claro, é uma metáfora que desperta outras associações cognitivas e emocionais, cujos significados devem ser explorados e contrastados com suas alternativas mais comuns. Embora "pack" certamente evoque algumas predicações e associações pretendidas pela declaração de missão dos designers, como familiaridade e objetivos em comum (por exemplo, o Cub Scout Pack ["grupo de escoteiros"]), o termo também pode remeter a associações de competição, ferocidade ("pack of wolves" [ou "alcateia de lobos"]) e até mesmo atividades ilegais ("pack of thieves" [ou "quadrilha de ladrões"]).

As formas de interação que tais mudanças semânticas podem provocar em comunidades de usuários são outro aspecto fundamental da análise crítica dessa metáfora. Uma mudança essencial proposta pelo tema metafórico e pela intencionalidade subjacente do Junto foi a remoção da metáfora da curtida. Na versão atual do aplicativo, só é possível interagir com as chamadas "expressões" através de comentários textuais, o que certamente muda a dinâmica das relações mediadas por conteúdo e evita alguns dos possíveis efeitos negativos do botão de curtida.

Neste momento em que escrevemos, o Junto ainda está em desenvolvimento no Google Play e tem uma pequena comunidade de usuários de "*early access*". No entanto, o que mais nos interessa é o exemplo dos artefatos digitais que propõem estruturar suas funcionalidades e interfaces através de metáforas diferentes, ao reconhecerem as limitações e implicações práticas das metáforas existentes.

---

17 "Terminology". *Junto*, acessado em 5 de agosto de 2022, disponível em: https://learn.junto.foundation/the-app/terminology.

Fluxo das nuvens de ouro

Em janeiro de 2015, Tim Hwang e Karen Levy escreveram um artigo breve, mas instigante, para a revista *The Atlantic* sobre a importância das metáforas usadas para descrever os dados digitais.[18] Reconhecendo a dificuldade de se chegar a uma definição clara e precisa do conceito de dados digitais, eles destacaram três metáforas comumente usadas para expressar como nos relacionamos com os dados digitais: "fluxo de dados",* "mineração de dados" e "nuvem de dados". É fascinante refletir sobre as diferentes materialidades sugeridas por essas três metáforas – e suas implicações cognitivas e emocionais. Os dados podem ser líquidos como um fluxo de água, sólidos e impenetráveis o suficiente para exigir esforços de mineração, ou tão gasosos que evaporam e condensam somente na forma de nuvens, que contemplamos à distância.

Seguindo nossa estratégia da crítica metafórica, vamos começar nossa análise com um movimento de abertura e receptividade para explorar novos significados – tipicamente com conotações positivas – que em geral são enfatizados publicamente, e tentar entender aspectos relevantes dos dados digitais. No segundo movimento, complementamos essa primeira abordagem explorando as associações latentes inadequadas, ineficientes ou elusivas dessas mesmas metáforas. E por fim, exploraremos metáforas alternativas e críticas interpretativas que deveriam ser consideradas ao interagirmos com metáforas digitais.

---

18 HWANG, Tim; LEVY, Karen. "'The Cloud' and Other Dangerous Metaphors". *The Atlantic*, 20 de janeiro de 2015, disponível em: https://www.theatlantic.com/technology/archive/2015/01/the-cloud-and-other-dangerous-metaphors/384518/.

* N.T.: no original, "data streaming", cuja tradução prevalente para o português acabou permanecendo como "streaming de dados".

Como discutimos em seções anteriores, a metáfora "dados são um fluxo" era uma forma útil de indicar as novas funções e condições do consumo de mídias digitais que não eram mais acessadas localmente por meio de fitas magnéticas ou CDs, mas que eram continuamente acessadas a partir de locais de armazenamento remoto. A noção de "fluxo de dados" indicava a necessidade de os usuários se conectarem com a fonte/repositório do qual os dados se originam; ela também implicava que o fluxo de dados pode às vezes ser interrompido ou se tornar insuficiente para consumir de forma apropriada a mídia. O fluxo de vídeos e de músicas em streaming se tornou uma metáfora comum e continua a moldar produtivamente a forma como interagimos com os dados.

A "mineração de dados" tem sido um termo da moda para a ciência da computação nas duas últimas décadas. Cursos de graduação e especialização se espalharam, consultorias começaram a oferecer serviço de mineração de dados como diferencial, e novas plataformas de software foram criadas especificamente para otimizar os processos de mineração. A expressão efetivamente criou uma "corrida do ouro digital", que justifica totalmente o tema metafórico sugerido pela mineração. A metáfora sugere um processo ativo de empenho de grandes esforços para extrair algo que, quando encontrado, pode ter enorme valor econômico – "dados são ouro". A metáfora foi totalmente adotada em algumas atividades, como a publicidade. Os anunciantes usam os padrões nos dados minerados para otimizar o retorno em seu investimento, ao alcançarem os possíveis consumidores que provavelmente pagarão por seus produtos. Tais clientes são o "ouro" para os anunciantes. Em outros domínios de aplicação, como no diagnóstico por imagens, o resultado da mineração de dados para identificar doenças precocemente e de forma eficaz também reforça a ideia do valor que pode ser extraído do processo de inspeção de um grande volume de dados.[19]

A metáfora da "nuvem de dados" é a mais aberta – e, portanto, possivelmente a mais problemática – dessa tríade de metáforas. Ela sugere que os dados flutuam livremente nos céus da internet, então você não precisa se preocupar em armazená-los em um recipiente local. Ao usar um dos temas metafóricos associados à direcionalidade, você pode subir seus dados para a nuvem, e isso traz consigo a associação de que "em cima é melhor". A nuvem ofereceria mais uma maneira de o mundo digital nos desconectar das restrições de lugar.

A evidente fragilidade dessa metáfora sugere que comecemos nosso segundo momento de crítica a essas três metáforas na ordem inversa. A metáfora da nuvem de dados é extremamente fraca em relação às suas possíveis associações com o fenômeno do armazenamento de dados em pontos remotos. Ela é tão vaga e limitada, que não consegue informar os usuários sobre o que está acontecendo, criando um conceito quase místico em torno do armazenamento de dados e escondendo completamente algumas implicações cruciais do processo. É um caso claro em que é muito mais importante o que a metáfora esconde, do que o que ela revela e comunica. Consequentemente, uma questão importante sobre o uso da nuvem gira em torno da confiança. Como é possível confiar em algo que você não entende?

A respeito das associações predominantes com o veículo, como a transitoriedade, a mobilidade e a intangibilidade,

19 Ver, por exemplo, ABBOTT, Brianna. "Google AI Beats Doctors at Breast Cancer Detection—Sometimes". *Wall Street Journal*, 1 de janeiro de 2020, disponível em: https://www.wsj.com/articles/google-ai-beats-doctors-at-breast-cancer-detectionsometimes-11577901600.

nenhuma delas parece esclarecer o teor ligado a estruturas computacionais maciças que ocupam espaços enormes e precisam de muita manutenção devido à sua natureza física. Não há nada de gasoso ou transitório nos *data centers* e dispositivos de armazenamento magnético usados para as nuvens de dados. Outros aspectos do teor (infraestrutura física de armazenamento de dados) são obscurecidos pela metáfora, como a quantidade de energia que os computadores dos *data centers* consomem e seu possível impacto sobre o meio ambiente.[20] Além disso, a ideia "nebulosa" da nuvem também esconde a realidade de que todos os dados estão de fato sendo armazenados e se tornam propriedade de empresas que podem usar essa informação para diversas atividades, sem o conhecimento do usuário. Ela tampouco aborda as inúmeras questões de segurança inerentes ao armazenamento de dados por terceiros. Essa análise crítica muito breve da metáfora da nuvem de dados levanta algumas consequências problemáticas do uso de uma metáfora fraca, uma metáfora que esconde mais do que esclarece e, por isso, torna-se quase sem sentido. No entanto, a metáfora da nuvem de dados se refere a um fenômeno fundamental das tecnologias digitais, e sua construção fraca só desvia a atenção dos usuários dos aspectos problemáticos da realidade.

Agora vamos fazer uma breve análise crítica da "mineração de dados", uma metáfora que claramente tem mais potencial heurístico significativo do que a nuvem de dados, mas que ainda precisa ser explorada para que outros aspectos sutis das associações propostas sejam devidamente considerados. Como

---

20 Ver, por exemplo, JONES, Nicola. "How to Stop Data Centres from Gobbling up the World's Electricity", *Nature* 561, no. 7722 (Setembro de 2018): 163-66.

vimos, a ideia de mineração tem uma forte conotação de produção de valor econômico, o que faz com que a associação positiva da produtividade leve a considerar um investimento na atividade como algo evidentemente lucrativo. Contudo, uma análise mais nuançada revela suas limitações e a incerteza de que o ouro de fato seja encontrado através dessa mineração.[21] Outro aspecto extremamente perturbador dessa metáfora é que a mineração costuma ser feita em recursos naturais que são ou públicos ou de entidades mineradoras. Na mineração de dados, o campo que está sendo minerado costuma ser os dados de usuários, que ignoram estar "doando" seus recursos para esse tipo de exploração comercial. Ademais, "dados são ouro" sugere que pedaços individuais de dados é que teriam valor. Seria justamente o contrário, tanto que já foi sugerido que "dados são areia" seria uma metáfora melhor.[22] Qualquer elemento individual de dado é relativamente inútil, e somente em grandes quantidades é que teriam um valor real.

---

21 A respeito de discussões recentes sobre tendências de publicidade direcionada, ver, por exemplo, SHIN, Jiwoong e YU, Jungju. "Targeted Advertising and Consumer Inference". *SSRN*, 7 de setembro de 2020, disponível em: https://doi.org/10.2139/ssrn.3688258; LOMAS, Natasha. "Targeted Ads Offer Little Extra Value for Online Publishers, Study Suggests". *TechCrunch*, 31 de maio de 2019, disponível em: http://techcrunch.com/2019/05/31/targeted-ads-ofer-little-extra-value-for-online-publishers-study-suggests/; MAHDAWI, Arwa. "Targeted Ads Are One of the World's Most Destructive Trends. Here's Why". *The Guardian*, 5 de novembro de 2019, disponível em: http://www.theguardian.com/world/2019/nov/05/targeted-ads-fake-news-clickbait-surveillance-capitalism-data-mining-democracy.

22 O'REILLY, Tim. "Data Is the New Sand". *The Information*, 24 de fevereiro de 2021, disponível em: https://www.theinformation.com/articles/data-is-the-new-sand?utm_source=ti_ap.

Por fim, olhamos criticamente para a metáfora "dados são um fluxo". Um dos fatos que ela desconsidera é que existem diferentes canais para o fluxo de dados, e cada um deles tem diferentes implicações financeiras para aqueles que decidem beber dessa fonte digital. Qualquer um que tenha tido uma surpresa ruim com seu plano de dados móveis por ter assistido a um filme fora da cobertura do Wi-Fi aprenderá pela dor que há diferenças significativas entre os diferentes canais – diferenças não diretamente capturadas pela metáfora, apesar de a fonte e o líquido serem os mesmos. Outro aspecto dessa metáfora que não costuma ser comunicado é que os proprietários dos dutos do fluxo de dados podem, dependendo das leis do país/região, controlar o fluxo de dados ou mesmo evitar que um tipo específico de líquido passe por ele. Essa parte pouco explorada da metáfora está por trás da ampla controvérsia legal nos Estados Unidos em torno da neutralidade da rede. Diferente dos fluxos de água pura, os fluxos de dados são compostos de diferentes "líquidos" – por exemplo, um filme da Netflix, uma página de seu jornal favorito ou uma música do Spotify. Esses diferentes líquidos podem ser facilmente filtrados por quem quer que controle os canais de fluxo de dados. Assim, o streaming de filmes pode ser removido ou ter seu fluxo reduzido significativamente, enquanto o streaming de páginas de informações continua com o mesmo fluxo de dados.

Essa última análise ilustra como é possível entrar no tema metafórico. Isso pode ser feito para esclarecer outras dimensões de uma questão tecnológica complexa e estimular outros argumentos políticos e éticos. Tais discussões podem ser mais nuançadas e multifacetadas, de modo a fornecer interpretações acessíveis a comunidades com graus variados de expertise técnica.

Falando em crítica metafórica

A incomparável combinação de poder com a flexibilidade das metáforas, em conjunto com seu uso na tecnologia, requer um monitoramento cuidadoso. Como uma forma compacta de resumir as coisas que costumam ser muito complexas, as metáforas correm o risco de ser utilizadas e entendidas de forma equivocada.

Metáforas de tecnologia importantes devem ser destrinchadas e examinadas, tanto em sua construção quanto em sua intenção, com um olhar para o que é sugerido e o que está obscurecido ou escondido.

REVISÃO E CONCLUSÃO

Agora que concluímos o arco principal, está na hora de analisar e revisitar algumas das ideias principais do livro. Para começar, queremos dar destaque ao título do livro e à sua relação, através do método cognitivo-hermenêutico que propusemos, com o impacto das tecnologias digitais. Quando pensamos pela primeira vez no título *Meaningful Technologies*, tínhamos quatro ideias entrelaçadas em mente, cada uma contendo uma análise aprofundada das tecnologias digitais.

Primeiro, enfatizamos que as tecnologias digitais são mais do que ferramentas neutras cujo impacto é definido exclusivamente, ou até principalmente, pela forma como são usadas. Elas são repletas de significado, e ao longo do livro propusemos que as metáforas digitais estão no cerne desses significados, integradas e implementadas em tecnologias digitais que afetam os usuários e a sociedade.

Segundo, nós ressaltamos, através de uma estrutura conceitual baseada na ciência cognitiva e na filosofia hermenêutica, que uma análise das maneiras como as tecnologias digitais afetam os significados que atribuímos às nossas relações com o mundo e com os outros revela um aspecto mais profundo de seu impacto em nossas vidas. Ao remoldar nossos horizontes semânticos através das metáforas digitais, elas alteram as bases cognitivas que formam o tecido de nossas identidades pessoais e coletivas. As tecnologias fazem sentido; elas geram novos sentidos e significados em nossas estruturas individuais e sociais.

Terceiro, nós apontamos que, justamente por serem repletas de significado e por transformarem significados, as tecnologias digitais são importantes – significativas – e devem ser analisadas e mais bem entendidas em termos de sua complexidade e influência.

Por fim, como sugerimos no último capítulo, a análise de como as metáforas digitais medeiam a relação entre tecnologia e significado não somente nos permite descrevê-las e criticá-las, como também nos dá o potencial de propor mudanças capazes de alterar essa camada fundamental e transformadora. Entender essas tecnologias é trazer um sentido para elas, ao transformar a forma como elas incorporam significados – e as metáforas digitais são um mecanismo crucial, através do qual remoldamos os significados propostos das tecnologias digitais.

Nosso título, e portanto a trajetória do livro, foi um convite para repensar – através de metáforas digitais – nossa responsabilidade coletiva em redefinir as tecnologias digitais para fornecer um tipo de quadro de referência, de forma que elas possam se tornar portadoras de significados construtivos e benéficos para a sociedade contemporânea que consigam promover melhor o bem comum.

Também queremos retomar a habilidade fundamental que torna as metáforas tão proeminentes e úteis na linguagem – ver uma coisa como outra coisa – e combiná-la com o antigo ditado de que "ver é acreditar". As metáforas digitais levam esse passo além. Quando a Amazon diz que um ícone em nossa tela é um carrinho de compras, ela literalmente faz com que os *pixels* se pareçam com um. Então, é necessário um verdadeiro ato de vontade para lembrar-se de que não existe um carrinho de compras, ou que a amizade no Facebook não é o mesmo que uma amizade na vida real, ou que a seleção de fotos do Google como uma recordação das férias possa não representar de fato o que aconteceu. Julgar se esse carrinho de compras, essa amizade ou essa recordação metafóricos são melhores do que o que os antecedeu cabe ao indivíduo, mas é uma consideração que precisa acontecer mais frequentemente, e precisa ser considerada em um contexto mais amplo também. Assim como não conseguimos realmente entender uma frase sem conhecer seu contexto, também não conseguimos entender realmente uma tecnologia ou sua metáfora sem conectá-la de volta ao mundo.

O livro é também um convite para considerar a intricada relação simbiótica entre tecnologia e sociedade, através das lentes de nossa proposta da espiral cognitivo-hermenêutica das metáforas digitais. Por um lado, as metáforas digitais nascem da necessidade dos designers de criar pontes, de forma que seus *enablers* tecnológicos sejam entendidos, tipicamente contando com ideias e outras tecnologias que já sejam bem estabelecidas na sociedade. Por outro, a adoção maciça e rápida das tecnologias digitais e seu uso repetitivo subsequente aceleram a transição das metáforas digitais no léxico linguístico, reestruturando a forma como falamos e, por sua vez, como pensamos aspectos sociais de nossas vidas, que vão desde coisas simples como pegar uma carona até uma mais profunda, como o processo eleitoral presidencial. E uma vez que são assimiladas, as metáforas digitais dão à luz algo novo, transformando de fato a sociedade ao estimular a criação de novas realidades que, por sua vez, serão a base para novas tecnologias e subsequentes metáforas digitais.

O fato de percebermos como as metáforas digitais são centrais na interação entre sociedade e tecnologia inevitavelmente nos levou à ética, culminando na proposta de um novo tipo de crítica metafórica que apresentamos no capítulo anterior.

Discussões recentes acerca dos impactos nocivos das redes sociais sobre o indivíduo e a sociedade ressaltaram a necessidade de debates éticos sobre as novas tecnologias. A velocidade e o escopo do impacto das tecnologias digitais – que só crescem, devido a arquiteturas cada vez mais robustas e sofisticadas – requerem que os efeitos das novas tecnologias sejam analisados e criticados mesmo antes de elas serem amplamente empregadas. Como discutimos ao longo deste livro, nós acreditamos que o impacto das novas tecnologias não pode ser completamente compreendido sem uma análise completa das metáforas digitais das quais elas dependem. É necessário, por exemplo, investigar quais ideias e valores inerentes a uma tecnologia são enfatizados ou obscurecidos pelas metáforas digitais específicas selecionadas. Nisso estamos alinhados com Wyatt, que faz um apelo para que acadêmicos críticos "sejam ao mesmo tempo cuidadosos e criativos em sua própria escolha de linguagem metafórica".[1] Nós expandiríamos a lista daqueles que precisam ser cuidadosos incluindo desenvolvedores e até mesmo usuários. O objetivo seria, então, propor alternativas para que seu impacto possa ser mais bem alinhado com o bem comum. Acreditamos que a abordagem cognitivo-hermenêutica que descrevemos neste livro possa se tornar uma ferramenta valiosa, conforme a sociedade luta para lidar com os efeitos de uma rápida mudança tecnológica.

Por fim, voltamos à nossa discussão sobre o que distingue o smartphone de outros dispositivos modernos: o fato de que sempre o temos conosco. As pessoas agora passam cerca de um terço de seu tempo acordadas usando o celular, e essa porcentagem

1 WYATT, "Metaphors in Critical Internet and Digital Media Studies".

vem crescendo a cada ano.[2] Como resumimos ao longo do livro, esses dispositivos estão sendo usados agora para mediar praticamente todos os aspectos de nossas vidas. Em um sentido muito real, eles estão se tornando uma parte intrínseca de nossa identidade. Argumentamos que as metáforas digitais, e por extensão as tecnologias digitais, estão mudando o significado dos conceitos humanos fundamentais. Talvez o exemplo definitivo disso seja o conceito de quem nós somos. Como temos permitido cada vez mais que a tecnologia molde quem nós somos, é necessário que as consequências sejam examinadas de forma crítica, de modo que estejamos o mais informados possível a respeito delas.

---

2 WAKEFIELD, "People Devote Third of Waking Time to Mobile Apps".

APÊNDICE A

Uma breve história do significado

Em seu influente artigo "Semântica Geral", David Lewis argumenta que os significados têm dois aspectos fundamentais.[1] Um deles independe de contexto e foca primariamente em estruturas linguísticas, e o outro leva em conta o contexto no qual a linguagem é usada. Lewis alerta para possíveis problemas que possam surgir quando se confundem esses dois aspectos e eles são tratados como um único fenômeno. Por um lado, a questão do significado pode ser enquadrada dentro de um sistema semântico abstrato e estático – algo como compreender os significados de uma linguagem meramente lendo uma versão de um dicionário ou analisando orações em um quadro-negro. Por outro, o significado pode ser analisado a partir das realidades psicológicas e sociológicas relacionadas com o uso concreto de uma instância desse sistema semântico abstrato. Cientes da necessidade de um cuidado para se evitar uma confusão conceitual, nós exploramos ambos os aspectos nas seções seguintes deste apêndice. No entanto, não acreditamos que seja possível manter essas duas dimensões completamente separadas quando elas se entrelaçam em uma maneira dialética. Esperamos esclarecer e aprimorar essa intersecção

---

1 LEWIS, David. "General Semantics". *In*: PARTEE, Barbara H. (org.). *Montague Grammar*. Nova Iorque: Academic Press, 1976, p. 1-50.

ao longo da argumentação, e utilizá-la como um dos elementos constitutivos de nossa reflexão hermenêutica resultante sobre as metáforas digitais.

O QUE SIGNIFICA? OU A DIMENSÃO NÃO-CONTEXTUAL DO SIGNIFICADO

O lado não-contextual do significado, como dissemos, diz respeito a analisar o conteúdo proposicional de orações e predicações ao abstraí-las do contexto no qual são proferidas. Isso é atraente da perspectiva da ciência moderna, já que restringe a linguagem a uma análise "objetiva", separada do contexto do uso e das dimensões psicológicas e sociológicas de seu uso. Em outras palavras, seria ótimo se pudéssemos estudar orações da mesma forma que estudamos um composto químico. Nesta seção, reunimos alguns elementos conceituais desenvolvidos ao longo do último século nas áreas da linguística e da filosofia da linguagem. Esses são elementos importantes do mosaico que estamos compondo para servir como um embasamento conceitual para nossa análise do significado e das metáforas. Esse processo é seletivo e intencional; nós escolhemos somente os conceitos que são necessários para entender melhor as metáforas digitais. Isso significa necessariamente deixar de lado uma imensa bibliografia e as longas discussões associadas a respeito das nuances conceituais que cercam os conceitos selecionados.

A primeira característica não-contextual do significado que destacamos foi proposta originalmente por Ferdinand de Saussure. Amplamente reconhecido como um dos mais proeminentes linguistas do século XX, Saussure inspirou o estruturalismo, movimento muito apoiado pela comunidade científica no século passado.[2] Em seu *Curso de Linguística Geral* (1916), Saussure propôs que os sistemas linguísticos fossem pensados como se compostos por duas partes distintas: *langue* e *parole*. Nesse diagrama, *langue* é um sistema fechado de signos – cada palavra escrita em uma linguagem natural une um conceito e uma imagem acústica.[3] *Parole*, por outro lado, se refere a como os falantes usam uma *langue* para comunicar mensagens. Os signos da *langue* obtêm seu significado de diferenciações de outros signos dentro do sistema lexical. Então, alguém entende o significado de "capital" diferenciando-o de outros signos do sistema linguístico, como "cidade" e "vila". Essa análise evita muitos dos possíveis problemas associados à natureza temporal da linguagem.

Outro movimento, com premissas e métodos muito diferentes, mas que também foca primariamente nos aspectos não-contextuais da linguagem, é associado a pensadores da tradição analítica da filosofia da linguagem, como Gottlob Frege, G. E. Moore, Bertrand Russell e Willard Van Orman Quine. Para muitos, Frege, juntamente com Russell, foi um dos precursores da filosofia analítica na história do pensamento do século XX.[4] Sua influente obra "Sobre o Sentido e a Referência" é uma

---

2 SANDERS, Carol. "Introduction: Saussure Today". *In*: SANDERS, Carol (org.). *The Cambridge Companion to Saussure*. Cambridge: Cambridge University Press, 2004, p. 1-6.

3 "A língua é um sistema de signos que expressa ideias". SAUSSURE, Ferdinand Mongin de. *Course in General Linguistics*. Nova Iorque: Columbia University Press, 2011, p. 16.

4 "Bertrand Russell e Gottlob Frege são os dois gigantes em cujos ombros se apoia a filosofia analítica". BEANEY, Michael. "Russell and Frege". *In*: GRIFFIN, Nicholas (org.). *The Cambridge Companion to Bertrand Russell*. Cambridge: Cambridge University Press, 2003, p. 128.

análise matizada de algumas das dimensões não-contextuais da questão do significado.

O ponto de partida de Frege se centrava em torno do significado de um signo linguístico simples. Por questões de consistência, vamos voltar à nossa discussão sobre o Rio de Janeiro. Frege mostrou os problemas que podem ocorrer se todos os significados do signo estiverem contidos em seu referente. Se isso fosse verdade, então um signo que dissesse "Rio" e outro que dissesse "o lar do Cristo Redentor" significariam exatamente o mesmo, já que a estátua do Cristo Redentor fica de fato no Rio. Contudo, está claro que "o lar do Cristo Redentor" adiciona algo a mais a seu referente do que o nome da cidade sozinho. Para resolver problemas dessa natureza, Frege postulou que os significados das palavras não se limitam ao referente de um signo (o que é dito), mas também abrangem sentido (como dizer o que é dito), uma parte integral do significado.

Quando se trata de unidades gramaticais maiores, Frege propõe que devemos considerar orações baseadas em um novo critério, associado às palavras constituintes: "Se agora substituímos uma palavra da oração por outra que tenha o mesmo referente, mas um sentido diferente, isso pode não ter nenhuma influência sobre o referente da oração".[5] Então "Rio" e "o lar do Cristo Redentor" devem ter o mesmo referente, embora o pensamento ou o sentido das orações seja diverso.

Dando continuidade à sua argumentação em "Sobre o Sentido e a Referência", Frege entra em um pouco de análise poética ao diferenciar o prazer estético associado aos pensamentos

5 FREGE, Gottlob. "Sense and Reference". *The Philosophical Review* 57, no. 3 (1948): 214.

(ou sentidos) de orações e o conhecimento científico que seria associado ao referente da oração. Ele completa essa análise com a seguinte observação: "É a luta pela verdade que sempre nos leva a avançar do sentido para o referente".[6] Frege conclui então que "nós somos, portanto, levados a aceitar o valor de verdade de uma oração como seu referente. Pelo valor de verdade de uma oração, entendo a circunstância de que ela seja verdade ou mentira".[7] Ou seja, o universo de possibilidades referentes para cada oração é o conjunto {Verdadeiro, Falso}.

Essa é uma afirmação paradigmática para a filosofia analítica. Ela diz respeito às relações entre valores de verdade que, por um lado, abstraem os detalhes de cada oração e, por outro, são efetivamente ligados a verdades científicas. Então, uma oração como "A praia de Copacabana se localiza no Rio" poderia ser expressa como uma função formal Localizada-no-Rio (Copacabana) na lógica predicada. Enquanto isso, "Rio é uma cidade no Brasil" ou Cidade-no-Brasil (Rio) poderia então participar de uma equação que levaria em conta somente os referentes de ambas as orações. De uma perspectiva formal, ambas as orações se referem ao mesmo universo de possibilidades, verdadeiras ou falsas. Com tal sistema instaurado, seríamos capazes de fazer inferências lógicas usando a lógica predicada, como o fato de que a praia de Copacabana fica no Brasil.

Essa definição tem consequências significativas para o conteúdo semântico das orações, já que, como Frege disse, "se agora o valor de verdade de uma oração é seu referente, então, por um lado, todas as orações verdadeiras têm o mesmo referente,

6 FREGE, "Sense and Reference", p. 216.

7 FREGE, "Sense and Reference", p. 216.

assim como, por outro, todas as orações falsas. Portanto, vemos que no referente da oração tudo que é específico é obliterado".[8] A frase de Frege ilumina a prioridade que a tradição analítica dentro da filosofia da linguagem deu aos problemas lógicos associados à questão do significado. A padronização do referente como verdadeiro ou falso caiu como uma luva para acadêmicos modernos, que buscavam uma abordagem linguística precisa e inambígua para descrever experimentos científicos. Em grande parte, essa observação sobre a obliteração do específico marca uma grande parcela do esforço dessa tradição filosófica a respeito da busca por significado.

Assim como Frege, Bertrand Russell também pensava muito a respeito dos aspectos lógicos do significado das linguagens naturais à medida que ele voltava sua atenção a algumas aporias do uso ordinário da linguagem. Para ter uma perspectiva mais clara da abordagem de Russell, consideremos como ele decomporia a oração "o pai da bossa nova era do Rio" em predicações lógicas separadas.[9] Do ponto de vista de Russell, a oração original abrangeria três afirmações diferentes e complementares:

1. Pelo menos uma pessoa é pai da bossa nova.
2. No máximo uma pessoa é pai da bossa nova.
3. Quem quer que seja, o pai da bossa nova era do Rio.

O significado da oração original resulta da expressão lógica que combina cada predicação que usa o conectivo lógico "e". Curiosamente, isso requer que cada uma das três afirmações seja verdadeira para que a oração inteira seja verdadeira. Esse exemplo

---

8 FREGE, "Sense and Reference", p. 217.

9 A frase original de Russell era "O autor de *Waverley* era escocês".

simples só permite um pequeno vislumbre do que é uma longa e rica história da filosofia analítica que lida com essa questão.

Nosso breve encontro com Saussure, Frege e Russell revelou alguns aspectos importantes do "significado-do-significado" que valem ser destacados, com um foco particular naquilo que é dito. Primeiro, de acordo com a abordagem semiótica de Saussure, cada unidade semântica, como uma palavra individual, é associada a uma série de outras unidades semânticas em uma rede lexical conceitual para determinada língua. Logo, o significado de uma palavra específica está sempre relacionado com outras palavras dentro desse sistema linguístico. Encontrar o significado de uma palavra é entender, através de um processo de comparação, as diferentes predicações que são o caso para uma determinada unidade semântica, mas não para outras, dentro da proximidade semântica dessa unidade, que por sua vez está dentro do sistema linguístico. Então, por exemplo, "capital" e "cidade" estão dentro do mesmo sistema linguístico, e entender o significado de cada uma dessas palavras é entender como elas diferem em suas relações com outras unidades dentro da rede conceitual do léxico. "Capital" provavelmente estará muito mais perto de palavras associadas a governo do que "cidade". Portanto, o significado de algo envolve uma interação entre aproximações e distinções com outros signos dentro do sistema linguístico. Tal rede subjacente de associações semânticas será significativa para o entendimento de como as metáforas são moldadas.

Embora se reconheça a compreensão de um sistema de signos associados dentro de um espaço semântico, acreditamos que é somente quando se chega ao nível das orações que os significados dos signos se realizam e se tornam partes essenciais de como vemos o mundo. Como discutimos no Capítulo Cinco, o significado de cada signo é na verdade uma coleção de associações criadas primariamente através das predicações atribuídas ao signo, e tais associações são transmitidas na linguagem através de orações.

O segundo argumento que queremos extrair dessa análise é que o significado não é limitado só à referência de uma predicação, mas também a como ele é expresso (sentido). Embora "Rio" e "sede das Olimpíadas de 2016" possam tecnicamente se referir ao mesmo lugar, nossa escolha de qual expressão usar traz um significado adicional e nuance à frase. Em ambos os casos, a referência (sobre o quê) cria uma predicação que envolve um espaço físico no mundo, mas o sentido (o que é dito) adiciona uma camada extra de predicações interna ao sistema linguístico, que depende da escolha particular de palavras. O uso de "Rio" enfatiza a cidade em si, ao passo que "sede das Olimpíadas de 2016" coloca a ênfase no papel da cidade nos esportes internacionais. Logo, as duas expressões não têm literalmente o mesmo significado, embora estejam se referindo à mesma coisa. Isso porque "Rio" é um conceito rico cuja extensão é simplesmente grande demais para ser considerada cada vez que é usada. A escolha de palavras é uma espécie de guia para reduzir a extensão para um tamanho mais administrável. Como vimos, as metáforas são classificadas em contextos que reduzem as predicações em que focamos e exercem um papel essencial na classificação da afirmação e seu significado.

Terceiro, para alguns filósofos e linguistas, o significado das orações em linguagem natural pode ser examinado primeiro decompondo-se suas partes em predicados lógicos, e depois combinando as expressões lógicas resultantes para determinar se a oração é verdadeira ou falsa, ou seja, se ela se refere a fenômenos reais ou não. Esse tipo de análise lógica é particularmente atraente da perspectiva da ciência moderna, já que busca ser uma forma precisa de comunicar descrições objetivas da realidade. Essa abordagem lógica almeja principalmente se livrar das ambiguidades inerentes à linguagem natural. O sistema semântico resultante seria então purificado, livrado das marcas da subjetividade e da ambiguidade. A partir dali, ele poderia ser usado para referir-se ao mundo de maneira a contribuir com um conhecimento preciso das realidades objetivas. A análise do que é dito, quando colocada em termos de expressões cujos referentes sejam valores lógicos, verdadeiros ou falsos, poderia criar as condições para que a ciência moderna expresse significado através de afirmações que possam ser testadas empiricamente. No limite, o significado seria reduzido a um conjunto inequívoco de afirmações descritivas lógicas cujas referências à realidade possam ser validadas e verificadas.

Apesar de suas limitações, queremos tirar duas lições valiosas dessa abordagem lógico-analítica. Primeiro, uma oração em linguagem natural possivelmente contém múltiplas proposições (X é Y), e cada proposição estabelece uma relação entre individuação (X) e predicação (é Y). Logo, o significado de X será o conjunto de predicações (Ys) que seriam o caso para um determinado falante ou grupo de falantes da língua. Segundo, a abordagem lógico-analítica enfatiza a verificação empírica como o critério básico para que uma proposição tenha significado – a ponto de excluir proposições que não sejam verificáveis a partir do universo do significado. Como veremos mais tarde, essa limitação do "significado-do-significado" não parece explicar as experiências humanas em torno do significado, mas aponta para uma dimensão relevante da questão sobre ele.

No final desta seção, devemos nos perguntar se, além desses aspectos que favorecem o conteúdo lógico, objetivo, verificável e estrutural do significado, não existe nenhuma outra característica fundamental dele que só emirja quando analisamos o problema no contexto do uso do sistema semântico, da maneira como dizemos o que é dito através da linguagem.

O que eles querem dizer? Ou a dimensão contextual do significado

Até agora, nós focamos em abordagens para o significado que se centram em um esforço para validá-lo logicamente e testá-lo empiricamente. Vejam a seguinte oração, por exemplo: "A molécula de água tem dois átomos de hidrogênio e um de oxigênio". Essa oração contém os dois aspectos fundamentais do significado: a individuação – uma determinada substância, nesse caso a água – e a predicação que explica sua composição química. Assim, é justo dizer que parte do significado que atribuímos ao signo linguístico da água é essa composição química específica.

Porém, essas características químicas não são os únicos significados da água, e provavelmente não são as maneiras mais comuns como pensamos a água cotidianamente. De fato, muitas pessoas provavelmente nem são cientes da composição química dela. Frases como "Isto é água", "Água refresca demais" e "Nada melhor do que água depois de fazer exercícios" são mais representativas de uma conversa normal. Mas entender essas frases e seus significados é complexo. Requer respostas para uma série de perguntas esclarecedoras que variam de acordo com o contexto no qual a frase é proferida: quem disse, por que disse, quando disse, para quem, com que intenção etc.

Nesta seção, vamos investigar outro ângulo do significado, que é relacionado com o contexto. Aspectos essenciais do que queremos dizer com significado emergem nas maneiras concretas como a linguagem é usada no dia a dia. A confusão da realidade acrescenta uma camada densa de predicações fluidas e subjetivas, e é quase sempre ambígua e imprecisa. Essa ambiguidade inevitavelmente nos levará de volta para a árdua tarefa da incessante interpretação do significado.

O debate entre Russell, cujas visões acabamos de examinar, e P. F. Strawson, duas figuras-chave na filosofia da linguagem, pode nos ajudar a entender essa dimensão complementar do significado. William Lycan sintetizou as visões deles da seguinte maneira:

> Enquanto Russell pensava em termos de orações vistas abstratamente como objetos em si, e em especial suas propriedades lógicas, Strawson enfatizava como as orações são usadas pelos humanos, e a forma como estes reagem a elas, em situações de conversas concretas.[10]

E é com Strawson que começamos a focar nas dimensões do significado que são diretamente associadas ao contexto do que é dito. Em seu influente artigo "On Referring", Strawson enfatiza essa dimensão:

> O contexto da fala é de uma importância quase impossível de exagerar; e por "contexto", quero dizer no mínimo o tempo, o lugar, a situação, a identidade do falante, os temas que formam o foco imediato de interesse e as histórias pessoais tanto do falante quanto dos receptores.[11]

---

10 LYCAN, William G. *Philosophy of Language: A Contemporary Introduction*. 3a ed. Londres: Routledge, 2018, p. 19.

11 STRAWSON, P. F. "On Referring". *Mind* 59, no. 235 (Julho de 1950): 328.

Enquanto Russell focava principalmente em analisar o significado a partir da forma das predicações abstraídas de seu uso, Strawson enfatizava o contexto no qual as frases são ditas.

Strawson deu mais uma contribuição importante para nossa discussão sobre as metáforas. Ele relacionou o significado com "o conjunto de regras, hábitos, convenções para seu uso nas referências".[12] Ao fazer isso, ele nos convida a ir além da análise estática e independente do significado que vimos com a abordagem lógico-analítica. Ao fazer isso, conseguimos nos engajar com a fluidez das regras, dos hábitos e das convenções linguísticas que estão sempre abertas a revisões e intrinsecamente associadas ao uso da linguagem.

Mas Strawson certamente não é o primeiro grande filósofo da linguagem do último século a ressaltar o aspecto contextual do significado. Em 1954, a revista *Mind* publicou a crítica de Strawson ao livro *Investigações Filosóficas*, de Ludwig Wittgenstein.[13] Na crítica, Strawson observou que Wittgenstein ressaltava que, para entender o significado de um conceito ou uma palavra, era necessário colocá-los no contexto linguístico e social no qual eles são pronunciados. Wittgenstein mostrou a diversidade de significados ao examinar a simples exclamação "Água!". Dependendo do contexto, essa mesma sequência de signos linguísticos pode ter qualquer um destes significados: uma ordem, um pedido, uma exclamação ou uma resposta.

Wittgenstein apontou que, na maior parte do tempo, entender o "significado" de uma palavra ou de um conceito está

---

12 STRAWSON, "On Referring", p. 328.

13 STRAWSON, P. F. "VI - Critical Notice". *Mind* 63, no. 249 (Janeiro de 1954): 70-99.

associado ao seu uso na linguagem.[14] Ele sugeria que os significados nascem e são entendidos dentro de jogos de linguagem, e que estes, por sua vez, são expressões que ocorrem dentro de formas de vida.[15] Então, o significado das palavras e das orações depende do tipo de contexto social no qual os falantes criam padrões e consensos sobre o significado das coisas. Diferentes jogos de linguagem, como "atuar em uma peça", "relatar um acontecimento", "dar uma ordem" e "contar uma piada", são jogados em diferentes contextos sociais. Boa parte do que chamamos de significado depende dos jogos de linguagem nos quais as orações e as palavras são ditas.

Para nós, a abordagem de Wittgenstein para o significado aponta para pelo menos três elementos importantes. Primeiro, uma grande parte do que queremos dizer com significado está associada a jogos de linguagem nos quais palavras e orações significativas são faladas. O significado está associado aos modos como vivemos e interagimos uns com os outros no mundo real. Portanto, o significado não é algo que possa ser dissociado da vida – a linguagem e a vida são intrinsecamente relacionadas. No entanto, embora Wittgenstein enfatize o movimento das formas de vida para os jogos de linguagem, nós expandiremos esse foco para levar em conta a mutualidade e a bidirecionalidade

---

14 "Para uma grande categoria de casos do emprego da palavra 'significado' – embora não para todos –, essa palavra pode ser explicada da seguinte forma: o significado de uma palavra é seu uso na língua". WITTGENSTEIN, Ludwig. *Philosophical Investigations*. 4a ed. Eds. P. M. S. Hacker e Joachim Schulte. Trad. G. E. M. Anscombe, P. M. S. Hacker e Joachim Schulte. Malden, MA: Wiley-Blackwell, 2009, p. 43.

15 "A expressão 'jogo de linguagem' é usada aqui para enfatizar o fato de que o falar de uma língua é parte de uma atividade, ou de uma forma de vida". WITTGENSTEIN, *Philosophical Investigations*, 15c.

dinâmicas entre os jogos de linguagem e as formas de vida ao longo do tempo. Assim como as formas de vida moldam os jogos de linguagem, os jogos de linguagem afetam as formas de vida. Então, nossa discussão sobre o significado vai além do plano puramente epistemológico (o que entendemos) e se estende para as águas mais profundas dos planos existenciais e ontológicos (como vivemos e o que somos).

A segunda fonte de inspiração que tiramos de Wittgenstein tem a ver com a relacionalidade entre as entidades de significado. Assim como em um jogo, cada peça obtém significados dentro das relações com outras peças. Por exemplo, no xadrez, parte do significado do cavalo é o fato de que ele pode passar por cima de qualquer peça.[16] Os significados também são inter-relacionados em um jogo de influências mútuas, como foi mostrado na análise cognitiva das metáforas. Os significados não são isolados; eles só podem ser capturados e entendidos inteiramente dentro de redes semânticas.

E, por fim, a terceira fonte de inspiração de *Investigações Filosóficas* tem a ver com a fluidez dos significados dentro dos jogos de linguagem. Por serem sociais e temporais, os jogos de linguagem são fluidos. Eles mudam ao longo do tempo, e junto a eles os significados são também refigurados e criados. Como veremos, as metáforas estão no coração desse dinamismo semântico.

---

16 O cavalo é a única peça de xadrez que pode "pular sobre" outras peças, sejam claras ou escuras. É também a única peça que se move em L, o que cria um conjunto único de interações possíveis com outras peças do jogo. Para entender o significado completo do cavalo, é necessário entender como ele é usado para "jogar o jogo" do xadrez; é da dinâmica do jogo que emerge o significado de cada peça.

Seguindo essa direção de Wittgenstein rumo ao uso ordinário da linguagem como uma forma privilegiada de estudar significados, J. L. Austin propôs em sua teoria dos atos de fala uma sistematização das diversas camadas de significado que emergem a partir do contexto do uso da linguagem.[17] Para Austin, se uma pessoa quer entender o significado de uma oração, além de entender seu conteúdo proposicional (o que é dito), é necessário entender sua "força ilocucionária" – por exemplo, se a oração é um juízo, uma notícia, um conselho, uma pergunta ou um alerta. A força ilocucionária, portanto, descreve o ato de fala em questão, ou, em outras palavras, o que é feito ao dizer esta ou aquela oração. Austin também acrescenta uma terceira camada de significado, que se relaciona com o efeito do que é dito sobre o receptor da mensagem: a dimensão perlocucionária. Portanto, a força perlocucionária de uma oração está ligada ao efeito de persuasão, medo e repúdio com a harmonia que uma oração gera. Assim, para entender o significado de uma oração, é necessário também considerar sua força ilocucionária (o que é feito ao dizer tal coisa) e perlocucionária (o que a oração causa no público).

Outro aspecto essencial, que foi antecipado no título da obra de Austin *How to do Things with Words* [Como fazer coisas com palavras] e explorado mais extensamente por John Searle, é que mesmo quando estamos declarando algo, por exemplo, "isto é água", nós estamos mudando nossa relação com o mundo, porque agora podemos agir diferentemente em relação

---

17 AUSTIN, John Langshaw. *How to Do Things with Words*. Oxford: Clarendon Press, 1975. Desenvolvido posteriormente de forma significativa por John R. Searle em *Speech Acts: An Essay in the Philosophy of Language*. Cambridge: Cambridge University Press, 1969.

a essa substância e possivelmente bebê-la. Então, não são somente orações performativas típicas como "Prometo pagar este empréstimo" que modificam o estado das coisas, mas também aquelas chamadas constativas – proposições que declaram algo como verdade. Essa observação é especialmente relevante no contexto das metáforas, porque ressalta que as predicações sugeridas por metáforas têm efeitos pragmáticos – seus significados envolvem uma forma diferente de ver e agir no mundo. A teoria do ato de fala enfatiza que significados não são limitados à simples descrição das coisas; eles afetam a realidade. Entender o significado de algo implica, em muitos casos, agir de determinada maneira. Como já vimos com as metáforas digitais, a demonstração de que o significado de uma metáfora foi entendido é uma interação efetiva com o artefato digital que implementa a metáfora. O significado de uma mensagem como "Aceitar Solicitação de Amizade?" é entendido através de uma interação associada a uma mudança no estado das coisas. Essa dimensão pragmática da linguagem, que abriu um campo muito extenso de estudos, é fundamental para nossa pesquisa, já que ressalta a relação intrínseca entre o significado e o agir no mundo.

No final deste desvio por uma análise filosófico-linguística do significado, precisamos avaliar o mosaico de ladrilhos que reunimos, já que eles formam o pano de fundo de nossa discussão sobre como as metáforas – em especial as digitais – criam e modificam os significados. Uma de nossas metas é atrair a atenção do leitor para a complexidade envolvida em definir o significado. Algo que achamos óbvio, uma vez posto sob uma luz analítica, revela-se repleto de nuances e dificuldades na compreensão. Assim, nós falamos metaforicamente de um mosaico para enfatizar a ideia de uma aproximação, onde algumas peças ainda precisam de um polimento conceitual antes que haja uma única imagem contínua. Mas veremos que tal mosaico funciona muito bem como um pano de fundo a partir do qual podemos falar mais profundamente sobre metáforas. Ao manter isso em mente, nós discutimos cinco ladrilhos desse mosaico que são particularmente relevantes para nós.

Primeiro, o significado é um conjunto de predicações dirigidas para um conceito, real ou abstrato. Logo, o significado de "Rio" envolve predicações como "uma linda cidade", "uma cidade de contrastes" e "o lugar onde nasceu a bossa nova". Então, para entender como as novas tecnologias digitais afetam os significados, precisamos explorar como elas mudam e criam predicações para conceitos como comunicação, amizade, namoro, debate público, compra, venda e assim por diante.

Segundo, os significados não são simples entidades linguísticas que somente interessam a filósofos e cientistas cognitivos. Os significados se referem a coisas e fenômenos no mundo e, como discutimos na Parte I, eles medeiam a forma como nos relacionamos com os outros, o mundo e nós mesmos. As predicações que dominam os significados associados ao Rio têm consequências diretas sobre a propensão de um turista visitar a cidade, por exemplo. Entender o significado é olhar para algo com base em certas predicações. Logo, posso me identificar com a cidade do Rio de Janeiro como "uma linda cidade" ou como "uma cidade de contrastes", ou ambos. O número de predicações contidas em um conceito é tão grande, que normalmente há predicações demais para tê-las todas ao mesmo tempo. Portanto, os significados são fundamentais para como vivemos e agimos; os significados importam. E exatamente por afetarem os significados é que as tecnologias digitais importam.

Terceiro, como vimos através dos diferentes ângulos do sistema linguístico proposto pelos estruturalistas, e depois pelos jogos de linguagem sugeridos por Wittgenstein, os significados não ocorrem isolados. Entender o significado de algo é entender uma rede de significados e associações dentro de contextos que guiam a interpretação. A criação de metáforas depende dessa rede interconectada de significados e de como o entendimento das metáforas vai variar, dependendo dos contextos nos quais eles são empregados.

Quarto, a partir das discussões de Frege sobre o sentido e a referência, aprendemos que significado não é só "ao quê" nos referimos com uma determinada expressão linguística, mas que "o como" nos referimos também afeta o significado. Dizer que algo é um "dispositivo ótico de posicionamento em superfície" tem um significado diferente de dizer que tal coisa é um "mouse", ainda que ambas as expressões se refiram à mesma entidade física.

E quinto, os significados não são estáticos; eles são ligados intimamente ao uso que os falantes fazem da linguagem, às formas como vivemos e às estruturas sociais e culturais. Como vimos na história de Tara Westover, os significados podem variar radicalmente de uma pessoa para outra, ou mesmo dentro da vida de uma pessoa, dependendo das experiências específicas dos falantes. A autobiografia de Westover (e possivelmente toda biografia) é uma jornada através de novos significados mediados por sua trajetória de educação. Os significados são maleáveis, e para cada pessoa as predicações dominantes de um conceito evoluirão com o tempo, sobrepondo-se e passando por cima de predicações anteriores em um constante jogo de sedimentação e inovação. Este livro explora o papel das tecnologias digitais na criação de novas formas de vida, nas predicações e no desencadeamento de inovações semânticas que alteram o significado de conceitos concretos e abstratos da vida cotidiana.

APÊNDICE B

Termos-chave

abordagem cognitivo-hermenêutica: uma abordagem epistemológica que se inspira nas estruturas conceituais da ciência cognitiva e da hermenêutica para analisar tecnologias digitais.

associação cognitiva: quando os conceitos são vivenciados próximos no tempo, eles tendem a se tornar associados em nossa mente. Se acontecer um número suficiente de vezes, pensar em um dos conceitos naturalmente levará a pensar no outro. Logo, quando ouvimos alguém dizer "ABCDEF", nossa mente naturalmente espera que digam "G" na sequência.

atenção dirigida: atenção que requer esforço. Esse tipo de atenção é tipicamente empregada a serviço de nossas intenções.

atenção involuntária: é a atenção que não requer esforço. Esse tipo de atenção é associada a coisas que são tão chamativas, que são difíceis de ignorar.

ciclo cognitivo-hermenêutico: um processo no qual horizontes semânticos são expandidos através de um processo interpretativo de novos significados.

economia da atenção: a ideia de que uma porção significativa da economia, incluindo muitos aplicativos citados neste livro, agora se dedica a fisgar e reter nossa atenção.

espiral metafórica: um modelo que descreve como nossos horizontes de sentido são alterados pelas metáforas ao longo do tempo.

fadiga da atenção dirigida: como a atenção direcionada requer esforço, ela envolve o emprego de recursos de uma maneira que pode se tornar fatigada. Essa fadiga tem um impacto negativo não somente sobre a habilidade de empregar atenção, mas também sobre a cognição e a saúde.

horizonte de sentido prefigurado: um horizonte de significado antes de encontrar uma inovação semântica, como uma metáfora.

horizonte de significado refigurado: um horizonte de significado alterado por uma inovação semântica, como uma metáfora.

horizonte semântico ou horizonte de significado: o conjunto de conhecimento cultural e fundamental que uma pessoa ou um grupo de pessoas tem antes de encontrar uma nova tecnologia; seu "universo semântico", de forma geral uma combinação de sua experiência com seu conhecimento.

inovação semântica: criação de novos significados. Sugerimos que as metáforas são um paradigma de inovações semânticas.

metáfora digital: uma metáfora usada pelos desenvolvedores de uma tecnologia para explicar o que ela é para os usuários. Uma diferença crítica em relação às metáforas comuns é que as metáforas digitais recebem materialidade ao serem implementadas.

mundo-da-vida: uma estrutura complexa e multifacetada que constitui a forma como entendemos nossas experiências no mundo através da integração de diversos conceitos e predicações que constituem nossas redes semânticas.

predicação: o processo de se associar atributos, características e relações a um indivíduo ou categoria. É a parte predicativa de uma proposição.

predicação impertinente: uma predicação que não faz parte do léxico de uma linguagem natural. Esse é um mecanismo básico usado pelas metáforas para sugerir novos significados.

regra de Hebb: uma regra de aprendizado neural proposta pela primeira vez por Donald Hebb. A regra afirma que, quando o disparo de um neurônio facilita o disparo de outro neurônio, a conexão entre eles é fortalecida de forma que, quando o primeiro neurônio disparar no futuro, ele será mais eficiente em ajudar o segundo neurônio a disparar. Isso costuma ser chamado de "disparam juntos, se conectam juntos" na neurociência.

tecnologia: "Conjunto de práticas que os humanos usam para transformar o mundo material, práticas envolvidas na criação e no uso de coisas materiais".[1]

tecnologia digital: uma tecnologia que requer ou integra um processador digital. Hardwares e softwares de computadores são exemplos típicos de tecnologias digitais.

---

1 SCHATZBERG, *Technology*, p. 2.

BIBLIOGRAFIA

ABBOTT, Brianna. "Google AI Beats Doctors at Breast Cancer Detection – Sometimes". *Wall Street Journal*, 1 de janeiro de 2020. Disponível em: https://www.wsj.com/articles/google-ai-beats-doctors-at-breast-cancer-detectionsometimes-11577901600.

ABRAMSON, Dustin I.; e JOHNSON JR., Joseph. "Creating a Conversational Chat Bot of a Specific Person". Patente (EUA) 10,853,717. Solicitada em 11 de abril de 2017, e registrada em 1 de dezembro de 2020. Disponível em: https://patentimages.storage.googleapis.com/8d/2a/7e/325266284d79df/US10853717.pdf.

ABREU, Fernanda. "Rio 40 Graus". *SLA 2 Be Sample*. EMI Records Brasil, 1992.

AHMAD, Irfan. "60+ Fascinating Smartphone Apps Usage Statistics for 2019". *Social Media Today*, 23 de março de 2019. Disponível em: https://www.socialmediatoday.com/news/60-fascinating-martphone-apps-usage-statistics-for-2019-infographic/550990/.

ALTER, Adam. *Irresistible: The Rise of Addictive Technology and the Business of Keeping Us Hooked*. Nova Iorque: Penguin, 2018.

APPLEINSIDER. "Virtual Scroll Wheel Patent Shows Alternate iOS Input Method". *AppleInsider*, 7 de agosto de 2012. Disponível em: https://appleinsider.com/articles/12/08/07/virtual_scroll_wheel_patent_shows_alternate_ios_input_method.

ARISTÓTELES. *Art of Rhetoric*. Trad. J. H. Freese. Loeb Classical Library 193. Cambridge, MA: Harvard University Press, 1926.

______. *Poetics*. Trad. Stephen Halliwell. Loeb Classical Library 23. Cambridge, MA: Harvard University Press, 1995.

ARMSTRONG, Anne K. "Using Metaphor and Analogy in Climate Change Communication". *In*: ARMSTRONG, Anne

K.; KRASNY, Marianne E.; e SCHULDT, Jonathon P. (orgs.). *Communicating Climate Change: A Guide for Educators*. Ithaca, NY: Cornell University Press, 2019, p. 70-74.

ATEN, Jason. "14 Years Ago, Steve Jobs Sent the Most Important Email in the History of Business". *Inc.*, 5 de junho de 2021. Disponível em: https://www.inc.com/jason-aten/14-years-ago-steve-jobs-sent-most-important-email-in-history-of-business.html.

AUSTIN, John Langshaw. *How to Do Things with Words*. Oxford: Clarendon Press, 1975.

BAILENSON, Jeremy N. "Nonverbal Overload: A Theoretical Argument for the Causes of Zoom Fatigue". *Technology, Mind, and Behavior* 2, no. 1 (2021). Disponível em: https://doi.org/10.1037/tmb0000030.

BAMBINI, Valentina; GENTILI, Claudio; RICCIARDI, Emiliano; BERTINETTO, Pier Marco; e PIETRINI, Pietro. "Decomposing Metaphor Processing at the Cognitive and Neural Level through Functional Magnetic Resonance Imaging". *Brain Research Bulletin* 86, no. 3-4 (10 de outubro de 2011): 203-16.

BASU, Avik; DUVALL, Jason; e KAPLAN, Rachel. "Attention Restoration Theory: Exploring the Role of Soft Fascination and Mental Bandwidth". *Environment and Behavior* 51, no. 9-10 (Novembro de 2019): 1055-81.

BAUMEISTER, Roy F.; MURAVEN, Mark; TICE, Dianne M. "Ego Depletion: A Resource Model of Volition, Self-Regulation, and Controlled Processing". *Social Cognition* 18, no. 2 (Junho de 2000): 130-50.

BBC News. "US Officer Plays Taylor Swift Song to Try to Block Video". *BBC*, 2 de julho de 2021. Disponível em: https://www.bbc.com/news/technology-57698858.

BEANEY, Michael. "Russell and Frege". *In*: GRIFFIN, Nicholas (org.). *The Cambridge Companion to Bertrand Russell*. Cambridge: Cambridge University Press, 2003, p. 128-70.

BEARDSLEY, Monroe C. "Metaphorical Senses". *Noûs* 12, no. 1 (1978): 3-16.

BEARDSLEY, Monroe C. "The Metaphorical Twist". *Philosophy and Phenomenological Research* 22, no. 3 (1962): 293-307.

BENJAMIN, Ruha. *Race After Technology: Abolitionist Tools for the New Jim Code*. Medford, MA: Polity Press, 2019.

BHANOO, Sindya. "Who Should Translate Amanda Gorman's Work? That Question Is Ricocheting around the Translation Industry". *Washington Post*, 24 de março de 2021. Disponível em: https://www.washingtonpost.com/entertainment/books/book-translations-gorman-controversy/2021/03/24/8ea3223e--8cd5-11eb-9423-04079921c915_story.html.

BLACK, Max. *Models and Metaphors: Studies in Language and Philosophy*. Ithaca, NY: Cornell University Press, 1962.

______. "More About Metaphor". *Dialectica* 31, no. 34 (1977): 431-57.

BLANK, Grant. "The Digital Divide Among Twitter Users and Its Implications for Social Research". *Social Science Computer Review* 35, no. 6 (Dezembro de 2017): 679-97.

BLAVIN, Jonathan H.; e COHEN, I. Glenn. "Gore, Gibson, and Goldsmith: The Evolution of Internet Metaphors in Law and Commentary". *Harvard Journal of Law and Technology* 16, no. 1 (2002): 265-87.

BOHN, Dieter. "Apple Isn't Just a Walled Garden, It's a Carrier". *The Verge*, 7 de junho de 2021. Disponível em: https://www.theverge.com/2021/6/7/22521476/apple-walled-garden-carrier--app-store-innovation.

BOHRN, Isabel C.; ALTMANN, Ulrike; e JACOBS, Arthur M. "Looking at the Brains behind Figurative Language – A Quantitative Meta-Analysis of Neuroimaging Studies on Metaphor, Idiom, and Irony Processing". *Neuropsychologia* 50, no. 11 (Setembro de 2012): 2669-83.

BORGMANN, Albert. *Technology and the Character of Contemporary Life: A Philosophical Inquiry*. Chicago: University of Chicago Press, 1987.

BOYD, danah. *It's Complicated: The Social Lives of Networked Teens*. New Haven, CT: Yale University Press, 2014.

BRADY, William J.; MCLOUGHLIN, Killian; DOAN, Tuan N. e CROCKETT, Molly J. "How Social Learning Amplifies Moral Outrage Expression in Online Social Networks". *Science Advances* 7, no. 33 (Agosto de 2021). Disponível em: https://doi.org/10.1126/sciadv.abe5641.

BRENNAN, P. "Sexual Selection". *Nature Education Knowledge* 3, no. 10 (2010): 79.

BUCKLE, Chase. "Which Smartphone Features Really Matter to Consumers?". *GWI*, 9 de janeiro de 2019. Disponível em: https://blog.gwi.com/chart-of-the-week/smartphone-features-consumers/.

BUCKLEY, William F. Jr. "Do We Really Need Home Computers?". *On the Right* (coluna independente), 19 de junho de 1982.

BURKE, James. *Connections: Alternative History of Technology*. Nova Iorque: Macmillan, 1980.

CAMERON, Lynne. "Metaphor and Talk". *In*: GIBBS JR., Raymond W. (org.). *The Cambridge Handbook of Metaphor and Thought*. Cambridge: Cambridge University Press, 2008, p. 197-211.

CARBONELL, Javier; SÁNCHEZ-ESGUEVILLAS, Antonio e CARRO, Belén. "The Role of Metaphors in the Development of Technologies. The Case of the Artificial Intelligence". *Futures* 84 (Novembro de 2016): 145-53.

CARD, Orson Scott. *Ender's Game*. Nova Iorque: Tor Books, 2014.

CARR, Austin. "Will Apple's Tacky Design Philosophy Cause a Revolt?". *Fast Company*, 11 de setembro de 2012. Disponível em: https://www.fastcompany.com/1670760/will-apples-tacky-software-design-philosophy-cause-a-revolt.

CASSIRER, Ernst. *An Essay on Man*. New Haven, CT: Yale University Press, 2021.

______. "A Clue to the Nature of Man: The Symbol". *In*: *An Essay on Man: An Introduction to a Philosophy of Human Culture*. New Haven, CT: Yale University Press, 1992.

CAWLEY, Conor. "10 Stats That Prove Silicon Valley Hasn't Fixed Its Diversity Problem". *Tech.co.*, 25 de junho de 2018. Disponível em:

https://tech.co/news/stats-silicon-valley-fixed-diversity-problem-2018-06.

CHAN, Stephanie. "Global Consumer Spending in Mobile Apps Reached a Record $111 Billion in 2020, up 30% from 2019". *Sensor Tower*, 4 de janeiro de 2021. Disponível em: https:// sensortower.com/blog/app-revenue-and-downloads-2020.

CHARTERIS-BLACK, J. *Politicians and Rhetoric: The Persuasive Power of Metaphor*. Londres: Palgrave Macmillan, 2011.

CHOWN, Eric. "Reminiscence and Arousal: A Connectionist Model". *In*: *Proceedings of the Annual Meeting of the Cognitive Science Society*, vol. 24, 2002. Disponível em: https://escholarship.org/content/qt4v45r3gd/qt4v45r3gd.pdf.

______. "Spatial Prototypes". *In*: THENBRINK, Thora; WIENER, Jan e CLARAMUNT, Christophe (orgs.). *Spatial Behavior and Linguistic Representation*. Oxford: Oxford University Press, 2013, p. 97-114.

CHOWN, Eric e NASCIMENTO, Fernando. "Software and Metaphors: The Hermeneutical Dimensions of Software Development". *In*: REIJERS, Wessel; ROMELE, Alberto; COECKELBERGH, Mark (orgs.). *Interpreting Technology*. Lanham, MD: Rowman & Littlefield, 2021, p. 229-48.

CIMPRICH, Bernadine. "Development of an Intervention to Restore Attention in Cancer Patients". *Cancer Nursing* 16, no. 2 (Abril de 1993): 83-92.

COECKELBERGH, Mark. *AI Ethics*. Cambridge, MA: MIT Press, 2020.

______. "Language and Technology: Maps, Bridges, and Pathways". *AI & Society* 32, no. 2 (Maio de 2017): 175-89.

COECKELBERGH, Mark, e REIJERS, Wessel. "Narrative Technologies: A Philosophical Investigation of the Narrative Capacities of Technologies by Using Ricoeur's Narrative Theory". *Human Studies* 39, no. 3 (Setembro de 2016): 325-46.

COHEN, Jean. "Structure Du Langage Poétique". *Les Etudes Philosophiques* 22, no. 2 (1967): 219.

COLLINS, Ben e ZADROZNY, Brandy. "Anti-Vaccine Groups Changing into 'Dance Parties' on Facebook to Avoid Detection". *NBC News*, 22 de julho de 2021. Disponível em: https://www.nbcnews.com/tech/tech-news/anti-vaccine-groups-changing-dance-parties-facebook-avoid-detection-rcna1480.

CRAIK, Kenneth J. "The Nature of Explanation". *Journal of Philosophy* 40, no. 24 (1943): 667-69. Disponível em: https://doi.org/10.2307/2018933.

CRIDLAND, James. "'Follow Our Podcast': Apple Podcasts to Stop Using 'Subscribe'". *Podnews*, 9 de março de 2021. Disponível em: https://podnews.net/update/follow-not-subscribe.

DAMÁSIO, António R. *Descartes' Error: Emotion, Reason and the Human Brain*. Nova Iorque: Random House, 2006.

DEMJAHA, Albese; SPRING, Jonathan; BECKER, Ingolf; PARKIN, Simon; e SASSE, Angela. "Metaphors Considered Harmful? An Exploratory Study of the Effectiveness of Functional Metaphors for End-to-End Encryption". *In*: *Proceedings of 2018 Workshop on Usable Security (USEC)*. Reston, VA: Internet Society, 2018. Disponível em: https://doi.org/10.14722/usec.2018.23015.

DESJARDINS, Jeff. "How Long Does It Take to Hit 50 Million Users". *Visual Capitalist*, 2018. Disponível em: https://www.visualcapitalist.com/how-long-does-it-take-to-hit-50-million-users/.

DOCTOROW, Cory. "The Coming Civil War over General Purpose Computing". *Boing Boing*, 23 de agosto de 2012. Disponível em: https://boingboing.net/2012/08/23/civilwar.html.

ERICKSON, Christine. "A Brief History of Text Messaging". *Mashable*, 21 de setembro de 2012. Disponível em: https://in.mashable.com/tech/9551/a-brief-history-of-text-messaging.

ERICKSON, Thomas D. "Working with Interface Metaphors". *In*: BAECKER, Ronald M.; GRUDIN, Jonathan; BUXTON, William A. S.; e GREENBERG, Saul (orgs.). *Readings in Human-Computer Interaction: Toward the Year 2000*. 2a ed. São Francisco: Morgan Kaufmann, 1995, p. 147-51. Disponível em: https://doi.org/10.1016/b978-0-08-051574-8.50018-2.

ERVAS, Francesca; GOLA, Elisabetta; ROSSI, Maria Grazia (orgs.). *Metaphor in Communication, Science and Education*. Berlim: de Gruyter, 2017.

EVANS, Benedict. "The Death of the Newsfeed". *Benedict Evans* (blog), 3 de abril de 2018. Disponível em: https://www.ben-evans.com/benedictevans/2018/4/2/the-death-of-the-newsfeed.

EVIATAR, Zohar; JUST, Marcel Adam. "Brain Correlates of Discourse Processing: An fMRI Investigation of Irony and Conventional Metaphor Comprehension". *Neuropsychologia* 44, no. 12 (23 de junho de 2006): 2348-59.

EXPLAININGCOMPUTERS. "5 Most Annoying Computing Things!". Publicado pelo canal *ExplainingComputers*, 20 de junho de 2021. Disponível em: https://www.youtube.com/watch?v=HuF4NfU0k3Q.

EYAK, Nir. "The *New York Times* Uses the Very Dark Patterns It Derides". *Nirandfar* (blog), 30 de maio de 2021. Disponível em: https://www.nirandfar.com/cancel-new-york-times/.

FACEBOOK. "A/B Tests Types Available on Facebook". *Meta*, acessado em 30 de julho de 2021. Disponível em: https://www.facebook.com/business/help/1159714227408868?content_id=hm7ZSCLtFLb3oQs&ref=sem_smb&utm_source=GOOGLE&utm_medium=fsmbsem&utm_campaign=PFX_SEM_G_BusinessAds_US_EN_Brand_Exact_Desktop&utm_content=Ads-Testing_Evalating&kenid=_k_CjwKCAjwxo6IBhBKEiwAXSYBs4qIWko1GKG8bxS7msQc6u48GzSGbwnY7dLvhRItLU m6TM5KWvCjrhoCti0QAvD_BwE_k_&utm_term=facebook%20a%2Fb%20testing&utm_ct=EVG&gclid=CjwKCAjwxo6IBhBKEiwAXSYBs4qIWko1GKG8bxS7msQc6u48GzSGbwnY7dLvhRItLUm6TM5KWvCjrhoCti0QAvD_BwE.

FIEGERMAN, Seth. "The Experts Speak: Here's What People Predicted Would Happen When The iPhone Came Out". *Business Insider*, 29 de junho de 2012. Disponível em: https://www.businessinsider.com/iphone-predictions-from-2007-2012-6.

FLORIDI, Luciano. *The Fourth Revolution: How the Infosphere Is Reshaping Human Reality*. Oxford: Oxford University Press, 2014.

FORMAN, Paul. "The Primacy of Science in Modernity, of Technology in Postmodernity, and of Ideology in the History of Technology". *History and Technology* 23, no. 1-2 (Março de 2007): 1-152.

FREGE, Gottlob. "Sense and Reference". *The Philosophical Review* 57, no. 3 (1948): 209-30.

FROST, Robert. "Education by Poetry". *In*: COX, Hyde e LATHEM, Edward Connery (orgs.). *The Selected Prose of Robert Frost*. Nova Iorque: Holt, Rinehart and Winston, 1966, p. 33-46.

GADAMER, Hans-Georg. *Truth and Method*. Nova Iorque: Crossroad, 1989.

GATSOU, Chrysoula. "The Importance of Metaphors for User Interaction with Mobile Devices". *In*: MARCUS, Aaron (org.). *Design, User Experience, and Usability: Users and Interactions*. Cham: Springer International Publishing, 2015, p. 520-29.

GAYOMALI, Chris. "The Text Message Turns 20: A Brief History of SMS". *The Weekly Law Reports*, 2012. Disponível em: https://theweek.com/articles/469869/text-message-turns-20-brief-history-sms.

GEARY, James. *I Is an Other: The Secret Life of Metaphor and How It Shapes the Way We See the World*. Nova Iorque: Harper Collins, 2011.

GIBBS, Raymond W. Jr. (org.). *The Cambridge Handbook of Metaphor and Thought*. Cambridge: Cambridge University Press, 2008.

GOATLY, Andrew. *Washing the Brain: Metaphor and Hidden Ideology*. Amsterdã: John Benjamins Publishing, 2007.

GOLDHABER, Michael H. "The Attention Economy and the Net". *First Monday* 2, no. 4 (7 de abril de 1997). Disponível em: https://doi.org/10.5210/fm.v2i4.519.

GOODE, Lauren. "I Called Off My Wedding. The Internet Will Never Forget". *Wired*, 6 de abril de 2021. Disponível em: https://www.wired.com/story/weddings-social-media-apps-photos-memories-miscarriage-problem/.

GORMAN, Amanda (@TheAmandaGorman). Twitter Timeline. Acessado em 7 de março de 2021. Disponível em: https://twitter.com/TheAmandaGorman.

GOULD, Skye. "It Took 75 Years for the Telephone to Reach 100 Million Users and It Took Candy Crush 15 Months". *Business Insider*, 28 de julho de 2015. Disponível em: https://www.businessinsider.com/it-took-75-years-for-the-telephone-to-reach-100-million-users-and-it-took-candy-crush-15-months.

GRAMLICH, John. "10 Facts about Americans and Facebook". *Pew Research*, 1 de junho de 2021. Disponível em: https://www.pewresearch.org/fact-tank/2021/06/01/facts-about-americans-and-facebook/.

GREENE, Melissa Fay. "You Won't Remember the Pandemic the Way You Think You Will". *The Atlantic*, 6 de abril de 2021. Disponível em: https://www.theatlantic.com/magazine/archive/2021/05/how-will-we-remember-covid-19-pandemic/618397/.

GRUBER, John. "Theme Parks and Public Parks". *Daring Fireball*, 6 de junho de 2021. Disponível em: https://daringfireball.net/linked/2021/06/06/theme-parks-and-public-parks.

HARMON, Sarah e MCDONOUGH, Katie. "The Draw-A-Computational-Creativity-Researcher Test (DACCRT): Exploring Stereotypic Images and Descriptions of Computational Creativity". *In*: GRACE, Kazjon; COOK, Michael; VENTURA, Dan; e MAHER, Mary Lou (orgs.). *Proceedings of the 10th International Conference on Computational Creativity*. Charlotte, NC: Association for Computational Creativity, 2019, p. 243-49.

HAWKINS, Jeff. *A Thousand Brains: A New Theory of Intelligence*. Nova Iorque: Basic Books, 2021.

HAYLES, N. Katherine. *Writing Machines*. Cambridge, MA: MIT Press, 2002.

HEATH, Alex. "Facebook Plans First Smartwatch for Next Summer with Two Cameras, Heart Rate Monitor". *The Verge*, 9 de junho de 2021. Disponível em: https://www.theverge.

com/2021/6/9/22526266/facebook-smartwatch-two-cameras-heart-rate-monitor.

HEBB, Donald O. *The Organization of Behavior*. Nova Iorque: Wiley, 1949.

HE, Ray C. "Introducing New Like and Share Buttons". *Facebook for Developers* (blog), 6 de novembro de 2013. Disponível em: https://developers.facebook.com/blog/post/2013/11/06/introducing-new-like-and-share-buttons/.

HOBBES, Thomas. *Leviathan*. Ed. J. C. A. Gaskin. Oxford: Oxford University Press, 1998.

HOLYOAK, Keith J.; STAMENKOVIC, Dušan. "Metaphor Comprehension: A Critical Review of Theories and Evidence". *Psychological Bulletin* 144, no. 6 (Junho de 2018): 641-71.

HUTCHINSON, Thomas H. *Here Is Television, Your Window to the World*. Nova Iorque: Hastings House, 1950.

HWANG, Tim; LEVY, Karen. "'The Cloud' and Other Dangerous Metaphors". *The Atlantic*, 20 de janeiro de 2015. Disponível em: https://www.theatlantic.com/technology/archive/2015/01/the-cloud-and-other-dangerous-metaphors/384518/.

IHDE, Don. *Philosophy of Technology: An Introduction*. St. Paul, MN: Paragon House, 1998.

______. *Technology and the Lifeworld: From Garden to Earth*. Bloomington: Indiana University Press, 1990.

IVANCICH, Eric J. "Fostering Clarity to Achieve Reasonableness". *In*: KAPLAN, Rachel; BASU, Avik (orgs.). *Fostering Reasonableness: Supportive Environments for Bringing Out Our Best*. Ann Arbor, MI: Maize Publishing, 2015. Disponível em: https://doi.org/10.3998/maize.13545970.0001.001.

JAHNKE, Marcus. "Revisiting Design as a Hermeneutic Practice: An Investigation of Paul Ricoeur's Critical Hermeneutics". *Design Issues* 28, no. 2 (2012): 30-40.

JAMES, William. *Psychology: The Briefer Course*. Ed. Gordon Allport. Nova Iorque: Harper & Row, 1961.

JENNER, Leontine. "Backdoor: How a Metaphor Turns into a Weapon". *Digital Society Blog*, Alexander von Humboldt Institute for Internet and Society, 2018. Disponível em: https://www.hiig.de/en/backdoor-how-a-metaphor-turns-into-a-weapon/.

JIN, Huifeng. "Influence of Icon Design Style on User's Cognition". *In*: DU, Xuemei; HUANG, Chunyan; ZHONG, Yulin (orgs.). *Proceedings of the 6th International Conference on Humanities and Social Science Research (ICHSSR 2020)*. Paris: Atlantis Press, 2020, p. 550-53.

JOHNSON, Khari. "This New Way to Train AI Could Curb Online Harassment". *Wired*, 4 de agosto de 2021. Disponível em: https://www.wired.com/story/new-way-train-ai-curb-online-harassment/.

JOHNSON, Mark. *The Body in the Mind: The Bodily Basis of Meaning, Imagination, and Reason*. Chicago: University of Chicago Press, 1987.

JONES, Nicola. "How to Stop Data Centres from Gobbling up the World's Electricity". *Nature* 561, no. 7722 (Setembro de 2018): 163-66.

JUST, Marcel Adam; CHERKASSKY, Vladimir L.; ARYAL, Sandesh; e MITCHELL, Tom M. "A Neurosemantic Theory of Concrete Noun Representation Based on the Underlying Brain Codes". *PLOS One* 5, no. 1 (13 de janeiro de 2010): artigo e8622.

KAHNEMAN, Daniel. *Thinking, Fast and Slow*. Nova Iorque: Farrar, Strauss and Giroux, 2011.

KAHNEMAN, Daniel; SIBONY, Olivier; SUNSTEIN, Cass R. *Noise: A Flaw in Human Judgment*. Nova Iorque: Little, Brown, 2021.

KAPLAN, Rachel. "Attention! That's a Precious Resource". *Our Planet* 2017, no. 2 (Maio de 2018): 28-29. Disponível em: https://doi.org/10.18356/63bb4c1f-en.

KAPLAN, Stephen. "Attention and Fascination: The Search for Cognitive Clarity". *In*: KAPLAN, Stephen; KAPLAN, Rachel (orgs.). *Humanscape: Environments for People*. Belmont, CA: Duxbury, 1978, p. 84-93.

KAPLAN, Stephen. "Beyond Rationality: Clarity-Based Decision Making". *In*: GARLING, Thomas; EVANS, Gary W. (orgs.). *Environment, Cognition, and Action: An Integrated Approach*. Oxford: Oxford University Press, 1991, p. 171-90.

______. "The Expertise Challenge". *In*: KAPLAN, Rachel; BASU, Avik (orgs.). *Fostering Reasonableness: Supportive Environments for Bringing Out Our Best*. Ann Arbor, MI: Maize Books, 2015, p. 43-53. Disponível em: https://deepblue.lib.umich.edu/handle/2027.42/150716.

KAPLAN, Stephen; BERMAN, Marc G. "Directed Attention as a Common Resource for Executive Functioning and Self-Regulation". *Perspectives on Psychological Science* 5, no. 1 (Janeiro de 2010): 43-57.

KATZENBACH, Christian; LARSSON, Stefan. "How Metaphors Shape the Digital Society". *Digital Society Blog*, Alexander von Humboldt Institute for Internet and Society, 2018. Disponível em: https://www.hiig.de/en/dossier/how-metaphors-shape-the-digital-society/.

KEMP, Simon. "Digital 2021: Global Overview Report". *Datareportal*, 27 de janeiro de 2021. Disponível em: https://datareportal.com/reports/digital-2021-global-overview-report.

KINGSLEY-HUGHES, Adrian. "Who Do I Pay to Get the 'Phone' Removed from My iPhone?". *ZDNet*, 12 de abril de 2021. Disponível em: https://www.zdnet.com/article/who-do-i-pay-to-get-the-phone-removed-from-my-iphone/.

KINTSCH, Walter. "Metaphor Comprehension: A Computational Theory". *Psychonomic Bulletin & Review* 7, no. 2 (Junho de 2000): 257-66.

KIRBY, John T. "Aristotle on Metaphor". *American Journal of Philology* 118, no. 4 (1997): 517-54.

KLEINSMITH, Lewis J.; KAPLAN, Stephen. "Interaction of Arousal and Recall Interval in Nonsense Syllable Paired-Associate Learning". *Journal of Experimental Psychology* 67, no. 2 (Fevereiro de 1964): 124-26.

KLEINSMITH, Lewis J.; KAPLAN, Stephen.. "Paired-Associate Learning as a Function of Arousal and Interpolated Interval". *Journal of Experimental Psychology* 65, no. 2 (Fevereiro de 1963): 190-93.

KRAMER, Adam D. I.; GUILLORY, Jamie E.; HANCOCK, Jeffrey T. "Experimental Evidence of Massive-Scale Emotional Contagion through Social Networks". *Proceedings of the National Academy of Sciences of the United States of America* 111, no. 24 (17 de Junho de 2014): 8788-90.

KRISHNA, Aradhna. "How Did 'White' Become a Metaphor for All Things Good?". *The Conversation*, 6 de julho de 2020. Disponível em: http://theconversation.com/how-did-white-become-a-metaphor-for-all-things-good-140674.

KWAI, Isabella. "Consumer Groups Target Amazon Prime's Cancellation Process". *New York Times*, 14 de janeiro de 2021. Disponível em: https://www.nytimes.com/2021/01/14/world/europe/amazon-prime-cancellation-complaint.html.

LACHAUD, Christian. "Conceptual Metaphors and Embodied Cognition: EEG Coherence Reveals Brain Activity Differences between Primary and Complex Conceptual Metaphors during Comprehension". *Cognitive Systems Research* 22-23 (Junho de 2013): 12-26.

LAKOFF, George; JOHNSON, Mark. *Metaphors We Live By*. Chicago: University of Chicago Press, 1980.

LANDAU, Mark J.; MEIER, Brian P.; KEEFER, Lucas A. "A Metaphor-Enriched Social Cognition". *Psychological Bulletin* 136, no. 6 (Novembro de 2010): 1045-67.

LATOUR, Bruno. "On Technical Mediation". *Common Knowledge* 3, no. 2 (1994): 29-64.

LEONARDI, Paul M. "Digital Materiality? How Artifacts without Matter, Matter". *First Monday* 15, no. 6 (Junho de 2010). Disponível em: https://doi.org/10.5210/fm.v15i6.3036.

LEVY, Adam. "Investing in FAANG or MAMAA Stocks". *The Motley Fool*, atualizado em 21 de julho de 2022. Disponível em:

https://www.fool.com/investing/stock-market/market-sectors/information-technology/faang-stocks/.

LEWIS, David. "General Semantics". *In*: *Montague Grammar*. Ed. Barbara H. Partee. Nova Iorque: Academic Press, 1976, p. 1-50.

LING, Richard. *Taken for Grantedness: The Embedding of Mobile Communication into Society*. Cambridge, MA: MIT Press, 2012.

LOMAS, Natasha. "Targeted Ads Offer Little Extra Value for Online Publishers, Study Suggests". *TechCrunch*, 31 de maio de 2019. Disponível em: http://techcrunch.com/2019/05/31/targeted-ads-offer-little-extra-value-for-online-publishers-study-suggests/.

LORCH, Mark. "How Children Are Spoofing Covid-19 Tests with Soft Drinks". *BBC*, 6 de julho de 2021. Disponível em: https://www.bbc.com/future/article/20210705-how-children-are-spoofing-covid-19-tests-with-soft-drinks.

LOW, Graham; TODD, Zazie; DEIGNAN, Alice; CAMERON, Lynne (orgs.). *Researching and Applying Metaphor in the Real World*. Amsterdã: John Benjamins Publishing, 2010.

LYCAN, William G. *Philosophy of Language: A Contemporary Introduction*. 3a ed. Londres: Routledge, 2018.

MACMILLAN DICTIONARY. "Common Metaphors". *MacMillan Dictionary* (blog), 11 de maio de 2011. Disponível em: https://www.macmillandictionaryblog.com/common-metaphors.

MAHDAWI, Arwa. "Targeted Ads Are One of the World's Most Destructive Trends. Here's Why". *The Guardian*, 5 de novembro de 2019. Disponível em: http://www.theguardian.com/world/2019/nov/05/targeted-ads-fake-news-clickbait-surveil lance-capitalism-data-mining-democracy.

MANDLER, George. "Consciousness: Respectable, Useful, and Probably Necessary". *In*: SOLSO, Robert L. (org.). *Information Processing and Cognition*. Hillsdale, NJ: Lawrence Erlbaum, 1975, p. 229-54.

MARAKAS, George M.; JOHNSON, Richard D.; PALMER, Jonathan W. "A Theoretical Model of Diferential Social Attributions toward Computing Technology: When the Metaphor Becomes the Model". *International Journal of Human-Computer Studies* 52, no. 4 (Abril de 2000): 719-50.

MARKHAM, Annette. "The Limits of the Imaginary: Challenges to Intervening in Future Speculations of Memory, Data, and Algorithms". *New Media & Society* 23, no. 2 (Fevereiro de 2021): 382-405.

MARSHALL, Alex. "Amanda Gorman's Poetry United Critics. It's Dividing Translators". *New York Times*, 26 de março de 2021. Disponível em: https://www.nytimes.com/2021/03/26/books/amanda-gorman-hill-we-climb-translation.html.

MCCLOUD, Scott. "Google Chrome". *Google*, 2008. Disponível em: https://www.google.com/googlebooks/chrome/.

MCFADDEN, George. "Interpretation Theory: Discourse and the Surplus of Meaning". *Journal of Aesthetics and Art Criticism* 36, no. 3 (1976): 365-67.

MEAD, Margaret e METRAUX, Rhoda. "Image of the Scientist among High-School Students". *Science* 126, no. 3270 (1957): 384-90.

MECONIS, Dylan; MCCLOUD, Scott; MITCHELL, Syne. "Learning Machine Learning". *Google*, 2019. Disponível em: https://cloud.google.com/products/ai/ml-comic-1.

MICHEL, Johann. *Homo Interpretans: Towards a Transformation of Hermeneutics*. Trad. David Pellauer. Lanham, MD: Rowman & Littlefield, 2019.

MILIAN, Mark. "Why Text Messages Are Limited to 160 Characters". *Los Angeles Times Blog*, 3 de maio de 2009. Disponível em: https://latimesblogs.latimes.com/technology/2009/05/invented-text-messaging.html.

MILLER, Bryan. "How Mobile Technology Is Changing the Way We Dine Out". *WSJ Online*, 25 de outubro de 2013. Disponível em: https://www.wsj.com/articles/SB10001424052702303680404579143903633457212.

MILLER, Daniel; COSTA, Elisabetta; HAYNES, Nell; MCDONALD, Tom; NICOLESCU, Razvan; SINANAN, Jolynna; SPYER,

Juliano; VENKATRAMAN, Shriram; WANG, Xinyuan. "Online and Offline Relationships". *In*: *How the World Changed Social Media*. Londres: UCL Press, 2016, p. 100-13.

MITCHAM, Carl. *Thinking Through Technology: The Path Between Engineering and Philosophy*. Chicago: University of Chicago Press, 1994.

MOHSIN, Maryam. "10 TikTok Statistics that You Need to Know in 2020". *Oberlo*, 16 de fevereiro de 2021. Disponível em: https://www.oberlo.com/blog/tiktok-statistics.

MONKMAN, Betty C. "Pardoning the Thanksgiving Turkey". *White House Historical Association*, acessado em 3 de agosto de 2021. Disponível em: https://www.whitehousehistory.org/pardoning-the-thanksgiving-turkey.

MONTEIRO, Mike. *Ruined by Design: How Designers Destroyed the World, and What We Can Do to Fix It*. Publicação independente, 2019.

MORAN, Thomas P.; ZHUI, Shumin. "Beyond the Desktop Metaphor in Seven Dimensions". *In*: KAPTELININ, Victor; CZERWINSKI, Mary (orgs.). *Designing Integrated Digital Work Environments: Beyond the Desktop Metaphor*. Cambridge, MA: MIT Press, 2007, p. 335-54.

MORRIS, Margaret E. *Left to Our Own Devices: Outsmarting Smart Technology to Reclaim Our Relationships, Health, and Focus*. Cambridge, MA: MIT Press, 2018.

MORRIS, Michael W.; SHELDON, Oliver J.; AMES, Daniel R.; YOUNG, Maia J. "Metaphors and the Market: Consequences and Preconditions of Agent and Object Metaphors in Stock Market Commentary". *Organizational Behavior and Human Decision Processes* 102, no. 2 (Março de 2007): 174-92.

MUNROE, Randall. *Thing Explainer: Complicated Stuff in Simple Words*. Londres: Hachette UK, 2015.

MUSOLF, Andreas. *Metaphor and Political Discourse: Analogical Reasoning in Debates about Europe*. Basingstoke: Palgrave Macmillan, 2004.

NEELY, Amber. "TikTok Can Collect Users' Biometric Data According to Its New Privacy Policy". *AppleInsider*, 4 de junho de

2021. Disponível em: https://appleinsider.com/articles/21/06/04/tiktok-can-collect-users-biometric-data-according-to-its-new--privacy-policy.

NEISSER, Ulric; HARSCH, Nicole. "Phantom Flashbulbs: False Recollections of Hearing the News about Challenger". *In*: WINOGRAD, Eugene; NEISSER, Ulric (orgs.) *Affect and Accuracy in Recall: Studies of "Flashbulb" Memories*. Cambridge: Cambridge University Press, 1992, p. 9-31.

NOBLE, Safiya Umoja. *Algorithms of Oppression: How Search Engines Reinforce Racism*. Nova Iorque: New York University Press, 2018.

NORMAN, Don. *The Design of Everyday Things* (edição revisada e ampliada). Nova Iorque: Basic Books, 2013.

OADES, Robert D. "The Role of Noradrenaline in Tuning and Dopamine in Switching between Signals in the CNS". *Neuroscience and Biobehavioral Reviews* 9, no. 2 (Junho de 1985): 261-82.

O'DEA, S. "Mobile Device Daily Usage Time in U.S. 2014-2021". *Statista*, 27 de fevereiro de 2020. Disponível em: https://www.statista.com/statistics/1045353/mobile-device-daily-usage-time-in-the-us/.

O'NEIL, Cathy. *Weapons of Math Destruction: How Big Data Increases Inequality and Threatens Democracy*. Nova Iorque: Crown, 2016.

O'REILLY, Tim. "Data Is the New Sand". *The Information*, 24 de fevereiro de 2021. Disponível em: https://www.theinformation.com/articles/data-is-the-new-sand?utm_sourc e=ti_app.

OSTER, Judith. "Frost's Poetry of Metaphor". *In*: FAGEN, Robert (org.). *The Cambridge Companion to Robert Frost*. Cambridge: Cambridge University Press, 2001, p. 155-78. Disponível em: https://doi.org/10.1017/ccol052163248x.008.

OSWALD, David. "Affordances and Metaphors Revisited: Testing Flat vs. Skeuomorph Design with Digital Natives and Digital Immigrants". *In*: *Proceedings of the 32nd International BCS Human Computer Interaction Conference (HCI)*. Swindon, UK: BCS Learning & Development, 2018, p. 1-11

P., Daniel. "Four Years of Disruption: Cell Phone Industry Financials 2007-2011". *PhoneArena*, 14 de julho de 2011. Disponível em: https://www.phonearena.com/news/Four-years-of-disruption-cell-phone-industry-financials-2007-2011_id20153.

PAIRPLAYAPP. "PairPlay". Acessado em 17 de agosto de 2021. Disponível em: https://www.pairplayapp.com.

PALERMO, Elizabeth. "Who Invented the Lightbulb?". *Live Science*, 23 de novembro de 2021. Disponível em: https://www.livescience.com/43424-who-invented-the-light-bulb.html.

PAYNE, Keith; NIEMI, Laura; DORIS, John M. "How to Think about 'Implicit Bias'". *Scientific American*, 7 de março de 2018. Disponível em: https://www.scientificamerican.com/article/how-to-think-about-implicit-bias/.

PEREZ, Caroline Criado. *Invisible Women: Data Bias in a World Designed for Men*. Nova Iorque: Abrams, 2019.

PHIL, B. "Importance of First - Why Nokia Cares about Super Affordable Mobile Phones". *Nokia Conversations: The Official Nokia Blog*, 16 de setembro de 2013. Disponível em: https://web.archive.org/web/20130916190754/http://conversations.nokia.com/2013/09/13/importance-of-first-why-nokia-cares-about-super-affordable-mobile-phones.

PIERCE, Jessica. "What the Grieving Mother Orca Tells Us About How Animals Experience Death". *The Conversation*, 24 de agosto de 2018. Disponível em: http://theconversation.com/what-the-grieving-mother-orca-tells-us-about-how-animals-experience-death-101230.

POPPER, Nathaniel. "As Diners Flock to Delivery Apps, Restaurants Fear for Their Future". *New York Times*, 9 de junho de 2020. Disponível em: https://www.nytimes.com/2020/06/09/technology/delivery-apps-restaurants-fees-virus.html.

POSTMAN, Neil. *Amusing Ourselves to Death: Public Discourse in the Age of Show Business*. Nova Iorque: Penguin, 1985.

"PROJECT IMPLICIT". Harvard University, acessado em 5 de agosto de 2021. Disponível em: https://implicit.harvard.edu/implicit/index.jsp.

RAFALOW, Matthew H.; ADAMS, Britni L. "Digitally Mediated Connections and Relationship Persistence in Bar Settings". *Symbolic Interaction* 40, no. 1 (2017): 25-42.

RANZINI, Giuli; LUTZ, Christoph. "Love at First Swipe? Explaining Tinder Self-presentation and Motives". *Mobile Media & Communication* 5, no. 1 (2017): 80-101.

REESE, Elaine; FIVUSH, Robyn. "The Development of Collective Remembering". *Memory* 16, no. 3 (Abril de 2008): 201-12.

RICHARDS, Ivor Armstrong. *The Philosophy of Rhetoric*. Oxford: Oxford University Press, 1936.

______. *Principles of Literary Criticism*. Londres: Routledge, 2017.

RICOEUR, Paul. *From Text to Action: Essays in Hermeneutics II*. Trad. John B. Thompson e Kathleen Blamey. Nova Iorque: Bloomsbury Publishing, 2008.

______. *Hermeneutics and the Human Sciences: Essays on Language, Action and Interpretation*. Cambridge: Cambridge University Press, 1981.

______. *Interpretation Theory: Discourse and the Surplus of Meaning*. Fort Worth: Texas Christian University Press, 1976.

______. "Metaphor and the Central Problem of Hermeneutics". *Graduate Faculty Philosophy Journal* 3, no. 1 (1 de Abril de 1973): 42-58.

______. "The Metaphorical Process as Cognition, Imagination, and Feeling". *Critical Inquiry* 5, no. 1 (Outubro de 1978): 143-59.

______. "The Power of Speech: Science and Poetry". *Philosophy Today* 29, no. 1 (Fevereiro de 1985): 59-70.

______. *The Rule of Metaphor: The Creation of Meaning in Language*. Londres: Psychology Press, 2003.

______. *The Rule of Metaphor: Multi-Disciplinary Studies of the Creation of Meaning in Language*. Toronto: University of Toronto Press, 1978.

RICOEUR, Paul. *Time and Narrative*. Chicago: University of Chicago Press, v. 1, 1984.

ROOSE, Kevin. "Why Are We Still Calling the Things in Our Pockets 'Cell Phones'?". *Intelligencer*, 24 de junho de 2014. Disponível em: https://nymag.com/intelligencer/2014/06/why-are-we-still-calling-them-cell-phones.html.

ROSALES, Andrea; FERNÁNDEZ-ARDÈVOL, Mireia. "Ageism in the Era of Digital Platforms". *Convergence* 26, no. 5-6 (Dezembro de 2020): 1074-87.

ROSCH, Eleanor. "Principles of Categorization". *In*: MARGOLIS, Eric; LAURENCE, Stephen (orgs.). *Concepts: Core Readings*. Cambridge, MA: MIT Press, 1999, p. 251-70.

ROWELL, David. "Dead Musicians Are Taking the Stage Again in Hologram Form. Is This the Kind of Encore We Really Want?". *Washington Post*, 30 de outubro de 2019. Disponível em: https://www.washingtonpost.com/magazine/2019/10/30/dead-musicians-are-taking-stage-again-hologram-form-is-this-kind-encore-we-really-want/.

SANDERS, Carol. "Introduction: Saussure Today". *In*: SANDERS, Carol (org.). *The Cambridge Companion to Saussure*. Cambridge: Cambridge University Press, 2004, p. 1-6. Disponível em: https://doi.org/10.1017/CCOL052180051X.001.

SANTO AGOSTINHO. *Confessions Books 9-13*. Trad. W. Watts. Loeb Classical Library 26. Cambridge, MA: Harvard University Press, 1912.

SAP, Maarten; CARD, Dallas; GABRIEL, Saadia; CHOI, Yejin; SMITH, Noah A. "The Risk of Racial Bias in Hate Speech Detection". *In*: NAKOV, Preslav; PALMER, Alexis (orgs.). *Proceedings of the 57th Annual Meeting of the Association for Computational Linguistics*. Florença, Itália: Association for Computational Linguistics, 2019, p. 1668-78.

SAUSSURE, Ferdinand Mongin de. *Course in General Linguistics*. Nova Iorque: Columbia University Press, 2011.

SCHATZBERG, Eric. *Technology: Critical History of a Concept*. Chicago: University of Chicago Press, 2018.

SCHÖN, Donald A. "Generative Metaphor: A Perspective on Problem-Setting in Social Policy". *In*: ORTONY, Andrew (org.). *Metaphor and Thought*. 2a ed. Cambridge: Cambridge University Press, 1993, p. 135-61.

SCHWARTZ, Oscar. "In 2016, Microsoft's Racist Chatbot Revealed the Dangers of Online Conversation". *IEEE Spectrum*, 25 de novembro de 2019. Disponível em: https://spectrum.ieee.org/in-2016-microsofts-racist-chatbot-revealed-the-dangers-of-online-conversation.

SEARLE, John R. *Speech Acts: An Essay in the Philosophy of Language*. Cambridge: Cambridge University Press, 1969.

SHAKESPEARE, William. *As You Like It*. Ed. Alan Brissenden. Oxford: Oxford University Press, 1993. Disponível em: https://doi.org/10.1093/oseo/instance.00005809.

______. *Troilus and Cressida*. Ed. Barbara Mowat e Paul Werstine. Washington, DC: Folger Shakespeare Library, 2007.

SHEFFI, Yossi. "A Failure to Treat Workers with Respect Could Be Uber's Achilles' Heel". *MIT Technology Review*, 22 de setembro de 2014. Disponível em: https://www.technologyreview.com/2014/09/22/12491/a-failure-to-treat-workers-with-respect-could-be-ubers-achilles-heel/.

SHIN, Jiwoong; YU, Jungju. "Targeted Advertising and Consumer Inference". *SSRN*, 7 de setembro de 2020. Disponível em: https://doi.org/10.2139/ssrn.3688258.

SIMANOWSKI, Roberto. *Facebook Society: Losing Ourselves in Sharing Ourselves*. Nova Iorque: Columbia University Press, 2018.

SIMON, Herbert A. "Designing Organizations for an Information-Rich World". *In*: GREENBERGER, M. (org.). *Computers, Communications, and the Public Interest*. Baltimore, MD: John Hopkins University Press, 1971, p. 37-52.

SIMONITE, Tom. "Facebook's Like Buttons Will Soon Track Your Web Browsing to Target Ads". *MIT Technology Review*, 16 de setembro de 2015. Disponível em: https://www.technologyreview.com/2015/09/16/166222/facebooks-like-buttons-will-soon-track-your-web-browsing-to-target-ads/.

SISMONDO, Sergio. *Science without Myth: On Constructions, Reality, and Social Knowledge*. Albany: State University of New York Press, 1996.

SLACK, Jennifer Daryl; WISE, J. Macgregor. *Culture and Technology: A Primer*. 2a ed. Nova Iorque: Peter Lang Publishing, 2005.

SLEPIAN, Michael L.; WEISBUCH, Max; RUTCHICK, Abraham M.; NEWMAN, Leonard S.; AMBADY, Nalini. "Shedding Light on Insight: Priming Bright Ideas". *Journal of Experimental Social Psychology* 46, no. 4 (Julho de 2010): 696-700.

SPORNS, Olaf; TONONI, Giulio; KÖTTER, Rolf. "The Human Connectome: A Structural Description of the Human Brain". *PLOS Computational Biology* 1, no. 4 (2005): e42. Disponível em: https://doi.org/10.1371/journal.pcbi.0010042.

STEEN, Gerard J.; DORST, Aletta G.; HERMANN, J. Berenike; KAAL, Anna A.; KRENNMAYR, Tina. "Metaphor in Usage". *Cognitive Linguistics* 21, no. 4 (Novembro de 2010): 765-96.

STERN, Joanna. "Investigation: How TikTok's Algorithm Figures out Your Deepest Desires". *Wall Street Journal*, 21 de julho de 2021. Disponível em: https://on.wsj.com/3hR6GzA.

______. "iPhone? AirPods? MacBook? You Live in Apple's World. Here's What You Are Missing". *Wall Street Journal*, 4 de junho de 2021. Disponível em: https://www.wsj.com/articles/iphone-airpods-macbook-you-live-in-apples-world-heres-what-you-are-missing-11622817653.

STRAWSON, P. F. "On Referring". *Mind* 59, no. 235 (Julho de 1950): 320-44.

______. "VI - Critical Notice". *Mind* 63, no. 249 (Janeiro de 1954): 70-99.

TENDAHL, Markus; GIBBS, Raymond W. "Complementary Perspectives on Metaphor: Cognitive Linguistics and Relevance Theory". *Journal of Pragmatics* 40, no. 11 (Novembro de 2008): 1823-64.

TENNER, Edward. *Our Own Devices: How Technology Remakes Humanity*. Nova Iorque: Vintage Books, 2004.

TENNER, Edward. *Why Things Bite Back: Technology and the Revenge of Unintended Consequences*. Nova Iorque: Vintage Books, 1997.

"TERMINOLOGY". *Junto*, acessado em 5 de agosto de 2022. Disponível em: https://learn.junto.foundation/the-app/terminology.

THOMPSON, Stuart A.; WARZEL, Charlie. "Opinion: How Facebook Became a Tool of the Far Right". *New York Times*, 14 de janeiro de 2021. Disponível em: https://www.nytimes.com/2021/01/14/opinion/facebook-far-right.html.

TONG, Wenley; GOLD, Sebastian; GICHOHI, Samuel; ROMAN, Mihai; FRANKLE, Jonathan. "Why King George III Can Encrypt". *Computer Science at Princeton*, 6 de junho de 2014. Disponível em: https://www.cs.princeton.edu/~arvindn/teaching/spring-2014-privacy-technologies/king-george-iii-encrypt.pdf.

TURKLE, Sherry. *Alone Together: Why We Expect More from Technology and Less from Each Other*. Londres: Hachette UK, 2017.

______. *Reclaiming Conversation: The Power of Talk in a Digital Age*. Nova Iorque: Penguin, 2016.

TURK, Victoria. "In a Touch-Free World, the QR Code Is Having Its Moment". *Wired*, 18 de agosto de 2020. Disponível em: https://www.wired.com/story/in-a-touch-free-world-the-qr-code-is-having-its-moment/.

"UNITED States: Online Dating Users in the U.S. 2017-2024". *Statista*, 5 de julho de 2021. Disponível em: https://www.statista.com/statistics/417654/us-online-dating-user-numbers/.

VAN DEN BOOMEN, Marianne V. T. *Transcoding the Digital: How Metaphors Matter in New Media*. Amsterdã: Institute of Network Cultures, 2014.

VAN LEEUWEN, Edwin J. C.; CRONIN, Katherine A.; HAUN, Daniel B. M. "Tool Use for Corpse Cleaning in Chimpanzees". *Scientific Reports* 7 (Março de 2017): artigo 44091.

VARONA, Paola de. "5 Experts Explain mRNA Vaccines for Non-Science People". *Verywell Health*, 21 de dezembro de 2020. Disponível em: https://www.verywellhealth.com/explaining-mrna-vaccines-experts-social-media-5092888.

VILGIS, Thomas A. "Evolution – Culinary Culture – Cooking Technology". *In*: VAN DER MEULEN, Nicolaj; WIESEL, Jörg (orgs.). *Culinary Turn: Aesthetic Practice of Cookery*. Bielefeld: Transcript Verlag, 2017, p. 149-60.

WACHTER-BOETTCHER, Sara. *Technically Wrong: Sexist Apps, Biased Algorithms, and Other Threats of Toxic Tech*. Nova Iorque: W. W. Norton, 2017.

WAKEFIELD, Jane. "People Devote Third of Waking Time to Mobile Apps". *BBC*, 12 de janeiro de 2022. Disponível em: https://www.bbc.com/news/technology-59952557.

"WATCH & Manage Your Memories". Google Photos Help, *Google*, acessado em 6 de agosto de 2021. Disponível em: https://support.google.com/photos/answer/9454489?co=GENIE.Platform%3DAndroid&hl=en.

WEBSTER, Tom. "Subscription Confusion, and the State of Podcasting Data". *I Hear Things* (blog), 26 de fevereiro de 2021. Disponível em: https://tomwebster.substack.com/p/subscription-confusion-and-the-state?utm_source=podnews.net&utm_medium=web&utm_campaign=podnews.net:2021-03-09.

"WELCOME to Junto". *Junto*, acessado em 5 de agosto de 2022. Disponível em: https://learn.junto.foundation/.

WESTOVER, Tara. *Educated: A Memoir*. Nova Iorque: Random House, 2018.

WHITTEN, Alma; TYGAR, J. D. "Why Johnny Can't Encrypt: A Usability Evaluation of PGP 5.0". *In*: CRANOR, Lorrie Faith; GARFINKEL, Simson (orgs.). *Security and Usability: Designing*

Secure Systems That People Can Use. Sebastopol, CA: O'Reilly, 2005, p. 679-702.

WILLIAMS, Lawrence E.; BARGH, John A. "Experiencing Physical Warmth Promotes Interpersonal Warmth". *Science* 322, no. 5901 (24 de Outubro de 2008): 606-7.

______. "Keeping One's Distance: The Influence of Spatial Distance Cues on Affect and Evaluation". *Psychological Science* 19, no. 3 (Março de 2008): 302-8.

WITTGENSTEIN, Ludwig. *Philosophical Investigations*. 4a ed. Ed. P. M. S. Hacker e Joachim Schulte. Trad. G. E. M. Anscombe, P. M. S. Hacker e Joachim Shulte. Malden, MA: Wiley-Blackwell, 2009.

WOO, Erin. "QR Codes Are Here to Stay. So Is the Tracking They Allow". *New York Times*, 26 de julho de 2021. Disponível em: https://www.nytimes.com/2021/07/26/technology/qr-codes-tracking.html.

WRIGHT, Mic. "The Original iPhone Announcement Annotated". *The Next Web*, 9 de setembro de 2015. Disponível em: https://thenextweb.com/apple/2015/09/09/genius-annotated-with-genius/.

WYATT, Sally. "Danger! Metaphors at Work in Economics, Geophysiology, and the Internet". *Science, Technology & Human Values* 29, no. 2 (Abril de 2004): 242-61.

______. "Metaphors in Critical Internet and Digital Media Studies". *New Media & Society* 23, no. 2 (Fevereiro de 2021): 406-16.

YAU, Joanna C.; REICH, Stephanie M. "Buddies, Friends, and Followers: The Evolution of Online Friendships". *In*: VAN ZALK, Nejra; MONKS, Claire P. (orgs.). *Online Peer Engagement in Adolescence: Positive and Negative Aspects of Online Interaction*. Londres: Routledge, 2020, p. 18-34. Disponível em: https://doi.org/10.4324/9780429468360-2.

______. "'It's Just a Lot of Work': Adolescents' Self-Presentation Norms and Practices on Facebook and Instagram". *Journal of Research on Adolescence* 29, no. 1 (Março de 2019): 196-209.

YIN, Rong; YE, Haosheng. "The Black and White Metaphor Representation of Moral Concepts and Its Influence on Moral Cognition". *Acta Psychologica Sinica* 46, no. 9 (Setembro de 2014): 1331-46.

Esta obra foi composta em sistema CTcP
Capa: Supremo 250 g – Miolo: Pólen Natural 70 g
Impressão e acabamento
Gráfica Santuário